大道知行

国际儒学联合会系列讲座

膝文生

第一辑

国际儒学联合会　组编

辽宁人民出版社

图书在版编目（CIP）数据

大道知行：国际儒学联合会系列讲座. 第一辑 / 国际
儒学联合会组编. — 沈阳：辽宁人民出版社，2022.12
ISBN 978-7-205-10540-2

Ⅰ．①大… Ⅱ．①国… Ⅲ．①儒学—文集②儒学—应
用—企业管理—文集 Ⅳ．①B222.05-53②F272-53

中国版本图书馆CIP数据核字（2022）第149461号

出版发行：辽宁人民出版社
　　　　　地址：沈阳市和平区十一纬路25号　邮编：110003
　　　　　电话：024-23284321（邮　购）　024-23284324（发行部）
　　　　　传真：024-23284191（发行部）　024-23284304（办公室）
　　　　　http://www.lnpph.com.cn
印　　　刷：辽宁新华印务有限公司
幅面尺寸：170mm×240mm
印　　　张：31.25
字　　　数：320千字
出版时间：2022年12月第1版
印刷时间：2022年12月第1次印刷
责任编辑：郭　健　张婷婷
封面设计：王天娇
版式设计：李天恩
责任校对：吴艳杰
书　　　号：ISBN 978-7-205-10540-2

定　　　价：128.00元

儒学文化的本质特性、思想价值与发展前途[①]

如何认识儒学的特性、价值和前途，是一个很值得探讨和研究的问题。我的总体看法是：儒学的思想价值，不仅可以用来为实现各国各地区的共同发展、维护世界和平、建立以合作共赢为核心的世界新秩序、促进和改善全球的治理服务，而且一定能发挥它的重要影响和作用。这是由儒学所具有的本质特性决定的。儒学在中国产生以后，不仅存在和发展于中国，而且传播到亚洲和世界其他地方，一直传承和延续到今天，它之所以有着持久不衰的发展生机与活力，有着不断繁荣进步的发展前途，也是由它所具有的本质特性决定的。

那么，儒学具有哪些本质特性呢？我认为，最主要的是四个方面的特性：一是开放包容；二是实事求是；

---

　　①本文系国际儒学联合会第五届会长滕文生2015年9月19日在"国际儒学论坛——威尼斯学术会议"上发言的一部分，是为代序。

三是经世致用；四是与时俱进。

因为儒学具有开放包容的特性，所以它对别的学说能够"兼收并蓄、海纳百川"，能够在相互共存之中取人之长补己之短，也就能够不断地丰富和发展自己。当孔子所代表的儒家思想产生之时，与它同时并立的还有老子所代表的道家思想、墨子所代表的墨家思想，等等。正是由于虚心向道家、墨家等学说学习，认真从中吸取思想营养，儒家思想才成为了中国春秋战国时期诸子百家中首屈一指的"显学"。当它传播到东亚其他地区，又能与当地的思想文化交相融合，促进了东亚儒学文化圈的形成。当佛学从外国传入中国后，它不仅能与之共容共存，而且将佛学引为自己鉴短取长的学习对象。这些都体现了儒学的开放包容的特性，以及由此给它带来的生生不息的发展活力。

因为儒学具有实事求是的特性，所以它要求人们"惟是以求、知错必纠"，而不能"知错不改、文过饰非"。实事求是，这一思想概念出自中国史籍《汉书·河间献王刘德传》，刘德是一个具有儒家思想的人，《汉书》说他是"修学好古、实事求是"。实事求是的精神，在中国儒学文化的发展历程中是一以贯之的，是中国历代儒学学者所追求和坚持的。这里举一个例子就可以说明。东汉的著名儒学思想家王充在《论衡》一书中，有两篇题为《问孔》与《刺孟》的文章。王充在文中认为，即使对孔子、孟子这样的圣贤和儒家学说创始人，如果发现他们思想中有疏失有错误，也应加以"问难"，以纠"非"而明"是"。他说："夫圣贤下笔造文，用意详审，尚未可谓尽得实，况仓猝吐言，安能皆是？"像王充这样敢于指出和纠正前辈儒学思想家著述与言行中的错误的学者，在古往今来的中国儒学界所在多有。这就足以说明求实求真求是，是儒学文化所具有的重要特性。

因为儒学具有经世致用的特性，所以它要求人们做到"知行合一、躬行为务"。所谓"经世致用"，就是要坚持将儒学的道德要求和思想主张应用于个人的修养和国家、社会的治理中去，也就是儒学大家们坚持倡导的"修身、齐家、治国、平天下"和"实干兴邦"。在中国西汉时期，著名儒学思想家董仲舒提出"独尊儒术、罢黜百家"的方针，为汉武帝所采纳。实行这一方针的目的和实质，并不是要排斥，更不是要废止其他各家的思想学说，而是要把积极进取、致用为上的儒家学说确立为治国理政的主导思想，同时发挥其他各家学说的长处与优势，共同致力于维护国家统一，实现国泰民安，推动经济社会的发展和进步。正是由于儒学作为中国传统文化的主干，充分发挥了它的治国理政、开物成务的实践功能，不仅成就了它对中国文明的发展不断作出重大贡献，而且保证了它不断从社会实践中吸取养分，从而不断滋养和丰富自己的思想价值。这也是儒学能够长久保持旺盛生命力的一个法宝。

因为儒学具有与时俱进的特性，所以它能够"因时达变、推陈出新"。主张惟陈言之务去、弃旧而图新，反对蹈常袭故、陈陈相因，是中国历代儒学学者和儒学工作者为学与治世的共同追求。儒学产生以后的两千多年间，在中国历史上经历过多次大的自我更新与演进。先是从先秦时期的儒家学说演进为两汉时期的经学，后来又经过魏晋南北朝和隋唐的儒释道三学并立与交融互鉴，演进为宋明时期的理学，随后又经过总结和吸取理学过于空疏的教训，演进为清朝时期的实学。新中国成立以后，经过对传统儒学的去粗取精、去伪存真的改造，弘扬和发展儒学所蕴含的思想精华，使之为社会主义事业的发展服务，成为社会主义精神文明的组成部分。正是由于中国历代儒学学者、儒学工作者和一切具有远见卓识的思想家、政治家，不断根据时代条件、历史使命和社会实践发展变化的需要，适时地推动儒学的创造性转化和创新性发展，才保证了儒学与不断前进的社会实践同在，与长流不息的文明之舟共进。

总之，儒学所具有的这些本质特性是十分宝贵的，是儒学的精髓所在。它们赋予了儒学长久不衰的生机与活力，引领和推动着儒学不断地为历史的前进和社会的发展进步贡献智慧与力量。

当今世界已经进入全球化时代，各国各地区的思想、政治、经济、文化、社会的联系空前紧密，各种不同文明的对话与交流与日俱增；同时在全球化的推动下，今天的人类社会无论是物质文明还是精神文明都取得了巨大进步，特别是物质文明的进步达到了古代世界完全不可想象的繁荣境地。这些都为人类命运共同体的构建创造了前所未有的有利条件。但是，全球化也像所有的事物一样，有利也有弊，是利弊共存的对立统一体。它在给人类带来巨大利益与进步的同时，也带来了不少弊端与难题。例如，贫富差距持续扩大、物欲追求奢华无度、个人主义恶性膨胀、社会诚信不断消减、伦理道德每况愈下、人与自然关系日趋紧张，等等。要消除和解决这些弊端与难题，不仅需要运用人类社会今天创造和发展的各种智慧与力量，而且需要运用世界各种文明以往所积累和储存的一切智慧与力量。毫无疑义，对于具有悠久历史的儒学文化，应该充分挖掘其蕴集的丰富思想价值，结合全球化、现代化的实际，实现其新的创造性转化和发展，使之为改进全球治理，为消除和解决全球化、现代化中存在的弊端与难题，作出更多的贡献。

关于儒学和以儒学为主干的中国传统文化所蕴集的思想价值，习近平主席 2014 年 9 月在纪念孔子诞辰 2565 周年国际学术研讨会暨国际儒学联合会第五届会员大会开幕会上的讲话中已作了重要概述。他指出："包括儒家思想在内的中国优秀传统文化中蕴藏着解决当代人类面临的难题的重要启示，比如，关于道法自然、天人合一的思想，关于天下为公、大同世界的思想，关于自强不息、厚德载物的思想，关于以民为本、安民富民乐民的思想，关于为政以德、政者正也的思想，关于苟日新日日新又日新、革故鼎新、与时俱进的思想，关于脚踏实地、实事求是的思想，关于经世致用、知行合一、躬行实践的思想，关于集思广益、博施众利、群策群力的思想，关于仁者爱人、以德立人的思想，关于以诚待人、讲信修睦的思想，关于清廉从政、勤勉奉公的思想，关于俭约自守、力戒奢华的思想，关于中和、泰和、求同存异、和而不同、和谐相处的思想，关于安不忘危、存不忘亡、治不忘乱、居安思危的思想，等等。中国优秀传统文化的丰富哲学思想、人文精神、教化思想、道德理念等，可以为人们认识和改造世界提供有益启迪，可以为治国理政提供有益启示，也可以为道德建设提供有益启发。"同样，世界上其他各种历史文化中蕴含的各具特色的思想价值，也都应结合当今的时代条件加以继承和弘扬，使之共同为消除全球化、现代化中存在的弊端，为解决全球化、现代化带来的难题，促进世界的和平与各国的共同发展，造福于人类的现在与未来而服务。

儒学文化与世界上其他所有的传统文化一样，在其形成和发展过程中，不可避免会受到当时人们的认识水平、时代条件、社会制度等局限性的制约和影响，因而也不可避免会存在陈旧过时或已成为糟粕的东西。这就要求人们在学习、研究、应用儒学文化时要坚持革故鼎新、择善而从，取其精华、弃其糟粕，而不能不加分析地照套照用。具体说来就是：一要采取有鉴别、有扬弃的继承态度；二要把握好继承的目的是古为今用、以古鉴今，而不是厚古薄今、以古非今；三要紧密结合新的社会实践和时代要求，不断总结和吸取实践中的新鲜经验，使儒学文化的思想精华能够因时制宜地实现新的转化、升华和发展。所有从事儒学文化工作的同仁应该注意贯彻这些原则。

历史已经进入 21 世纪，这将是一个充满巨变而又有着光明前途的世纪。几千年来人类积累的一切理性知识和实践经验，依然是我们在新的世纪创造性前进的重要基础。只有不断地发掘、利用人类已经积累和正在创造的一切优秀的思想文化成果，特别是其中蕴含的启示、智慧与经验，我们才能更好地认识世界、认识社会、认识自己，才能推动全球化和现代化健康地向前发展，才能更好地开创人类社会和人类文明的美好未来。

滕文生

目录

睡起山齋渴思
長呼童前煎茗溪
枯腸軟塵落磑
龍團綠浩水翻
鐺蟹眼黃耳底
雷鳴輕著韻鼻
端風過細聞
香一甌洗得
双瞳慤飽戲
菖溪雲水鄉
窺班

《陆羽烹茶图》(局部)元·赵原

和合学与企业文化

张立文

著名的中国哲学及哲学史专家，中国人民
大学一级教授，中国人民大学孔子研究院
院长，中国人民大学国学研究院院长，中
国周易研究会副会长，国际儒学联合会荣
誉顾问。

出版学术专著20多部，学术论文600多篇，
主要学术著作有：《周易思想研究》《朱
熹思想研究》《宋明理学研究》《中国哲
学逻辑结构论》《新人学导论》《和合学
概论——21世纪文化战略的构想》等。

一、和合学视域下的企业文化

作为企业家，中国古代讲"和气生财"，还讲"合作发展"，这就是和合。中国古代最早提出"和合"这个词的是《国语·郑语》，史伯与郑桓公对话中说："商契能和合五教，以保于百姓者也。"商契就是商代的祖先，他讲要把五教和合起来。所谓"五教"就是指父义、母慈、兄友、弟恭、子孝。如果每个家庭都能够依照"五教"的伦理道德去实行，就能够使百姓安居乐业。从这个意义上说，"和合"在当时是针对礼崩乐坏的现实而提出来的，是维护人际关系、道德关系的。至于为什么要"和合"，是为了协调、和谐家庭中人与人之间的关系，由此而推至天地万物的产生及其之间的关系。从整个世界发展来看，首先要回答的是天地万物从哪来的问题，中国的、古希腊的思想家和哲学家都在探讨这个问题。

古希腊哲学家泰勒斯提出水是万物的本原，由水产生天地万物。赫拉克利特认为火是万物的本原。中国古人则不同。《国语·郑语》说："和实生物,同则不继。""和"怎么样能生万物？史伯说"先王以土与金木水火杂，以成百物"，就是金木水火土"五行"杂合然后产生万物。《周易·系辞》讲："天地絪缊，万物化醇；男女构精，万物化生。"天地、男女，在中国古代来讲就是阴阳，阴阳是对立的、差异的。五行也有对立，讲相克，水火不容，水火不同炉，就是说它有对立的差异，但相反又能相成，还有相生的一面，对立差异相融合而成万物。两个对立的、差分的东西，经过融突而和合，产生第三者。中华民族的思维不是简单的对立统一，而是"冲突——融合——和合体（新事物产生）"，这是中华民族哲学思维不同于西方的地方。

和合学，是我 20 世纪 80 年代末提出来的。和合究竟是什么？我为它作一个现代的规定：和合是指自然、社会、人际、心灵、文明之间诸多形相、无形相的相互冲突、融合，与在冲突、融合的变化过程中诸多形相、无形相和合成新的结构方式、新事物、新生命的总和。

为什么这样来规定？因为人类现在遇到的是：人与自然的冲突产生生态危机；人与社会的冲突产生社会和人文的危机；人与人之间的冲突产生道德危机；人的心灵冲突产生精神危机；文明之间的冲突产生价值危机。当前人类共同面临这五大冲突和危机，怎么样化解？人类未来的前途在哪里？这些都是需要思考的问题。

从和合学的视野来看，企业文化是企业的灵魂，企业的领导是企业的灵魂的灵魂。从这个意义上来看，一个没有灵魂的企业，一个没有灵魂的人，就与行尸走肉一样。那么，什么是企业文化？简单地说是一种企业精神文化。它不仅仅是企业内部的管理文化，它也是企业的生命，如果说一个企业没有生命力，当然就要被淘汰出局；它是指南针、方向盘，没有它，企业在激烈竞争中就会失去方向；它是企业的指导思想，是一个企业怎么样制定战略战术的依据；它是企业内部的职工凝聚力、团结力、前进力、发展力的活水，能够发挥每一个职工的个人价值，是一个企业发展的动力；它也是企业反思工作，检验、总结经验教训，更好发展的推进力。从这几个方面来看，企业文化是非常重要的。

二、企业文化的成功之道

当下是信息革命的时代，是互联网、物联网、智联网、大数据、云计算的时代，随着人与人、物与物的互联互通，人类社会将进入一个复杂的、巨系统的智慧时代。我们可以看到，信息革命渗透到我们人类生活的方方面面，人们生活活动的层面都发生了翻天覆地的变化。同时信息革命也改变了我们的世界观、价值观、文化观、思维观、审美观、军事观等各方面，并使得政治、经济、文化、制度、思想各个层面都发生了质的变化。信息革命改变人类生活的方方面面的速度以及它深入人们生活的程度，都超过了农业革命和工业革命的时代。在这个时代，我们怎么样做好企业？我暂提出五大企业成功之道，即：和生的生财之道、和处的处事之道、和立的立诚之道、和达的通达之道、和爱的博爱之道。

（一）和生的生财之道

《周易·系辞》讲："富有之谓大业，日新之谓盛德，生生之谓易。"这就是企业文化的三个原理。"富有之谓大业"是价值空间的增益原理，古人注释指出，"富有"是"大而无外"，广大而没有边界。"日新之谓盛德"是价值时间的创新原理，古人讲"久而无穷"，创新是无穷尽的，是不断的。"生生之谓易"是价值生产再生产的原理，是指不断扩大，生生不息。

什么是"富有"？显然，"富有"不仅是指我们财产资金的富有，它还包括了知识、道德、技术、销售、金融的方式方法、产品的品牌、社会的效应等各个方面，所以它是指一个空间增益的原理。一个企业家能够成功立业，事业不断发展、繁荣、壮大，就需要各个方面的富有，如知识广博、精神充实、感情愉悦、谦虚谨慎、善于反思、凝聚人才、制度精准、人性管理、奖励创新、正确决策、合作共赢。

"日新之谓盛德"的"德"，一般书面解释为"道德"的"德"，汉代许慎《说文解字》曾解释"德"为"得"，内得于己，外得于人。怎样得到，怎样取得利益的最大化？那必须是日新、创新。一个企业要维持不断地发展，必须是不断地创新。产品的革新非常快，过去的电视机又重又大，现在是平板的，这就是不断地创新，它是价值创新的原理。从这个层面来看，创新实际上是企业的生命所在，一个企业如果不创新，肯定就要逐渐被淘汰。创新是激发人类不断地发挥智慧的法门，创新也意味着要唯变所适地更新理念。一个企业永远是老样子，不投入充分的人力、物力、财力进行技术的、经营的、管理的革新，那等于自己扼杀自己。创新实际上是一种生产力与生存关系的具体体现。

如果说既富有，又日新，当然能达到"生生之谓易"。在信息革命时代，瞬息万变，企业必须不断地生产、扩大再生产。"生生之谓易"，就是讲生生不息，大化流行，变动不居，新事物、新生命不断诞生。

由上述，我们可知，生财有道就是要追求这样三个原理：一是价值空间的增益原理，二是价值时间的创新原理，三是价值生产再生产的原理。

（二）和处的处事之道

处事，中国人讲要"和处"，孔子讲"君子和而不同，小人同而不和"。内外、上下、左右尽管有不同，但要能和谐相处共事。一个企业，不是生活在虚空当中，是生活在左右各个企业互相竞争、企业内外互相较量的复杂矛盾冲突当中。企业在复杂的矛盾当中怎样能够游刃有余，怎样做到真正地发展自己，获得最大的利益，就需要有高超的智慧。如果能按形势的不断变化，能够及时抓住主要矛盾，化解矛盾，其他次要矛盾就容易解决。对于怎样处理好左右、上下、内外这样错综复杂的关系，我提出和处处事之道的五大措施。

1. "利者，义之和也"，"利物，足以和义"①

义与利是可以和合的。这不是说不要利，一个企业要不求利益是绝对不可能的。

义与利虽不同，但不是绝对对立，相反可以相成，利和义融突而和合，也就是要利义并重、兼顾、兼备、并行。

在处理各种关系的时候，不是把企业利益最大化置于第一位。在企业互相竞争的过程中，不是说我一定要打倒你，你一定要打倒我，不是大鱼吃小鱼，小鱼吃虾米，而是把竞争的对象看作是激发你创新的一个动力，促进你去更好地发展，只有这样的互相竞争，才能互相取得共同利益。这就是合作共赢、互利多赢的原则。只有我与他者互利共赢，才能够不断地发展。在竞争过程当中互相启发，互相学习，互相借鉴，互相促进，共同发达，把蛋糕做大，在这样的情况下，共同取得更大利益。义利并进、兼备，还包含着一个企业家怎么样去回报社会的问题，把社会的效应和企业的利益结合起来，这是很重要的。

---

① 《周易文言传》，《朱子全书》第 1 册，上海古籍出版社、安徽教育出版社，2002 年版，第 146 页。

2. 各正性命，保合太和

"乾道变化，各正性命，保合太和，乃利贞。首出庶物，万国咸宁。"[1] 天道是不断变化的，每个人各正性命，摆正位置。父亲像父亲的样子，学生像学生的样子，领导就像领导的样子。所谓"样子"就是你的责任，你的职责，你的任务，你应该做什么，你的道德应该怎么样，各个方面要像个什么样子。各正性命，各人应该各负其责。一方面，每个人应该尽心尽力地做好本职工作，在这个过程中回报社会和回报企业，实现自己的个人价值。另一方面，从领导层面来说，应该给企业的每个职工都能够发挥才能、实现个人价值的机遇，这是领导智慧能力的表征。若一个国家、企业，使每个人都能够做到英雄有用武之地，这个国家、企业一定兴旺发达。作为领导，能不能用人很关键。一个学校也好，一个企业也好，一个单位也好，不会用人这个单位肯定是没有生气的，是不能把工作做好的，也不能得到发展。用人的问题也是企业的管理问题、决策问题。

3. 称物平施

企业管理要处理好上下左右的关系，一定要公平合理，这包括待遇分配以及职称的评定等。怎样做到公平合理？《周易》说："损上益下，民悦无疆。"上下能做到公平，大家会心情愉快。这是企业能不能团结、凝聚、

---

① 《周易象上传》，《朱子全书》第1册，上海古籍出版社、安徽教育出版社，2002年版，第90页。

发挥职工的积极性和创造性的关键方面。企业内部为什么会产生很多的矛盾、很多的怨言、很多的内讧，离心离德，就是做得不公平、不合理的缘故。

公平合理的问题实际上就是正义的问题。柏拉图在《理想国》当中基本上讲的是正义问题，如治理城邦，怎样做到正义，关系到城邦是否能够很好地生存和发展。若做得不公平合理，一个企业、一个国家、一个城邦就不断地衰落。现在国际场域存在不公平、不正义的情况，因为在国际领域中，存在三大集团：一是金融集团。现在是一个金融的世纪，实际上这个世纪是被金融所控制。现在的金融集团不是去扶植世界实体经济，而是以钱生钱，正因如此，促使一些国家发生金融危机。二是利益集团。利益集团处处要维持自己的既得利益，处处维护他们所制定的原有的规则不受到冲击。比如一些国家发起战争，挑动动乱，以维护军事集团的利益。利益集团包括各领域的高官、大公司、大集团、党派等。三是权力集团。其实金融集团也好，利益集团也好，都同权力集团互相结合。资本主义国家是以资本政治民主形态立国，是为资本民主政治形态的国家。这些国家，总统选上了，就把原有的一些部长全部调换，都要他们下台，他任人唯亲，换上自己一批亲信，公开排斥异己。中国反对任人唯亲，美国就是任人唯亲，从这点来看，他们显然是三个集团完全狼狈为奸，结合在一起。

4. 阴阳合德

阴阳是冲突矛盾的，但《周易》说："立天之道曰阴与阳,立地之道曰柔与刚,立人之道曰仁与义。"① 就是说，阴阳既矛盾又互相融合，阴阳、柔刚、仁义合德。"夫大人者，与天地合其德，与日月合其明，与四时合其序，与鬼神合其吉凶。"②

如果说一个企业领导是刚性的，那很可能他是刚愎自用，听不进别人意见，有事不能共同商量，不能虚怀若谷、海纳百川，往往固执己见。如此，他在用人、做事等方面，可能对很多问题的处理不能做到恰如其分。如果一个企业领导是柔性，可能在竞争过程当中不能有刚性的强有力的表现，不能起到引领作用。所以刚柔相济，才能够把企业做好。

中国文化中很重要的一点，就是刚柔相济。儒家讲君子应该自强不息，即一个国家、企业的领导都应该像君子一样，终日乾乾，不断奋进，"天行健，君子以自强不息"。同时也讲"夕惕若厉"，晚上反省、检查自己的思想行为有否缺点、过失，及时改正，这样才不会有灾祸。道家讲柔顺。上善若水，水是柔性的。譬如你向水里丢个石头，水里浮起一些波纹，就把石头容纳进去了。如果只是刚的或者只是柔的，这两者其实都有片面性，比

①《周易说卦传》，《朱子全书》第 1 册，上海古籍出版社、安徽教育出版社，2002年版，第 153 页。

②《周易文言传》，《朱子全书》第 1 册，上海古籍出版社、安徽教育出版社，2002年版，第 150 页。

如说水是柔的，但是它能够冲垮非常坚固的堤坝，它也能够把石头穿出一个窟窿。中国的智慧是刚柔兼备并用，弱能胜强，柔能克刚，所以刚柔相济，阴阳合德。从儒家来看，在治国方面既有刚性层面，同时也有柔性的层面，所以汉代讲究"霸王道杂之"，即霸道和王道冲突融合，这就是要刚柔并济。

企业的领导艺术就是能够处理好各个成分的关系，对刚性的人用柔，对柔性的人用刚，这样企业和企业之间、人与人之间的关系就能够处理得非常恰当或适宜。一个企业若能做到阴阳合德，刚柔相济，就能做到动静随时，进退有度，这需要领导的洞见和智慧。中国历来讲究辩证施治，具体问题具体解决，具体人具体对待，这样就能够把问题处理好。

乾道变化，整个阴阳、刚柔是变化的，企业、国家就要与时偕行，唯变所适，才能跟上时代步伐。但是要各正性命，才能保合太和，保合太和万物就能产生，万国就能太平。所以刚柔相济，阴阳合德，是其本质内涵和宗旨。

5. 节以制度

《周易》的《节卦·象传》载："天地节而四时成，节以制度，不伤财，不害民。"[1]"节"是有限而止的意思。一些企业不是以完善制度来管理企业，而是靠人际关系，

---

[1]《周易象下传》，《朱子全书》第1册，上海古籍出版社、安徽教育出版社，2002年版，第103-104页。

因而容易出现问题。国家也一样，国家制度、法律不健全、不完善，就会善恶不清、奖罚不明。若要把企业、国家治理好，必须把制度完善起来，用制度去管理企业。

一个企业、国家必须制定详细的制度，比如说用人制度、管理制度、决策制度、赏罚制度，以及各方面法律、条例、规则等等，按照制度去做，就能够把很多问题做得很好。如果说一个企业的领导事必躬亲，什么小事都管，那肯定是管不好的。要用制度去管理，这样整个企业的运行才能够正常，这就是做事有方圆、有规矩。企业按照制度运行，领导就可以考虑大政方针、企业创新、发展方向等决策。

同其他国家打交道，同其他企业打交道，也要使之制度化。例如签的合同、契约，有合同、条约可依，就能把事情管理好。我们同美国有经济对话、安全对话、战略对话等，有各个方面的组织来管理这些对话，按照条约制度，我们就能取得彼此了解、理解、谅解，不会发生误读、误判、误解，而能管控分歧。企业也一样，企业和企业之间、上下之间、领导和职工之间、左右之间，要处理关系，不发生矛盾、纠纷，也要有制度来管控，有规则来约束。制度，是约束人，同时也是发挥人积极性的一个很重要的层面。

（三）和立的立诚之道

孔子说"己欲立而立人"，自己站起来了，自己独立了，自己成功立业了，也要使别人能够站起来，使别人能够独立，能够成功立业，这就是和立的立诚。

《孟子》《中庸》都讲"诚"，"诚者，天之道也""诚之者，人之道也"。天是很讲诚信的，春夏秋冬的轮转不会变。人按照天道诚信来做事，来思考。反思诚而使自己达到诚。孔子和子贡谈论怎样去治理国家，孔子讲有三个维度：足食，有饭吃；足兵，有军备；信，要诚信。子贡问如果这三者当中去掉一项，去什么？孔子说：去兵。如果在粮食和信之间再去掉一个，要去什么？孔子说：去食。国家无信不立，人无信不立，诚信是立国之本，也是立人之本。要做到诚信需遵守六个原则。

1. 重德贵道

孔子说："富与贵，人之所欲也。"富与贵是人之所欲，人都希望得到的，这是人的欲望。孔子进一步说："不以其道得之，不处也。"就是说富与贵必须是得之有道，必须是正道，符合道德，富为劳动所得，贵为勤恳工作成就所得，如果以不道德行为得到的，就是非法的。《庄子》中《盗跖》一篇甚至讲盗亦有道。"若弃名利，反之于心，则夫士之为行，不可一日不为乎！"[①]不行仁义不会被信任，不被信任就无职位，无职位就无利禄，所以不可一日不行仁义。人、企业、国家一定要取之有道，现在社会上一些从事假冒伪劣、网络诈骗的人，就是取之无道，

---

①《盗跖》，《庄子集释》卷9下，中华书局，1961年，第1002页。

贪污盗窃、抢劫等也都是无道的行为。

企业要发展，要取得利益的最大化，要富有，但是要取之有道。从企业和商人这个层面来说，要重德贵道，为企为业以道德为第一位，要做堂堂正正的人，要做堂堂正正的企业家，要靠自己的劳动、自己的智慧、自己的能量、自己的创新和技术的革新来发展企业，而不是靠什么官来支持，来给你方便、利益。

2. 重俭抑奢

中国古训讲勤俭持家才能不愁吃穿，才能发家致富。如果不勤俭，再大的家产亦要花光。官员、企业家若花天酒地，必然要走向犯罪的道路。中国的个别官员为什么贪污？不诚意、正心、修身。如果一个人不严格要求自己，肯定要走向堕落的道路。《尚书·大禹谟》说"克勤于邦，克俭于家"，"邦"就是邦国、国家，"家"就是指家庭。一个国家和家庭必须是勤劳、克俭。墨子也说"俭节则昌，淫佚则亡"。一个家庭、国家如果节俭，你这个国家、家庭便能够昌盛发达。中国过去有勤俭持家而富裕起来的，当然也有乱花费而败亡的，有一些人祖上本来是当官的，后来子孙不孝，花天酒地，把整个财产败光了。墨子这句话，是根据很多的现实情况总结出来的。我们现在可以看到，好淫逸者必然是贪污盗窃者，贪污盗窃者反过来也就是淫逸者，互相循环，甚至互相促进。

中国魏晋的时候，王恺石崇斗富，因为王恺是晋武帝司马炎的舅父，皇帝曾赐给他两尺高的珊瑚树，他拿出来炫富，石崇就把它给砸掉了。王恺非常生气，皇帝赐给我的最好的东西、最珍贵的东西，你把它砸掉了。石崇说，我赔你。结果他从家里就拿出三四尺高的珊瑚好几棵。石崇为当时首富，最终遭杀身之祸。古代亦有奢侈无度的人，《晋书·何曾传》载何曾"日食万钱，犹曰无下箸处"。每天吃饭花费"万钱"，还抱怨没有下筷子可吃的饭菜。

企业家、富人应该怎么样去回报社会呢？取之于社会，应反馈回报社会，多做公益事业，这个也很重要。比如说美国比尔·盖茨，他很富有。但是他自己比较勤俭，他夫妇坐飞机坐经济舱，而且他做了很多慈善事业。我们再看日本的涩泽荣一，他被誉为日本资本主义之父。他在日本创办了500多个企业，同时也办了600多个慈善机构去回报社会。企业家不要拿钱去花天酒地，要把钱投入自己的实体经济企业去发展，更大地回报社会，做慈善事业。

从这个意义上讲，勤俭持家是中国古代家风、家教的重要内容，是修身齐家一个非常重要的条件，同时也是诚意正心齐家治国以达平天下的一个很重要的条件。勤俭持家，勤俭办企业，这样企业一定能够不断地扩展，不断地发展。

3. 诚信无妄

"无妄"就是不自欺也不欺人。诚信是一个企业、一个商人的基本条件，也是一个国家的根本原则。"诚"是五常之本，百行之源。"五常"就是仁义礼智信，"诚"就是要忠诚与老实，要真实、真心、真物，要讲真。

对一个企业来说，要生产经营真货，不是假货，这是一个企业最基本的道德。我们同人真心地打交道，是诚心诚意打交道，而不是三心二意。从国家来说，讲和平合作、互利共赢。讲和平是我们真心真意的，我国不走国强必霸的道路，不像西方资本主义国家，到处侵略和欺负弱小国家。我国明代郑和七下西洋，都是宣扬我们国家的文明，传播中华文化，并给所到的国家以中国的茶叶、丝绸等财物。我们现在"一带一路"建设也是一样，是在互联互通中帮助其他国家发展。从这个意义上来讲，我们是真心、真意、真物，这样才能够取得大家的信任。有诚信，企业就立住了，诚信是立身之本。

4. 行己有耻

管子讲礼义廉耻是国之四维。一个人，一个企业必须讲廉耻。有廉耻心，行为就有规矩，就不会乱来。孔子讲："道之以政，齐之以刑，民免而无耻；道之以德，齐之以礼，有耻且格。"如果说我们只讲政和刑罚，民可暂时不犯罪、犯法，但没有羞耻心，以后还会犯罪、犯法。如果教导之以道德，又齐之以礼节、礼义，就能有羞耻心，人有羞耻感，就不会去犯罪。所以管子讲礼义廉耻是国之四维，"维"就是能够支撑起来一个国家。

5. 反腐倡廉

张璁是明代嘉靖初年的首辅（宰相），他当政时严革贪风，澄清吏治。把革除贪风从内阁做起，各衙门事务议于公朝，不谋私室，严禁地方官向京官送礼输财，有违者依律治罪，赃物没收入官。他严以律己，终致"苞苴路绝"，利国利民。他几次同嘉靖皇帝意见不合，辞职回乡，拿一个竹子编的箱子就走了，两袖清风。尽管他的改革得罪很多既得利益者，攻击他的人很多，但是没有人能够抓到他的把柄，因而成为古代反腐倡廉的楷模。

6. 孝敬父母

百善孝为先，孝是中华民族伦理道德文化的首要价值，孝文化开出了中华文化精神、民族精神。父母是人生命体的创造者、养育者。父母辛苦抚育子女长大成人，子女赡养父母是应尽的义务和责任。

（四）和达的通达之道

企业怎样通达，怎样走出去，怎样打通销售道路？过去有一句话："财源茂盛达三江，生意兴隆通四海。"所谓"做生意"，就是不断发展、生生不息的生意。从这里我们可以体会到，中国古代企业的眼光是放眼四海的。"财源茂盛达三江"，三江是指全中国；"生意兴隆通四海"，是通达世界。中国古代徽商也好，晋商也好，都是走出去的，走向世界的。从张骞通西域，郑和七下西洋，创造陆上、海上丝绸之路，就是和平的、互通有无的道路，现在的"一带一路"正是继承张骞、郑和与徽商、晋商的精神。

企业文化实践的三个原则，可以说是针对企业走出去所面临的三大冲突而提出的。如何处理这三大冲突？就是要依天时、地利、人和三原则。现在我们企业走出去，很多吃亏的、损失的、失败的，就是不知道天时、地利以及人和。

天时原则是非常重要的。我们必须了解走出去的对象国的自然环境、社会环境、政治制度、军事结构、价值指向、领导态度等。天时问题既有必然性，亦有偶然性。我们必须吃透其必然性，同时也不放弃机遇，能不能抓住这个偶然性机遇，也很重要。天时，一定要吃透这个国家各方面的状况。但因为情况在不断变化中，很难把握精准，这就必须有洞察的预测的智慧，这样企业家走出去，能取得成功，才能立于不败之地。

地利原则。要考察、调查走出去对象国的交通、资源、通信、金融、技术、政策等，同时对于一个国家政治情况的了解也是很重要的。地利比较好了解，我们建一个厂子也好，搞一个企业也好，你不能到一个资源没有、交通不方便、通信不便利的地方去办厂，要选择一个比较好的地方。既然要走出去，当然要考虑怎样去和达的问题，即如何发达、通达的问题。孔子讲："己欲达而达人。"自己发达了，也要帮助人家发达起来。你怎么样能够帮助他？当然不要瞎搞一气，白白地投资，烧了很多钱，没有收获，企业也赔不起。

人和原则。一定要做到人和，要掌握该地区的风土人情、风俗习惯、宗教信仰、思想状况、老百姓的生活状况等。现在一些企业到了对象国某地开发，结果老百姓反对。如果当地老百姓都反对，你投资建厂如何能搞好。与当地政府、老百姓搞好关系，取得和谐，这是关键。

和达作为通达之道实践的三个原则，在走出去的过程中是不可或缺的，缺一不可的。只有三者完备，才能取得成功，才能成大事业。

（五）和爱的博爱之道

博爱是企业的根本，也是企业文化的根本。博爱才能做到和生、和处、和立、和达。如果一个企业没有爱心的话，上下、左右、内外没有爱，这个企业一定发展不起来，人的智慧才能发挥不出来，人的积极性调动不起来。博爱是一种责任，是一种动力。企业走向世界，是一种博大的爱，是一种和合天下的爱。中国古代就有天下的视野和情怀。《礼记·礼运》就提出了"天下为公"的大同世界。唐代孔颖达讲"天下和合"。中国古人讲"四海之内皆兄弟也"。朱熹讲"天地万物本吾一体"。张载讲"天为父，地为母"，世界上的人都是我的同胞兄弟，万物都是我的伙伴。中国古人有天地这样博大的胸怀，王阳明在《大学问》中就讲："天下为一家，中国为一人。"天下就是一家，中国就是一个人。《大学》提出"平天下"的问题，怎样做到天下平，要格物、致知、诚意、正心、修身、齐家、治国，进而能平天下。

怎样做到和爱？人类之所以延续到今天，都是由于爱。我在《新人学导论》中曾讲，人可以好事做尽，也可以坏事做绝。人具有两面性，其一是动物性，"食色，性也"。吃饭和色，这是人的要求，这也是动物的要求，动物也有食色，所以人也有动物性。其二是道德性。人既具有自然的动物性，也具有社会的道德性。荀子就讲："水火有气而无生，草木有生而无知，禽兽有知而无义，人有气，有生，有知，亦且有义，故最为天下贵。"人之所以在天下是最有价值、最可贵、最珍贵的存在，就是因为有义，有道德性。从水火、草木、禽兽到人，人之所以区别于动物的很重要的一点就是他有道德。道德最起码的一点就是爱，是爱心。正如孟子所讲，人都有不忍人之心，你看到孩子往井里爬，你去救他，发而有恻隐之心。企业家出于不忍人之心做一些慈善事业，这是爱心的表现。所以我们不要把爱都看作是有阶级性的，孔子就讲泛爱众，是普遍的爱。墨子讲兼相爱，爱别人就像爱我自己一样，爱别的国家就像爱自己的国家一样，这样整个世界就太平了，所以爱是人性最大的基础。

三、企业文化的精神

中国企业文化要走向现代，必须继承发扬中华民族传统企业文化的理论、经验、方法、制度，要博采东西方各国优秀企业文化、管理理论、方法、效能、教训，要下功夫修炼内功，提升各方面的能力和研发创新水平，形成具有中华民族特色、风格、气魄、精神的企业文化。

一是大本大道的中和精神。《中庸》说："喜怒哀乐之未发，谓之中；发而皆中节，谓之和。中也者，天下之大本也；和也者，天下之达道也。致中和，天地位焉，万物育焉。""中和"就是中华民族大本大道的精神。大本大道，是企业立身之本，是企业的根本原则和精神。有大本大道，才能够通达四海。

二是人类命运共同体的精神。天地间一切事物都生存在互相关系的网络之中，个体与整体在这种关系中获得自己的本质、特性及其价值和意义。整体与个体只不过是关系存在的一种形态，任何关系都有分有合。企业自身既是整体又是个体。其作为整体而言，要确定自己的战略目标，按和合价值科学化的效率来安排和组织企业员工的生活方式、行为标准、内部制度、决策创新机制，以便更好地把企业和员工凝聚起来。企业文化除实现企业管理和目标外，亦为员工提供满足个体多样性、丰富性的需要，使个体与企业整体达到最大的和合。从个体而言，每个员工都有个性化的要求、追求和理想、经验与表现的诉求，在保证生产和管理完成的同时，也要满足员工个人生活的需要，形成企业整体的凝聚力，以实现企业目标。

三是共生、共鉴、共享的精神。在企业的内外、上下、左右关系中，必须奉行共生的"和实生物"、互学互鉴、互利互享的原则，以能在和谐的环境中使企业获得最大的发展。在中华民族企业文化中，法家主张法治，儒家主张德治，两者融突。一方面严格规章制度，赏罚分明；另一方面人性化管理，以身作则，以德服人，发挥互济的团队精神。尊重自然发展，顺应客观规律，凡事站得高，看得远，待人宽，处事留余地。

四是变革的生生精神。企业文化的成败，企业管理组织的效能、企业的兴衰，取决于日新，即创新。当下企业价格决定于技术创新的含量、文化的含量，即创造新产品、新技术、新程序、新信息，便可创造大事业、大富豪。日新的生生精神，即是和合学的基本精神。和合才能日新，日新才能生生不息，生生不息蕴含和合发展力，和合发展力不仅协调化解各种冲突矛盾，还能在化解冲突中促使自身的发展，形成更强大的发展力。"和气生财，合作制胜"，实现企业文化追求的战略目标。

五是"新三纲五常"精神。在构建和合企业文化的过程中，有企业提出企业文化的"新三纲五常"：善为德纲，道德以善为纲；用为才纲，学习技能，用于有益大众；义为志纲，志向讲大义，胸怀祖国，心系团队。对于三纲来讲，善以孝为始，用以学为始，义以仁为始。五常是：常怀感恩之心，敬老爱亲，爱岗敬业；常念牵手之缘，恩爱夫妻，教养子女；常思成长之苦，建功岗位，报效社会；常想同行之乐，友善团结，珍视缘分；常思报恩之事，宁静心灵，升华生命。如此企业整体与个体都达到社会效应与道德责任全方位和合，使企业永远立于不败之地。

《玩古图》（局部）明·杜堇

儒家的礼乐教化思想及其社会教育功能

彭　林

清华大学首批文科资深教授、博士生导师，中国经学研究院院长，浙江大学马一浮书院敦和讲席教授，兼任国际儒学联合会顾问，中国社科院古代文明研究中心专家委员会委员，全国政协『人民政协讲坛』特聘教授。

著有《〈周礼〉主体思想与成书年代研究》《中华传统礼仪概要》《文物精品与文化中国十五讲》等。

　　人类社会的发展是多方面的，但归根到底是人自身的发展，只有当所有的人都成为身心健全的君子，社会发展才是良性的，才能不断走向理想的境界。在儒家看来，实现这一目标的主要途径是礼乐教化。梁启超先生将中国文化的特点归结为"重礼治"，将西方文化归结为"重法治"，钱穆先生深为赞同，"此可谓深得文化分别之大旨所在"①。时过境迁，世事沧桑，由于复杂的历史原因，今人对于中国人为何"重礼治"，礼何以能治国理民，乃至"礼是什么"等原本属于常识的问题，多已疑信参半。为此，回答上述问题，对于正确认识中国传统文化，具有十分重要的理论意义与现实意义。

一、中国缘何走上"礼治"之路

　　在人类诸古文明中，中国是唯一一个倡导礼治的国家，中国先哲为何选择这样一条发展道路？其中大有深意。

---

① 钱穆：《中国知识分子》。

国家当如何治理？中国人经历过长时期的探索。最初，中国有些地区也曾依靠刑罚、暴力治国，《尚书·吕刑》提及与尧大致同一时代、生活在南方的三苗的情况："苗民弗用灵，制以刑，惟作五虐之刑曰法。杀戮无辜，爰始淫为劓、刵、椓、黥。"孔传解释说：三苗之君"不用善化民，而制以重刑。惟为五虐之刑，自谓得法"①，劓，割鼻之刑。刵，割耳之刑。椓，男子割去生殖器、女子幽闭之刑。黥，刺面涂墨之刑。三苗之君"作五虐之刑曰法"，作为治国之法，将酷虐恐怖的刑罚加于民，当然能收一时之效，所以三苗之君"自谓得法"。而后续的效应是，"民兴胥渐，泯泯棼棼，罔中于信，以覆诅盟"，孔传说，民众在此乱政之下，"泯泯为乱，棼棼同恶，皆无中于信义，以反背诅盟之约"②。三苗之君不得人心，最终为尧所灭。

历史的教训往往要经过多次反复才能为人所汲取，三苗之后，重蹈其覆辙者依然有之。夏桀治国无道，理民无方，《史记》说"桀不务德而武伤百姓，百姓弗堪"③，结果，商汤顺应天意，吊民伐罪，桀逃往鸣条而死。商纣王以暴易暴，迷信暴力可以平定天下，横征暴敛，荒淫无耻，"百姓怨望而诸侯有畔者，于是纣乃重刑辟，有炮格之法"④，希冀以酷刑钳民之口，激起天怒人怨，牧野

①《尚书正义》卷十九，北京大学出版社，1999年版，第535页。
②《尚书正义》卷十九，北京大学出版社，1999年版，第536页。
③《史记》卷二，《夏本纪》，中华书局，1959年版，第88页。
④《史记》卷三，《殷本纪》，中华书局，1959年版，第106页。

之战，武王克商，纣王自焚于鹿台。

殷周之际的文王、武王、周公、召公等政治精英，对夏、商两朝历史做过深入分析，认定国家存亡的关键在德之有无。在洛邑建成，周王室行将东迁之际，召公谆谆告诫成王：

> 我不可不监于有夏，亦不可不监于有殷。我不敢知曰，有夏服天命，惟有历年；我不敢知曰，不其延，惟不敬厥德，乃早坠厥命。我不敢知曰，有殷受天命，惟有历年；我不敢知曰，不其延。惟不敬厥德，乃早坠厥命。①

夏、商两朝执政多有历年，夏朝四百年，商朝六百年，为何"不其延"，没能延续其统治？召公说，根本原因是他们"不敬厥德"，对道德没有敬意，所以"早坠厥命"。问题很清楚，周人若是要想长治久安，就必须要从"王其疾敬德"做起，快速树立敬畏道德的理念，"惟王位在德元"②，从王能自身立德肇端，树立"徽柔懿恭，怀保小民，惠鲜鳏寡""不遑暇食，用咸和万民""不敢盘于游田，以庶邦惟正之供"③的勤政形象。与此同时，周公制礼作乐，建立一系列的礼乐制度，为社会提供各种典章与行

---

① 《尚书正义》卷十五，《召诰》，北京大学出版社，1999年版，第399页。
② 《尚书正义》卷十五，《召诰》，北京大学出版社，1999年版，第400页。
③ 《尚书正义》卷十六，《无逸》，北京大学出版社，1999年版，第433页。

为规范，落实以民为本的德治理念，周人八百年的基业，乃至中华五千年文明的礼治底色由此奠定。王国维说"殷周之兴亡，乃有德与无德之兴亡"①，乃"旧制度废而新制度兴，旧文化废而新文化兴"②；周公制作，"其旨则在纳上下于道德，而合天子、诸侯、卿、大夫、士庶民以成一道德之团体"③，至确。

平王东迁以后，王纲解纽，礼崩乐坏，"风雨如晦，鸡鸣不已"④，尽管如此，春秋诸贤犹秉周礼，在各种场合阐发礼治之道，痛斥非礼之徒，即《左传》所见，可谓触目皆是。如："凡侯伯，救患、分灾、讨罪，礼也。"（僖公元年）"礼，经国家，定社稷，序民人，利后嗣者也。"（隐公十一年）"礼，国之干也；敬，礼之舆也。不敬，则礼不行；礼不行，则上下昏，何以长世？"（僖公十一年）"说《礼》《乐》而敦《诗》《书》。《诗》《书》，义之府也；《礼》《乐》，德之则也；德、义，利之本也。"（僖公二十七年）"礼以行义，信以守礼，刑以正邪。"（僖公二十八年）"忠、信，卑让之道也。忠，德之正也；信，德之固也；卑让，德之基也。"（文公元年）"名以出信，信以守器，器以藏礼，礼以行义，义以生利，利以平民，政之大节也。"（成

①《殷周制度论》，《中国近代思想家文库·王国维卷》，中国人民大学出版社，2004 年版，第 143 页。
②《殷周制度论》，《中国近代思想家文库·王国维卷》，中国人民大学出版社，2004 年版，第 133 页。
③《殷周制度论》，《中国近代思想界文库·王国维卷》，中国人民大学出版社，2004 年版，第 133 页。
④《诗·郑风·风雨》。

公二年）"礼，身之干也；敬，身之基也。"（成公十三年）"凡诸侯即位，小国朝之，大国聘焉，以继好、结信、谋事、补阙，礼之大者也。"（襄公元年）"礼，政之舆也；政，身之守也。"（襄公二十一年）如此等等，不胜枚举，这些言论从不同角度丰富和完善了周公的礼治思想。

二、礼乐教化思想的理论化

从春秋末年开始，思想界进一步活跃，各种学说的研究蓬勃兴起，其核心议题乃是如何定义"人"，以及人如何成为完人。

春秋乱世数百年，历史在此出现巨大的回流与旋涡。为了做诸侯，儿子可以篡杀亲生父亲，弟弟可以杀死同胞兄弟；连禽兽都做不到的事情，人类居然可以做到。司马迁非常感慨：

> 春秋之中，弑君三十六，亡国五十二，诸侯奔走不得保其社稷者，不可胜数。察其所以，皆失其本已。[1]

司马贞《索隐》说，"失其本"是"失仁义之道本"。[2]失去仁义之道者，即是禽兽。孔子有感于此，提出"鸟

---

[1]《史记》卷一百三十，《太史公自序》，中华书局，1959年版，第3297页。
[2]《史记》卷一百三十，《太史公自序》，中华书局，1959年版，第3299页。

兽不可与同群"①的命题：人必须自觉地与禽兽划清界限。那么，人与鸟兽的区别究竟何在？若找不出两者的本质区别，人就依然会与之若即若离。一个似乎不假思索就可以给出的答案是，人有语言而禽兽无。儒家断然否定此说，鹦鹉、猩猩也有语言能力，但是，"鹦鹉能言，不离飞鸟，猩猩能言，不离禽兽"，它们依然是禽兽。儒家将人与禽兽最本质的差别定位在"礼"上，按照礼的要求生活的才是人，禽兽永远做不到："今人而无礼，虽能言，不亦禽兽之心乎？"②如今，长着一副人的皮囊，而言谈举止、举手投足，无丝毫之礼，即使再能说会道，也证明他的心还停留在禽兽的阶段。《礼记》说："凡人之所以为人者，礼义也。"③懂得礼义者方为人，礼是人最本质的特性，人与礼不可分割，反映了中国文化的独特性。

人何以必须守礼？礼的性质、起源、范畴、学理、价值分别如何？这些问题亟须作出学术论述。孔子倡导周公之礼，在许多重大问题上做了论述，定下了规模与格调。七十子后学则撰写了上百篇礼学研究论文，进行多角度、多层次的阐发与拓展。礼是规范，是维护正常的社会秩序所必备的规矩，所谓"没有规矩不成方圆"，说的正是此理。无论哪国，治国都离不开规范。问题在于，规范依据什么原则制定？中国之礼，是依据道德理性制

①《论语·微子》。
②《礼记·曲礼上》。
③《礼记·冠义》。

定的，《礼记·乐记》说："礼也者，理也。"所以，中国文化中的"非礼"与"非理"，意义几乎等同，这在《左传》中随处可见。

儒家认为，德是宇宙真理在人类社会的体现。道无处不在，故礼亦无处不在。儒家之礼，内容博大浩瀚，远非西方之礼可比。作为礼学经典之一的《周礼》一书，展现了中国之礼经天纬地、宏纤毕贯的格局，以天地春夏秋冬六官构建国家职官体系，是一涵盖天地四方、宇宙六合的结构，暗含着"以人法天"的理念，内容笼罩社会生活的一切，宫廷、民政、教育、农田、交通、商贸、赋税、宗庙、祭祀、音乐、军事、司法、营造、匠作等等，均在这部礼典的范畴之内。如果阅读儒家的另一部礼学经典《礼记》，可知中国之礼的范围远不止于此：《礼运》篇论述的是儒家的政治理想、终极目标；《月令》篇记载的是人与自然的关系、如何把握时令节气的变化，以及如何保护生态环境等；《曲礼》上下篇、《内则》等篇讲解人际交往中言谈举止的守则等；《儒行》列举儒者的高贵品质；《乐记》是中国现存年代最早的音乐理论著作；《学记》则是中国现存最早的阐述教育理论的著作；《大学》则是中国人修身、齐家的宝典，传诵千年而不衰。因此，可以毫不夸张地说，中国文化中的"礼"，类似于西方人所说的"文化"。西方人什么都是文化，而中国人则什么都是礼。这是熟悉古代中国文化史者的常识。如果不明于此，就是没有真正把中国传统文化看懂。

礼有礼法与礼义两大要素，两者犹车之两轮、鸟之两翼，相辅相成，不可或缺。故儒家对于礼的贡献，也体现在这两方面，在仪节的记载上要做到尽善尽美，在内涵的说解上则要做到透彻明快，使文本真正成为内外兼明的礼典手册。例如，《仪礼》有《士冠礼》一篇，记载士举行冠礼的全部仪式，所有的细节都曲尽其详，无一遗漏，足以成为千家万户行礼的台本。另外，《礼记》有《冠义》一篇，专门讲解每一仪节背后的礼义，如："冠者，礼之始也。是故古者圣王重冠。古者冠礼筮日筮宾，所以敬冠事，敬冠事所以重礼，重礼所以为国本也。"两者结合，便是生动鲜活的成人仪式。其余的《士昏礼》《士相见礼》《乡饮酒礼》等无不如此。儒家尤其看重礼的内涵，对于诸如《丧服》《士丧礼》等难以卒读，或者仪节太过繁冗的礼仪，则有多篇论文从多个角度解读，如《礼记》中的《丧服小记》《丧大记》《奔丧》《问丧》《服问》《三年问》《丧服四制》等篇，都是围绕丧服、丧礼而展开的疏解之文。

七十子发展礼学的最重要的贡献，是将礼引向心性的层面，使之理论化。《礼记》的《中庸》以及郭店楚简中的《性自命出》篇，将礼与儒家的性情论贯通，浑然一体。人是情感极为丰富的动物，有复杂的喜怒哀乐之情，此为上天所赋予，有天然合理的一面。在外物的影响下，人的情绪极易起伏与波动，难以把控。在某些特定的条件下，有些人大喜大悲，情绪失控，以至酿成悲剧，这不仅不利于人的健康，而且会成为引发社会不安的隐患。这种结局，谁都不希望出现。因此，人生修为的重要任务之一，就是学会用道德理性制约自己冲动或者颓靡的性情，做到"发而皆中节"①，时时处在"中"的境界。儒家认为礼缘情而作，"道始于情，情生于性"②，"礼者，因人之情而为之节文"③。礼的作用，是让人情达到"中"的规范，一言以蔽之，"始者近情，终者近义"④。《中庸》的心性学说，在宋代得到充分发展，成为宋明理学的内核，朱熹将礼定义为"天理之节文，人事之仪则"⑤，是按照天理制定的仪则，旨在使人的情感发出时有度有节，勿过勿不及，可谓深契礼之大旨。

此外，《三礼》的成书，也是这一时期的重大事件。春秋鲁哀公末年，由孔子口述的《士丧礼》《士虞礼》《既夕礼》《丧服》等四篇被记录成文。⑥其后的一百多年中，孔门弟子陆续记载其他各种礼仪，到鲁共公之世，《仪礼》十七篇全部完成。⑦西汉景帝、武帝之际，《周官》（后易名为《周礼》）一书面世，刘歆时此书获得经的地位。七十子关于礼的论文，也在汉代被戴胜编辑为《礼记》

---

① 《中庸》。
② 《郭店楚简·尊德义》。
③ 《礼记·坊记》。
④ 《郭店楚简·性自命出》。
⑤ 《中庸章句》。
⑥ 《礼记·杂记》云，"恤由之丧，哀公使孺悲之孔子学士丧礼，《士丧礼》于是乎书"，此为《仪礼》中关于丧礼的四篇于此被记录成文的证据。
⑦ 相关的论证，请参阅沈文倬：《略伦礼典的实行和〈仪礼〉书本的撰作》，载《宗周礼乐文明考论》，杭州大学出版社，1999年。

一书，到唐代，此书亦取得经的地位。《仪礼》《周礼》《礼记》，统称《三礼》，以礼法、礼义为核心，是儒家礼学的理论形态，对后世礼学研究影响极大。

三、礼乐教化成就君子风范

人类的进化分为两大阶段：体质的进化与精神的进化。古人类学研究的结果表明，人类是从某种古猿进化来的。目前所知的年代最早的古人类的头骨，是在东非的肯尼亚发现的，其测年大约距今 200 万年。从人类进化的发轫之初，到距今 1 万年左右，在这漫长的岁月里，人类完成了体质上的进化，变成了"直立人"。此前的人类都不过是"半人"，一半像猿，一半像人，既有猿的旧质，又有人的新质，故称"猿人"。旧质与新质，此消彼长，直到新质完全替代旧质，才成为体质人类学意义上的"人"。北京周口店的"山顶洞人"已经是"新人"，体质与今天的我们完全一样。

意味深长的是，至此，体质的进化仅仅是完成了第一步，第二步是精神（或者说灵魂、心灵）的进化。人是万物的灵长，有高级的思维活动以及广阔的精神家园，除了所有动物都具有的食与色的需求之外，还有精神需求。人的所有活动，包括思维与行为，均受心灵的支配。遗憾的是，人的心灵的进化与体质的进化并不同步，前者明显缓慢、滞后。由于人是从兽类进化而来，这就决定了人的内心或多或少地残留着动物的野性，它们时隐时现，只要条件适宜就会令人失去理性，形同禽兽。毋庸讳言，今天的我们，身上既有人的新质，又有禽兽的旧质，从这个角度而言，我们还处在另一个"半人"时代。社会的种种弊端，乃至动荡，根本原因是在人心的不完美。因此，如何用道德理性战胜人自身的野性，成为"完人"，是人类面对的又一个进化目标。社会的发展千头万绪，但归根结底是人自身的发展。人类在改造物质世界的同时，必须改造主观世界，只有当所有的人成为高尚的人、纯粹的人、大写的人，人类社会的进化才算是真正完成了。

中国是世界上最早进入农业文明的地区之一。众所周知，两河流域的先民最早培育成功了小麦与大麦，中国人最早培育成功了小米和大米，印第安人则最早培育成功了玉米。古代中国幅员之辽阔，远非其他文明可比，它实际上是由北方的旱作农业（小米）与南方的水田文明两大农业文明区所构成，至迟在距今七千年，两地的农业文明都已达到堪称发达的程度。之后又经过几千年的交流，最后交汇成为夏商周的青铜文明。

农业的发达，社会的富庶，使贵族过着"酒池肉林"的奢靡生活，贫富分化严重。事实证明，社会经济欠发达，势必引发社会动荡。反之，社会经济发达，而缺乏人文精神的引领，社会同样会出现严重问题。至迟从孔子开始，先贤就对物质文明与精神文明应该同步发展的道理有了清醒的共识。"刚柔交错，天文也。文明以止，人文也。观乎天文以察时变，观乎人文以化成天下。"①王弼注："止物不以威武而以文明，人之文也。""观之人文，则化为可知也。"反对以威武之力止民，主张以文德之教化民。此处的"化"字很有讲，犹如一块糖放入温水中，不必使用外在强力，天长日久，自然化尽，此即古人治民讲究的治国境界。孔颖达解释说："观乎人文，以化成天下者，言圣人观察人文，则《诗》《书》、礼、乐之谓，当法此教而化成天下也。"②《诗》《书》是文本教育，礼、乐是规范与心理教育。圣人认为，以此四者为法，方可达到天下大化。人文是指文德之教，中国的先哲很早就意识到了这一问题，他们对社会发展的评价，并不专注于物质财富层面，而是强调物质与精神的平衡发展。《管子》说"仓廪实而知礼节，衣食足而知荣辱"，已经聚焦于物质与精神同步发展的问题。

《大学》云："自天子以至于庶人，壹是皆以修身为本。"在中国文化中，没有天生的圣人，也没有救世主，人无论贵贱，都需要修身进德，才能成长进步，勉为君子。古人将完成了道德修为之人称为"成人"，意为成德之人，视之为人生的终极目标，而礼就是通向这一目标的不二法门。

上古二十岁成年、行冠礼，此礼称成人礼，而不称成年礼。称成年礼，重心在已到生理成熟之年，可以谈

---

① 《周易·贲·彖》。
② 《周易正义》卷三，载《十三经注疏》（标点本），北京大学出版社，1999年版，第105页。

婚论嫁，此为尽人皆有之事，并无特别之处。称成人礼，则重在人生的身心成长。

在孔子之前，先贤已在讨论"成人"的问题。《左传》昭公二十四年，子大叔云："人之能自曲直以赴礼者，谓之成人。"人能分辨曲直是非而达于礼的境界，方可谓之成人，此亦有注重身心成熟之意。

《论语·宪问》如下一段话，乃是孔子谈"礼乐"与"成人"关系，意味深长：

> 子路问成人。子曰："若臧武仲之知，公绰之不欲，卞庄子之勇，冉求之艺，文之以礼乐，亦可以为成人矣。"

子路向孔子请教怎样才是"成人"？朱子《集注》："成人，犹言全人。"乃身心内外完美之人。孔子提及各擅胜场的四位名人：臧武仲，即臧文仲之子、鲁大夫臧孙纥，似有大智；公绰，生平不详，何晏注引马曰为"孟公绰"，孔子称其"不欲"，即没有私欲，以廉洁奉公而闻名；卞庄子，乃鲁国卞邑大夫，《荀子·大略》："齐人欲伐鲁，忌卞庄子，不敢过卞。"足见以勇闻名。冉求，即冉有，为孔子亲口历数的十哲之一，以政事见长，夫子此处又以"艺"赞之，当是孔门中通"六艺"者。此四子，各以其独特之处而闻名于世。但孔子"成人"的标准远高于子大叔之辈。在孔子而言，四子都偏有一长，尚不能

为"成人",即使集四子之长于一身,犹不能称"成人",还必须"文之以礼乐"方可。朱子解释道:

> 言兼此四子之长,则知足以穷理,廉足以养心,勇足以力行,艺足以泛应,而又节之以礼,和之以乐,使德成于内,而文见乎外。则材全德备,浑然不见一善成名之迹;中正和乐,粹然无复偏倚驳杂之蔽,而其为人也亦成矣。

礼要有合理的思想内核,但仅此还不够,还需要通过严谨的仪节来强化礼义。钱穆先生非常赞同孔子的"成人"说:

> 孔子理想中之完人,则须于技能、智慧、德行之上,更有礼乐一项。惟有礼乐人生,始是经过文化教育文化陶冶的人生中之最高境界。礼乐,非技能,非智慧,亦非品德。乃在三者之上,而亦在三者之内。若使人类日常生活没有了礼乐,纵使各人都具备才艺、智慧与品德,仍不理想。未经礼乐陶冶的个人,不得为成人。无礼乐的社会,将是一个不安的社会。无礼乐的天下,将是一个不安的天下。[①]

---

① 《第三期新校舍落成典礼讲演词》,载《新亚遗铎》,生活·读书·新知三联书店,2004年版,第512页。

为何说"未经礼乐陶冶的个人，不得为成人？"这是由礼乐的性质决定，礼旨在规范人的外在行为，乐旨在和谐人的心性。礼的作用，前面已经说得很多，在此介绍乐的作用。儒家音乐理论的基本观点是"声、音、乐三分"。

音乐的起源是与人的心理活动、人的情感分不开的。《礼记·乐记》说："凡音者，生人心者也。情动于中，故形于声。声成文，谓之音。"乐由心生，"情动于中"，一件事物把人心打动了，情感在心里动起来，就会"形于声"。《毛诗序》说："情动于中而形于言，言之不足，故嗟叹之；嗟叹之不足，故永歌之；永歌之不足，不知手之舞之、足之蹈之也。"一个人的心被打动，仅仅"形于言"，往往还不够，就会"嗟叹之"，如果还不足，就"永歌之"，如果"永歌之"仍不足，就"手之舞之、足之蹈之"，投足而歌。

这里说到了音乐的两个层次，一个是"情动于中"而"形于声"，用"声"表达出来。"声"是音乐的最低层次，就是没有文化的人，也会动于中、发于声，这种"声"，动物都能感知，非常单调，没有层次，表达的内容也非常直白。于是有了第二个层次，"声成文，谓之音"，"文"是文采、节奏等。"音"，即今人所说的音乐。音乐的种类很多。不同的音乐，会给人不同的感受：有的让人悲伤，长期听了，会振作不起来；也有的非常狂热，人会跟着躁动；也有的非常庄严；还有的非常柔和。不同的音可以带来不同的感受，好的音乐能够催人向上，能够让人的心智、理想沿着正确的方向走。喜欢听什么样的音乐，气质也会随之改变。儒家认为"音"里还应该再分出一个层次来，那就是"乐"。只有能够体现道德教化的"音"，才有资格被叫作"乐"。《礼记·乐记》讲"德音之谓乐"，它的内容是健康、纯正的，风格是舒缓的、典雅的，对人的身心和谐、对于社会的安定会产生积极作用。

《礼记·乐记》说："君子乐得其道，小人乐得其欲。以道制欲，则乐而不乱；以欲忘道，则惑而不乐。"君子感兴趣的，是要在文娱活动中把握住它的道；"小人乐得其欲"，小人只是追求感官的发泄，没有思想。如果能用道来制约，就是乐而不乱。如果"以欲忘道，则惑而不乐"，只想着感官刺激，而忘记了人的言行应受到理性的指导，就会迷失方向，就不会有真正的快乐。"以道制欲"，倡导健康、高雅的歌曲，社会风气才会端正。

"德者，性之端也"，人性显露在外的，是德。人性的仁、义、理、智四端都是德的体现。"乐"是"德之华"。"金石丝竹，乐之器也。诗言其志也，歌咏其声也，舞动其容也。三者本于心，然后乐气从之。是故情深而文明，气盛而化神，和顺积中而英华发外。"这是健康的、表达道德的音乐。金、石、丝、竹，是表达情感的器具。

《乐记》又说："凡音者，生于人心者也；乐者，通伦理者也。是故，知声而不知音者，禽兽是也；知音而不知乐者，众庶是也。唯君子为能知乐。……是故，不知声者不可与言音，不知音者不可与言乐。知乐，则几于知礼矣。礼乐皆得，谓之有德。德者，得也。""音"，是人的心声。"乐者，通伦理者也"，从"音"分出来的"乐"，是通伦理的，人有伦理，而动物没有伦理。"知声而不知音者，禽兽是也"，禽兽只懂得"声"，只听到各种声音。"知音而不知乐者，众庶是也"，只懂"音"而达不到"乐"的层次，是众庶，因为众庶没有机会接受这种教育，没法选择，所以只能在"音"的层次上，而不知还有更高层次的"乐"。"唯君子为能知乐"，君子是有学问的精英分子，他们懂乐。"知乐，则几于知礼矣。"懂得"乐"，就一定懂得"礼"。

儒家把礼乐作为修身养性的工具，《乐记》说："乐由中出，礼自外作。""礼乐皆得，谓之有德。德者，得也。"类似的表述也见于郭店楚简："仁，内也。义，外也。礼乐，共也。"[①]古代有道君子按照礼乐来生活，故其心性是温润典雅；人人如此，则社会和谐平顺。

四、礼乐教化与移风易俗

作为一个幅员辽阔的大国，建立民众的社会生活准则，对于加强举国的文化认同、提升大众的整体素质、增进社会的有序化，都有十分重要的意义。儒家制定的礼，

---

① 《郭店楚简·六德》。

正是为此而设计的。

礼是道德仁义的体现，是教训正俗的标准，是判断争讼的标准，是确定君臣上下、父子兄弟的依据。没有礼，师生不亲，班朝治军、莅官行法没有威严，祷祠祭祀庄敬不起来。礼之所以可以治国，首先是将治国理念生活化、体系化，贯穿社会活动的所有方面，尤其是日常起居的细节中，便于将治国理民的观念渗透到民间；其次，礼属于柔性化的条例，着意调动每位民众遵纪守法的积极性，加之没有强制性的色彩，民众反而愿意服从，久而久之，可以培养民众的自觉自律的意识；三是礼的内容高雅文明，文化气息强，民众喜闻乐见，广泛推行礼乐教化，有利于提升社会的文明程度。

中国社会的礼治思想极有合理性，至今仍有生命力。不管社会如何发展，人的身心的进步问题永远无法回避。孔子说："安上治民莫善于礼，移风易俗莫善于乐。"[1]礼乐治国，绝非虚言。事实证明，以礼修身，以乐陶冶心性，是行之有效的途径，是提振社会风气最有效的"抓手"，认识中国传统的礼乐文化，并下决心付诸实践，社会风气的提升，一定是指日可待。

---

①《孝经》。

《行舟赏景》（局部）近代·陈少梅

《易经》智慧与卓越领导力

张　涛

北京师范大学中国易学文化研究院院长、教授、博士生导师；兼任中国易学文化研究会会长、中国历史文献研究会副会长、国际易学联合会副会长等。

出版《周易（注评）》《秦汉易学思想研究》《经学与汉代社会》《儒家经典研究》《易学·经学·史学》等著作；主讲『易学文化概论』『易学智慧与中国文化』等课程。

说到《易经》，大家一定会想到朱子说的那句话"《易》本卜筮之书"，就是用它来占卜预测，进而为自己的发展确定正确方向。它确实有这个功能，而且这个功能在《易经》本身的发展过程中也不断得到丰富和完善。《易经》能够成为群经之首，一方面是它的成书历史最为悠久。从三皇时代的伏羲画八卦开始，经过了后来五帝之首的黄帝及子孙的演变，一直到周文王六十四卦卦爻辞的出现，再到孔子影响了《易传》的产生和发展，这本身就是一个成书史。这个成书史在其他经典中都不曾有过。因此，称之为首，首先是时间的首。另一方面是它的重要性，从《易经》博大精深的思想内涵和人生哲理来讲更是如此。古老的文化经典首先是一个大智慧，其次才是文化功能和学术功能，这个功能体现在《周易》多方面、全方位、立体性的思想价值上。我们常说"形而上者谓之道，形而下者谓之器"，这说明它是一部道器合一的经典，这也是《周易》与其他经典不太一样的地方。

一、《易经》其书

前些年一说到国学或中华优秀传统文化有哪些书时，往往是《论语》《道德经》《孙子兵法》比较热，但是它们能不能代表中华文化的根和源头就有一点问题了，毕竟它们成书史比较短。比如《论语》这本书不仅有孔子言行的记载，还有其弟子甚至再传弟子的言行。如果放在《易经》成书史的维度来说，孔子只是三圣里的最后一位圣贤，距今 2500 年左右。毋庸置疑，孔子是重要的思想家、教育家，是轴心时代的重要人物，我们称他为至圣先师，但严格来说，孔子也是中华文化的传承人，他传承了前贤先圣的东西，并对后世中华文明的发展模式、发展方向和趋势做了杰出贡献。《道德经》和《孙子兵法》大体上和《论语》时间差不多。所以它们不是根，根应是六经的文化。

（一）《易经》是中国最古老的智慧经典

著名哲学家冯友兰先生的《中国哲学史》在 20 世纪风靡全球。但他临终时有件遗憾的事，就是他在研究中对《周易》的重视不够。他感觉他的哲学史把先秦仅仅定为诸子时期有点短，没有触及根源的东西。大家注意，《周易》重要是因为它是一部道器合一、知行合一的典籍。刚才咱们说的《道德经》《论语》《孙子兵法》都是论道不是论器，器就是能实用。《易经》的特点就是有道有器，既有"天行健，君子以自强不息"，也有以《易经》阴阳和谐思想为根本的民间文化，诸如命理、风水等。这就应该比其他各家高明很多。所以五千年的文明要找一个根，这个根就是《易经》，它是最早的，也是最全的。

《论语》是儒家积极入世精神的代表。孔子能够成为我国古代历代统治者推崇的至圣先师，是因为他代表了一种正能量，体现了君子自强不息的精神。他自己是一个非常积极地完成领导交给他任务的人，"发愤忘食，乐以忘忧，不知老之将至云尔"，他体现的是这种积极而昂扬向上的精神，"知其不可而为之"的毅力。老子是无为而无不为，清静无为。如果全国人都学老庄，那没人干活了，天天"把酒东篱下，悠然见南山"。

可以说，至圣先师不仅是狭义的老师的意思，它甚至有导师的意义。这种昂扬向上的精神是我们中华民族发展的一个重要标志。所以中华文明标志城建在曲阜和邹城之间，就是在孔孟之间。因此虽然孔孟文化和老庄文化从思想意义上说重要性是一样的，但从中华民族精神上说，是不能等量齐观的。中华优秀传统文化首先是以诸子百家以及早于诸子的重要经典作为代表的。古代典籍是经、史、子、集，而群经之首就是《易经》，当然《易经》的内容还有一些在子部里面，比如说相宅、占卜、命书、相书、阴阳五行等。经、史、子、集，既是一个顺序又是一种重要性的表达，最重要的排在前面。经部里易类排在第一，不仅因为它历史最悠久，更是因为它最重要。

（二）周、易二字的内涵

关于传统典籍以往我们也有一些误区。2016 年文化部让国家图书馆出版一套百部优秀传统文化名著，先推出了十二部，第一部是《尚书》，第二部是《易经》。尚者上也，《尚书》讲的是上古的尧、舜、禹，好多人觉得比《周易》早，因此把《尚书》排在了最前面。但这里面有两个问题：第一，"文王拘而演《周易》"是推演《周易》而不是作《周易》，因为《周易》的源头是在三皇时期；第二，这个"周"除了周朝、周代以外，还有个意思是放之四海而皆准的理论，无所不包。后来有一些同志提出来后这个问题就改了，现在再说时，一定是把《周易》排在最前面。所以我们应该看到，《周易》的重要性绝不单单是历史，同时还有价值观和地位。

说到《易经》的"易"则有三重含义：变易、不易、简易。咱们留学生经常把《易经》说成"the Book of Change"，这个只能打 33 分，因为"change"只是"三易"中的一个。再如中国的龙文化，龙是七八种吉祥动物的集合，而西方人的 dragon 却是一条恶龙，所以后来我们建议不用 dragon，就用 loong。中国人是追求和平的，形象不对的不行。所以我们要结合中华文化的根本，从意义上去翻译。

（三）"八卦"与六十四卦

"人更三圣，世历三古。"伏羲创作了八卦，这是他的贡献。如果说这个人不存在，我觉得过于简单，只能说我们不敢确定他具体生存的年代。在八卦这个问题上我强调两点。

第一，八卦是一个偶数八，这体现出中国文化是讲究对称呼应、好事成双的文化。八卦在当时还没有逢凶化吉和占卜未来的功能，只是对大千世界的概括和总结。第二，要注意画卦的方法。画卦相当于我们的笔顺，一定是从下往上画，笔顺不对等于没有守规矩。我在具体的教学过程中发现，一些同志能背好多《易经》里面的语言，但是在具体画卦的环节上却不符合正确的次序，这可能无助于他的发展。

具体来说，"乾"代表天，"坤"代表地。卦德是卦的性质，乾是刚健，坤是柔顺。"自强不息"是乾卦的精神，是刚健的精神；"厚德载物"是坤卦的精神，是柔顺的精神。八卦有四个阳卦、四个阴卦，阳卦多阴，除了乾卦以外，都是两根阴爻、一根阳爻，一爻为主；同样，阴卦多阳，但这一根阴爻就是决定性的。以震卦☳为例，从下往上画的原因在这里就看清楚了，第一笔阳爻，这一根阳爻就是决定性的，震卦长男是大男孩，先画这一笔阳爻的就是大儿子，第二笔才画阳爻的就是二儿子（即次卦☵），第三个才画就是小儿子（即艮卦☶），所以都是从下往上画；女孩亦然，阴爻是决定性的。所以八卦本身既是一种自然现象，更是一种人文伦理道德现象。

再往后到距今约三千年前，周文王做卦爻辞，把八卦推演为六十四卦，也是每一爻自下而上，象征事业发展由弱到强，蒸蒸日上。而且，当时他是在监狱里完成的，所以《周易》又是中国最早的监狱文学，是一部忧患之作。六十四卦的排列是有规律的，唐代著名学者孔颖达讲"非覆即变"，覆就是扣过来，否卦倒过来就是泰卦，否泰之间变化很简单。否极泰来，画卦是从下往上画，画到最顶上就开始发生变化了，最上面的成了最下面的。六十四卦是这么两两相偶变来的。

画卦是从下往上画，但是念的时候是先念上卦，天地否、地天泰。这样就有一个问题，天地否，上面是天，下面是地，看似正常，但从《周易》角度来说是不正确的，因为天就是天、地就是地，这是不变的，应该是变才是最好的。时代变、地位变、气场变、环境变，所以地天泰，它追求的是这种动态，一静止了就变成否卦了。所以地天泰，泰卦是让人人都有发展的机会，国泰民安就是这个意思。以前取名字离不开《易经》，古人要求男孩从《楚辞》和《易经》里取名，女孩从《论语》和《诗经》里取名，所以说《易经》里面的"泰"字经常被大家用来取名。

还有龙凤呈祥，通常来讲凤代表坤卦，龙代表乾卦。清东陵慈禧太后陵的隆恩殿前有龙凤陛石，它的构图是上面雕刻一只凤，下面雕刻一条龙。95%以上的人都说这个反映了慈禧太后揽权，死后还想压着皇帝，他们认为上面的凤就是慈禧太后自己，下面是皇帝。首先要明确，慈禧没当过皇后，皇后才可以称为凤；其次她不可能表达死了还想压着皇帝的一种思想。实际上那相当于一个泰卦，上面用凤代表坤卦，下面用龙代替乾卦，她希望死后国泰民安，这是个美好的寓意。

未济卦是最后一卦，人生就像未济卦一样。有人认为既济卦是最好的，阳爻得阳位，阴爻得阴位。但是人生不是这样，最后都是带着遗憾离开了人间，所以说人生就是遗憾。但越是遗憾我们越要干好工作，人生有涯，事业无涯。既济卦是最好的，但是说了一句"思患而预防之"，说明人生不可能都是破镜重圆、皆大欢喜，人生就是会有遗憾。

乾坤两卦更重要了，是《易》之门户。阳爻用九来代替，阴爻用六来代替。九五至尊这个成语就是用《易经》中九五这个概念。比如天安门城楼面阔九间，进深五间，象征着九五至尊。颐和园是皇家园林，里面的十七孔桥为什么是十七呢？两边共用中间这一个，相当于中，两边都成了九个，这是把中正和九五的概念都融入了十七孔桥里。每年清明的时候，都要搞祭祀黄帝的活动，而活动开始时间是上午九点五十分，象征着九五至尊。再就是武汉有一家亢龙太子酒店。但是在《易经》的语境里面，亢龙就是过了气的龙，九五才是飞龙。父子之间，儿子继位后，即便是在家里，也要有父子之礼，但是那就很轻了，你是父亲还照样得给当皇帝的儿子行君臣之礼。

囚禁周文王的地方是汤阴。我们今天讲的《易经》

一般指的是广义的《易经》，包括了周文王的这部分，也包括了孔子做的《易传》，合起来叫作《周易》，也被俗称为《易经》。所以这个《易经》和《周易》的概念大家要记清楚，狭义的《易经》就是只指周文王的这部分，广义的《易经》是所有的，包括我们刚才诵读的这一部分。

这里面有一个问题，"人更三圣"的"三圣"中，周文王和孔子相差500年，这500年不光是肉体的生命的，还有好多精神的无形的东西。从尧舜到禹、从禹到汤、从汤到文王、从文王到孔子都是500年。这个意思就是说500年就有一个圣贤，所以500年是一个文化概念。周文王这一阶段的重点就是使《周易》成为逢凶化吉的书，就是占卜预测的书。到了孔子又给它发展成具有哲理内涵和人文意义的书，所以到了孔子以后《易经》才实现它的大成，才是一个充满大智慧的完整的《易经》，孔子这一部分是非常重要的。当然也有一些争论，从宋代的欧阳修开始就有人认为孔子做《易传》的可能性不大，应该是他的后人，甚至还有其他学派的人参加。这是一个学术的问题，但是孔子在其中的贡献是很大的。所以《易传》这一部分也是很重要的。

（四）《易经》的性质与地位

关于《易经》的性质。我们知道甲骨文，甲骨文千万不要认为它有诗歌、散文，什么都没有，都是占卜的书、甲骨卜辞。中国人喜欢这个东西，比如说我出征、出门让人给我算算，当时用什么办法？就是用甲骨和牛肩骨，凿一个眼儿扔到火里烧，出来某种纹样就是吉、某种就不行。所以甲骨文里面也是预测，只是说周文王推演出了《易经》六十四卦。

关于《易经》的地位。汉代《易经》被列为官学，确立了群经之首、大道之源的位置。我们现在经过研究说它是中华传统文化的主干、主旋律。现在我们研究证明，古代几乎所有的成功人士没有一个不研究《易经》的，也没有一个未曾写过与《易经》相关文章的，历代的这些改革家和重要人物，包括王阳明都是要研究《易经》的。当然这里面也有一个科举的需要。我们知道现代的高校有千年名校吗？没有，都是百年名校，因为我们的新式教育从1905年废除科举开始。科举之前，也就是1905年之前念的教材一定有《易经》，包括考状元。我看过皇帝出的卷子，有一个皇帝引用《易经》，请你谈谈对《易经》的看法。你能写"对不起，我没看过《易经》？"肯定不行！以前没有什么教材，没有什么数学概论、语文概论，以前五经四书就是教材讲义。所以现在我们讲《易经》往往被别人觉得很神叨。如果在一百多年前，每一个文化人、读书人都得读《易经》。

二、《易经》的管理智慧

《易经》是最古老的智慧经典，所以今天我们会谈到它的有关领导力的问题。

以前就有两个，一个是精英层的《易经》，另一个是民间的卜筮之学，例如汉代生发出来的纳甲筮法。纳甲筮法就是由六爻发展而来的，也可以说六爻就是最原始的纳甲筮法。纳甲涵盖了纳支，就是我们现在常说的六爻，三个铜钱就可以进行占卜。数字算命，这是汉代就有的。到魏晋的时候有风水之学，《四库全书》里边就有盖房子的经典《皇帝宅经》。学建筑的一定要看《皇帝宅经》，就和咱们学中医的要学《黄帝内经》一样。当然也有《葬书》，讲怎么安葬人的。风水这个词严格来说是来源于《葬书》，也叫《葬经》。风水的源头究竟是墓法还是宅法，是有争论的。我们为了稳妥起见，一般习惯讲宅法是源头，这样不至于觉得你太迷信了。风水一直延续到现在，当然有各种门派了。唐宋元明的时候出现了命理之学，我们叫八字算命、四柱八字。唐朝用三柱六字，就是年、月、日。宋代以后，发展为四柱八字，年、月、日、时。八字是一个算命的工具，同时又是一种武器。古代好多人拿了对手的八字就扎小人，这就是巫蛊之术。比如一看八字里面说你命里缺水，没水你会遭殃的，偏不给你水，扎一个小人写上你的名字，放在火上烤，烤谁谁疼，所以以前对巫蛊之祸处罚非常严厉。

其实命和运是不一样的，古人说一命二运三风水、四积阴德五读书。历代学者没有一个不懂《易经》的，好多皇帝也亲自注解《易经》，比如我们现在常用的《周易折中》《周易讲义》，都是康熙亲自参与的。应该说历代皇帝本身都对《易经》感兴趣。比如秦始皇不焚《易经》，不仅因为它是卜筮之书，更是由于《易经》的思想和秦始皇的思想是合拍的。再就是国外也不乏喜欢引用《易经》来表达特定思想的。比如有的国家用八卦太极图作为国旗，但他们对中国的太极文化不是了解得太深，少了鱼眼，太极图一定要有这个鱼眼，永远阴中有阳、阳中有阴，而且八卦也最好列全，所以在应用上有偏颇的地方。

现在好多校训也与《易经》有关系。比如清华大学校训是"自强不息，厚德载物"。1914年梁启超先生写了《君子论》，他说咱们的年轻学子知道什么叫君子吗？他说君子就是自强不息和厚德载物的结合。所以清华就拿这个做了校训，"自强不息，厚德载物"。

国外的莱布尼茨就更有意思了。有人说现在的电子计算机就和《易经》有关系。确切地说是莱布尼茨发明的二进位制和《易经》有关。有人说他受启发于《易经》创作了二进位制，也有人说他先有了二进位制，但是不确认，看到了《易经》以后坚定了二进位制就是好的，他才去应用和推广。这两个都是和《易经》有关系，只是程度和深浅的问题。

（一）取名的智慧

取名这个刚才说了，取名的艺术非常重要。古代为什么改名呢？古人坚信一个道理是改名转运。所以古代好多优秀的人物都改过名，当然有的越改越好，有的改大了，有的改小了。带天的改大了，但是也不能一下子改成地，一下子从天到地，这也麻烦。在雍和宫那有一个老先生开的起名馆，前一阵有一个报道说这位老先生起的名出问题了，这个老先生文化水平不是太高，所以出现了问题。一开学的时候，一个班里面一共几十个人，十几二十几个叫博涵的。因为缺水，一问，咱们都叫博涵，谁起的，那老头起的。为什么？他水平就在那呢，都抱着孩子来起名了，一看缺水，那就都叫博涵。德不配位了，怎么能都叫博涵呢？所以还是得有文化，当然现在也不是说一定要求按照这些东西来取，只要是朗朗上口就好。

看起名的注意事项这些也挺有意思的，古代的避讳改字这些都很重要。我们起完的字一定要给人问，家族里面有没有同音或谐音的字。比如说你取的名字和爷爷或者叔叔的名字同音，现在都忌讳，以前叫避讳。所以取名、改名这里面非常有意思，这也是有专门的学问的。点到为止，希望大家重视这个问题。

（二）阴阳观与后天八卦

关于阴阳鱼。先天八卦才配太极图，后天八卦严格来说是不应该配太极图的。现在好多后天八卦也配上太极图，这是错误的。我们都知道，乾卦是夏至6月22日，但是这个夏至指的不是这一天。夏至可以吃凉面、吃饺子，这是一天，但是具体的时间就是一刹那间。夏至、冬至都是一刹那间，不是这一天，这个要明确，所以永远没有截然的阴阳。不能说这一天绝对的阳，看不见阴了，也不能说这一天绝对的阴，看不见阳了。

后天八卦是入算的，一说风水必须是按后天八卦来讲，西北东南这些方位都是按照后天八卦的方位，比如在杭州元宝街的胡雪岩故居就缺了西北角。我们知道胡雪岩最后被革职抄家，有人认为他的院子的风水出了问题。现在还能看得出来，他就是房子缺了一个西北角，西北是君位、乾位。所以你缺了西北等于缺了首、缺了君，就出问题了。

以上说法开玩笑，但是也是真的，西北真的这么重要吗？我们做了好多调研。会发现这和婚变有关系，再加上男同志里应外合更加了不得。并不是说一定要怎么着，但是它增强了这方面的想法。以前为什么叫东宫太子，他一定要住东宫，都知道东宫是高的；还有西厢是少女，一说《西厢记》，西厢就是住的小女孩，东宫住的就是太子。你把一个女孩子扔到东宫里面坏了，出来就是花木兰，把一个男孩子塞到西厢里面去也有麻烦，这个孩子性格就比较柔和、温顺。这个东西是有区别的，一定要注意这个事情。好多人做过考察，住东边和西边到底什么感觉，我们现在做医学的专门研究的实验室研究，东边真的和西边不一样吗？答案是不一样的。

（三）五行生克与刚柔相易

还有就是五行，咱们的五行和五脏、五常、五色、五味、五方都是结合的。五福娃之父现在 82 岁又生了一个孩子，他当年设计这五福娃对他应该是一个积德的事。你看五福娃是不是五行娃？那五个孩子是不是五种颜色的小孩？实际上就是五行，我们决策的时候就是一个五行的概念。所以古代起名字有的人就是按照相生的关系，比如明朝皇帝朱元璋他就规定，后代取名字按五行相生的规律来，所以他的儿子是木字边，孙子就是火字边，木生火，火生土，土生金，就是按照这个走的，非常讲究。咱们现在如果重视家谱文化，你们编家谱的时候，家谱用字一定要讲究，别哥哥克着弟弟、孙子克着爷爷，一定是要相生的关系，不能找一个字就拉倒，要不就别讲究，乱了也比你有计划地克好。明朝皇帝不管怎么着，包括南明历史还是相当长的。

刚才说福娃就是 2008 年奥运会的产物，再一个就是奥运场馆。大家看鸟巢水立方，东方为木，木就是树，树上有鸟巢，所以在中轴线以东，这个鸟巢一定在东边；西方为金，金生水，所以水立方一定在西边。这个都是有讲究的，我们一定要注意选址建筑，甚至你的家居环境应该有一个方位的感觉，这个一定要注意，就是西方为金，金生水。前几年我们还做过一个专题片，叫《铁色记忆》。2008 年石景山首钢搬河北，在 5 号高炉封炉的时候，他们叫我们去参观，后面就做了这个专题片。这个节目就是考察当年这么好的一个神山——石景山，为什么搞了一个炼铁炼钢的地方，当时有好多选择，最后就选择了它，好看的山也得建成这个，要不然炼不出钢来。西方为金，所以你看北京金融街，西扩，还得西扩，金融街不够了，还得西扩，这个西既有金属的概念，也有金融这些。所以是在紫禁城的正西边，这里面都是有讲究的。

五行相克也有，当年八旗在北京驻兵的分布就属于这种。八旗子弟来了以后怎么住，是用五行相克，也叫五行相胜的办法。东方为木，金克木，金的颜色是什么？白，所以用正白旗、镶白旗驻在了东直门朝阳门那一线。北方为水，谁克水？土克水，土的颜色是黄，所以用正黄旗、镶黄旗住在城北边。

再一个就是刚柔相易，刚才说的不能太大，也不能太小，是取居中的概念。物极必反，刚才通过泰卦和否卦已经讲了这事儿了，就是不断发展。做管理一定要有整体思维，考虑到各方面，包括医院的医患关系、医患纠纷。古人是不打官司的，平遥古县衙门联写的是："莫寻仇，莫负气，莫听教唆到此地，费心费力费钱，就胜人，终累己。要酌理，要揆情，要度时世做这官，不勤不清不慎，易造孽，难欺天。"这里面的对联没有写"同志，请你勇敢地拿起法律武器"，这个县衙写的是"你别来了，别打官司了"。孔子的思想是没有人来打官司，这样的司法机关，司法领导多好啊！

谦逊诚信，这也是在《易经》里面都强调的。还有自身心灵的和谐、自强不息、厚德载物的结合。还有《中庸》，《中庸》也有人说是解释《易经》的。我们知道北京有一种叫王致和豆腐乳，"致和"这个词就来自于《中庸》，"致中和，天地位焉，万物育焉"，人家名字取得好。从《易经》里面取名不一定是两个字挨着的，也可能差着好几个字。大家知道有些人说属羊不好，你知道我们中国那一年新生婴儿比其他属相的少了很多，都纷纷剖腹产了。在北京地区，羊年来临之前我们剖腹产率高达75%以上。命理运势不是简单的，好多人说我这属相是从初一开始还是从立春开始？我说还有一个更重要的，还有冬至呢。过了冬至再生就已经有前一年和下一年的两个属相的情况了，所以没过年但是过了冬至，这个时候剖了真的没用，还是属羊。

再一个就是怎么样追求自身心灵的九五至尊呢？万物并育而不相害，道并行而不相悖，这就是我们人与人之间和谐的关系。我们预测和决策是相联系的，预测就是为这个决策提供重要的依据，算命的为什么要推以前的事呢？不是故意炫耀能耐，说你哪一年得过什么病，哪一年遇到过什么坎，这些的目的都是为未来服务的。但是好多人的能量不够，他给你说完了以前是怎么样，未来他支不出招来了，只成了表达我会这方面的一个噱头，这个要注意。所以，应该是这么一个情况，你给的以前的信息越多，我给你预测得越准。关于准确率，孔子不主张什么都占卜，但是后来咱们在 70 年代发现的帛书里面记载孔子说过"吾百占而七十当"。孔子说我也算命，但是我的准确率就是 70%。当然这个 70% 不是说给这一个人算 70%，而是说有可能孔子给这个人算的是 100% 的准，另外一个只有 50%。那么有人说那 100% 行不行？没有 100%，我们要算到 51% 你就可以决策了。可能我跟这个朋友气场比较相合，投脾气，有缘分有可能给你算得 100% 准，那一个缘分不行，甚至少于 50%，那也是有可能的。所以这个问题还是应该宽容。我们有时候感觉到准确率不能期望太高，那 30% 留着自己决策，自己把握，预测决策都是非常重要的。要有一个和谐的团队，这个也非常重要。

三、《易经》与领导修养

卓越领导力里面，一等的领导取人心，二等的领导取其人，三等领导取其行。一等领导不用说大家都敬仰和尊重你，根本不用立什么规矩，自觉干事去了。二等领导就是靠他的魅力，说我能把这个资金拿来，我能把这个事干好，所以你们都佩服我。三等领导取其行，就是说我是领导，我跟你说规章制度。当然这些都应该有，关键是怎么结合的问题。最高的管理不是约束他人的行为，最高的是取其心，让别人心里愿意跟着你走，主动为你想事。每一个卦都是六爻，每个六爻的情况都不一样。

一定要简易简单，希望能把这个事做好。变通虚实，变是常态，不变是权宜之计。只要变就能够把握住发展的方向，所以你应该变通虚实，要想到这个变，把握住机会，立即行动。你的变革、你的发展要控制住，这就是说都是变，《老子》也是讲变，《易经》也讲变，最根本的是什么？《易经》的更积极一些。《论语》体现了儒家积极进取的思想，明知山有虎偏向虎山行，光学这个未免太累，《道德经》《孙子兵法》也不行，都是偏于某一个方面的，而《易经》既讲积极，也讲该与时俯仰，该休息的时候休息，该无为的时候无为。都讲变，但是《易经》更积极，造福百姓，明确提出来帮助百姓，帮助天下苍生。

像故宫里面全是《易经》，比如保和殿、太和殿等大殿的名字。我们也都知道王阳明叫王守仁，王守仁的名字也来自于这里。"何以守位，曰仁"，不一定这两个字是挨着的，可以跨过几个。有好多从《易经》里取名的，例如臧克家，伟大著名的诗人，那个"克"可不是五行相克的克，克是能够的意思。

时间的关系只能和大家这么仓促地过一遍，但是我想《易经》里面因为蕴含着无穷的管理思想与领导智慧，我相信通过不断地学习和运用这些关系、智慧能够实现卓越领导力，达到崇德广业的终极目标。关于崇德，我们学校有一个著名的教育学家叫林崇德。还有古代好多年号，比如皇太极的年号就有一个崇德。所以古代的好多年号和地名都来自《易经》。我们现在也在做文化普及和推广的工作。比如说有一家酒店，是地方政府开两会的一个地方，他们的负责人也是几届全国人大代表。他有个酒店，比如说有几百个房间，包括餐厅、客房、会议室，他就不想用108、105、102这样的词了，能不能几百个都用《易经》取名？我说这是好事，我们博士和硕士就作为一个课题来研究，把这个房子全部都取了名，用《易经》来取名，崇德什么的都有。所以掀起了学习国学的热潮，他们的服务员都明确说到什么厅，崇德厅等等，觉得特别有文化。

在北京也有这种情况，我们学校旁边原来有一个吃饭的地方叫御马墩，说皇帝在这拴过马，本来是挺好的，但是他里面的文化氛围就没有那么浓厚了。因为他里面有十几个包间，虽然面积也不大，但是这十几个包间得起一个名字，北京的饭店不愁吃饭的，叫什么都有人来吃，所以就起了包1、包2，等等。学校是一个文化的圣地，取的这个名字是什么啊？没有一点文化的氛围。所以我们确实也感觉到，"百姓日用而不知"，这也是《易经》自身的命运。我们也做过一个调研，有三四百条成语都来自于《易经》，但是"百姓日用而不知"，大家天天用，已经不知道它来自于哪了。我觉得通过我们之间的交流，先对《易经》感兴趣，别认为它只是占卜、算卦、看相，有更高的层面。但是话又说回来了，道器合一，我也不是光讲大道理。真有实际情况能够解决化解的，比如说人生命运、人生事业的策划，也是要通过六爻风水和命理的调整。现在已经不像以前了，好多干这个的没有文化，现在都是高级的学者，都可以给你写出科研报告。

现在还有好多年轻的学者在研究吉祥物，用吉祥物来改造、来完善。天地之大势，好多人完成不了自己的使命，比如说该十步走到那儿，但是你到九步的时候再也走不动了，怎么办？就得要借势。最后那一步怎么办？就得给你弄一个吉祥物，像挂件、摆件，玉、金这些。万物有情，万物有灵，万物有用，万有相通，这就是中国哲学、中国文化的特点。所以这些东西都能够和日常生活结合。

我们学习传统文化还有一个是古今圣贤所思、所欲、所想。孔子的精神思想能够在当代发挥作用，是因为精神和根脉是相通的，否则学这个就没有用了，这是其现实的生命力的体现。所以我觉得一方面把握住其智慧，把握住其博大精深的思想理论体系，另一方面坚信其能够为我们的现实生活带来真正的帮助。这就是道器合一的优势，能够成为群经之首不是光考虑到知识分子阶层或者精英阶层，一定是为天下万民造福的。《四库全书》都还有一些看似很俗，但是一定要收入的东西，这就使我们的文化既是阳春白雪，也是下里巴人，应该说各个阶层都能够在里面有所取、有所得，我们的研究也应该是这样。

《诗经》的文化精神

李山

北京师范大学文学院教授，博士生导师。

主要研究方向为中国古代文学、中国文化史，在《诗经》研究、先秦两汉文学研究领域卓有成就；主要著作有《诗经的文化精神》《诗经析读》《大邦之风》《西周礼乐文明的精神建构》《年宗三传》等，发表学术论文近百篇。2011—2012年，受中央电视台邀请多次登上《百家讲坛》主讲《春秋五霸》《战国七雄》。

《诗经》作为一部经典，它所具有的文化内涵关乎中华民族的精神，具有十分重要的价值。全世界存在着很多的文化类型，诸如西方文明、南亚的印度文明、远东的儒家文明等，当代，这些文化正处于深度的相遇时代，还远远没有真正做到互相理解与融合。不同文明之间的互相理解是一个非常艰难的过程，尚需做艰苦的努力，但我们可以从理解自己的文明开始。《诗经》就可作为打开中华文明密码的一把钥匙。

一、《诗经》典礼歌唱的属性

《诗经》是华夏文明基本定型期产生的一部诗集，共305 首，有风、雅、颂之分，从时代来看，颂最早，其次是雅，雅又分大雅、小雅，最后是国风。《诗经》是中国最早的一部诗歌集或者"诗歌总集"。中国自古就有集，屈原的作品就是集，刘向把《楚辞》编起来，成为最早的一个集子，到了东汉以后的张衡，以及之后的曹植，一直到李杜再到今天，都有各种文集，但《诗经》有一个与后来的"集"不同的地方。若严格按照集来划分，李白的作品集就应该主要是李白的作品，即使是一篇作品，也必须控制在这一篇作品所具有的主题的约束下。换言之，李白的集子里不能有杜甫的诗，如果有，也是特殊情况，如集句、联句等现象，但是其表达的思想内容应该是一致的。可是，在《诗经》里就出现了不同的情况，仿佛是李白的集子里边有杜甫在场，其主体是多元化的。

典型的例子就是《周颂·敬之》篇：

> 敬之敬之，天维显思，命不易哉。无曰高高在上，陟降厥士，日监在兹。维予小子，不聪敬止。日就月将，学有缉熙于光明。佛时仔肩，示我显德行。

下面我们就来稍微仔细地看一下这首诗。

"敬之敬之"是指恭敬，这个"之"代指的就是天。天，涉及中国古代政治思想的基础——天命观。周武王领导人数很少的周人战胜了一个数倍于他们的强大殷商。这种人数的差异，如果从人力对比的角度看取胜是不可能的。于是就有一种观念出现：人们相信这就是上天的力量。这就是天命观念，既是周人为自己的胜利找到的合法性，也是劝说殷商人服帖的话语。周人说，在殷商人统治天下的时候，殷商人也有天命，但是商纣王失德使得天命改变了，这样的想法表现在《诗经》，就是"乃眷西顾，此维与宅"（《大雅·皇矣》）的句子。即上天觉得殷商政治恶劣了，就在人间寻找新的治天下者，于是选中了生活在西部的周人。说起来，夏商周的兴起与替代都是如此。上天认为夏朝失德，就改换了商取代夏，商朝同样失德，上天就又改换天命给周人。所以，所谓天命观念实际上就是：历史王朝的兴衰不过是上天降命与夺命的循环，历史的兴亡就是从上天回到上天。这个基本的逻辑的生成机理是这样的：上天生了万民，即所谓"天生烝民"，民为天所生，可是天不能亲自管理，只能在人间选代理者，这就是"天立厥配"，"厥"就是"他的"，即上天的。"配"，就是"配命"，"配"谁的"命"？"配"上天的"命"，就是被上天选中做人间的治理者。回到诗篇，"天维显思"这句，"天"指的就是天命，而上天选择人间天子的标准，就是他要民众好，好就是有德。周人说，是周文王把德行发展到极致，于是上天"乃眷西顾"，就给了周人生存的土地，让他们取代殷商，这叫"天维显思"。"显思"就是显赫，"思"是语词。实际上就是天命观，天命观所造就的这种政治逻辑。需要指出这种政治观念体现的是民本主义思想，政治的主权在天，不是在民，所以是民本思想。天命赋予人间的某位君主，若此君失德虐民，上天就会革命，重新赋予别的君主以天命。"命不易哉"一句，就是说周家得天命不易。"无曰高高在上"，高高在上指的是上天，人间的所作所为上天都有明鉴，它会"陟降厥士"，"陟降"就是上下，引申为神人交通。所以大意是做王的，不要认为上天高高在上，不知道你的作为，不是。天有使者，或者他的精神在人间和神界来往，其实就是监视着你。"维予小子，不聪敬止。""维"是语词，"予小子"，就是"我小子"，周王自称，周王也自称"予一人"，是谦称。"不聪敬止"，"不"是否定词，是个反问句。即我敢不耳聪目明地集中精力地去敬上天吗？"止"字在这儿是语词。我是年轻人，我小子。"日就月将"这个词，"就"和"将"都是"靠近""进取"，就是天天进步，月月进步。"学有缉熙于光明。""有"就是"变得有"，"缉熙"跟"陟降"一样，都属于联绵词，不能拆开来解释。汉代人注释《毛传》的《郑笺》把"缉熙"解释成光明，回到原句就变成了"学有光明于光明"，不妥。"缉熙"这一句，灵活的理解就是我要日积月累地积累光明而达到更加光明的境地。"缉熙"就是光明的意思，累积光明，也就是要学习，要达到光明之境。"佛时仔肩，示我显德行。""佛时"这个"佛"读"弼"，就是辅助的意思。"仔肩"，按照郑玄的解释就是"重任"，这句就是身上有大任。"示我显德行"，就是明示我显耀的德行。

把诗讲解了一下，不难看出，此诗有两个主体在发声。"敬之敬之，天维显思"前六句是大臣们在唱，劝导新登基的王要敬天命，周家得天命不容易，强调赋予周家天命的上天，无时无刻不注视着人间的一切。"维予小子，不聪敬止"以下的六句，是说君主说我敢不耳聪目明集中全部精力去敬上天；继而说，我要不断地学习，不断累积德行达以光明之境。希望大臣们辅助我，经常告诉我显耀的德行。由此可见，这首诗是在王登基大典上的君臣唱和。这首诗一共 12 句，老臣六句，君主六句。这些老臣对新王耳提面命，达到传帮带的作用。这从侧面反映出在周代贵族体制老臣权力是很大的。

除了这首诗，还有一首诗也是如此，《卷耳》曰：

采采卷耳，不盈顷筐。嗟我怀人，寘彼周行。

陟彼崔嵬，我马虺隤。我姑酌彼金罍，维以不永怀。

陟彼高冈，我马玄黄。我姑酌彼兕觥，维以不永伤。

这是一位女子在采卷耳，嗟叹我所怀的这个人，永远在大陆上。这首诗的解释在历史上有些争议，比如后来孔子《诗论》里边说："卷耳不知人。"意思是说《卷耳》这首诗是"不相知"的人在歌唱，就是两人对唱，可对唱的人却各在天一方，谁也见不到谁。

通过上面分析的，可以这样说，《诗经》的篇章，有时候必须把一首诗破开成两首看。这样看，"典礼"这件事就自然闪现在人们面前，就是说，诗经有不少篇章是典礼的歌唱。后来典礼的背景消失，人们把同一典礼上的歌词抄写在一起，不同人物的歌唱就变成了一首。这给后世的理解造成了困难。这里，要注意的是典礼的场合，这是理解《诗经》礼乐精神的一个基础。例如《卷耳》这首诗，当我们把它作为典礼上的歌声来理解时，就有这样新一层的理解，一些男子为了国家的事情在外奔忙，他们实际是为了国事而耽误了家庭生活。这样的典礼歌唱，实际是对这样的人、这样的家庭做精神的抚慰与补偿。这就是"礼乐"要解决的问题。人心换人心，正是礼乐的基本文化品质。

二、《诗经》的大背景

古人有舞蹈，据考古发现的图像可以追溯到史前六七千年，有舞蹈往往就有音乐与歌唱。可是，真正记住歌舞的唱词，却是从《诗经》时代开始，[①] 而《诗经》最早的篇章，距今只有三千年左右的历史。记住歌舞的诗篇，意味着文明的成熟。《诗经》诗篇的被记住，不论其最初"记住"的手法是什么都是文明成熟到一定程度的标志。《诗经》三百篇，包括从西周至春秋这几百年的创作。

谈《诗经》的背景，离不开殷商被周王朝取代这一重大的历史时间。创立西周的人群，发源于西北的皇天后土，考古显示，在其建立王朝之前不久，文化要比殷

---

① 考古曾在青海发现过仰韶时期的彩陶盆，上面即绘有手拉手舞蹈的图案。《诗经》最早的篇章应该是西周初年创制庆祝周朝建立的"大武乐章"的用诗。有人会说商代就有《商颂》五篇，但笔者不相信此说，并有专文加以讨论。本文也会涉及。

商落后许多，人口也相对要少很多。武王克商，周武王率领的主力队伍才三千虎贲之士。按五家出一兵反推，西周基本民众只有十几万人，就是给它翻倍，也只有二十万人左右。而殷商之众，保守估计也在百万左右。因此，武王克商是以弱胜强，以少胜多。但是，力量的弱小，迫使西周王朝的统治者不用强力统治天下，必须用智力，用精神的力量。

对于殷商战败，文献记载很少，但是从一些历史细节中仍能发现一些端倪，在《逸周书》里边有一段记载，大意是说周武王在晚上登高一看，发现殷商人多势众而睡不着觉，于是周武王提出要在嵩岳之下、洛阳之地建立新的王朝都城。这样的选择，从现实的角度说便于驻扎军力、缩短战线、监视东方。但是，在周人的说法中则是：向天下所有族群显示，周朝的都城将建立在当时人心目中的"天下中心"。这是一种象征，象征周朝政治将便利天下所有苍生。毫无疑问，这是一个智慧的举措。洛阳，文献显示，从夏代开始，就被视为天下的中心地带，人们相信，这里离上天最近，各地的人来敬奉上天，走的路程相近。周人选择在这里建立新都，就是要显示：周人的政权属于天下人。

此外，刚刚以战争方式取代殷商旧政权的周人，还有一个考验,那就是如何处置数量庞大的殷商遗民。《尚书大传》记载周武王登高一望看到众多的殷遗，便为如何安置这些遗民犯愁，周武王于是问姜太公，姜太公的办法简单：将殷商遗民全部诛杀。武王觉得不好，就问召公，召公说，杀那些有罪的殷遗民。武王仍觉得不妥，因为在商纣王领导下，犯罪的人很多。于是就又问周公，周公的主张与前两位截然不同，他说：殷商遗民无罪的不杀，即使有罪的，也不杀；不但不杀，还要各田其田，各宅其宅。《大传》说，周武王听此建议，"旷然若觉天下之已定"。于是采纳了周公的意见，即对这些殷商遗民采取了宽大、给出路的政策。

关此，近几十年的出土文献中也可以发现引证的史料。20世纪70年代在扶风庄白大队（今庄白村）发现了大量微氏家族的青铜器，史墙盘就是其中的一件青铜器。史墙盘上的文字分为两个部分：第一部分记载了从周文王、周武王、周成王、周康王直到周昭王、周穆王的王朝历史；第二部分就是叙述微氏家族的历史。从后一段文字中可以看出，微氏应是一个文化家族，可能以前是殷商的史官，在西周建立之际投奔周朝。铭文有曰"周公舍寓"，即周公给了微氏家族一片土地，然后微氏就驻扎在这里生存繁衍。微氏家族发展到史墙这一辈，时值西周中期，史墙家族已经成为周王的亲贵，给周王做史官。读史墙盘铭文，可推测周朝的统治者成功地容纳整合了殷商遗民，商、周文化也实现了合流。

《诗经》雅颂的不少篇章就是在这种文化融合的时代大背景下产生的，《诗经》与周代文明包容心态息息相关。在周代的意识形态中，不仅有上述的"天命"观念，还有"天下观"与之相辅相成。所谓天下观，即作为天下共主的政权，应该包容整合天下所有人，而非自己一家独大。因此，即便对于曾经最强大的敌人殷商，周人也是对其极尽拉拢，将其作为客人对待，使其能在新朝之下继续生存繁息，而非全族屠灭。因此在天下观这种包容的心态下，大量的殷商遗民得以成功地被整合进了周朝的统治之下，帮助周朝的文明建设。所以《诗经》产生的背景实际上就是殷周两大人群的文化融合，正是这种文化的融合孕育了《诗经》这部经典的出现。我们就来谈一谈这种包容。

三、包容与融合

在《诗经》中，显示融合的诗篇有《周颂·有客》。诗曰：

> 有客有客，亦白其马。有萋有且，敦琢其旅。有客宿宿，有客信信。言授之絷，以絷其马。薄言追之，左右绥之。既有淫威，降福孔夷。

诗篇出现了"客"字，后代"客"与"宾"通常连在一起，但是"客"与"宾"在周代还是有区别的。"宾"通常是对自家人的称谓，而"客"则称呼外人。夏、商二王的后裔被称为"客"，一方面是礼敬先王后裔，他们毕竟是外人，因此称作"客"。今天说"客气"，就含着"见外"的意思。诗篇称"客"是"白其马"的，就是驾着白马拉的车，而"白马"则透露出一个重要的信息，即客人是殷商人。裘锡圭《古文字论集》中曾经指出，甲骨文显示，殷人贵族喜欢白马。因此"有客有客，亦白其马"这句诗中的"客"，很有可能指的是尊贵的殷商客人。"萋"即茂盛之意，"且"也是茂盛的意思，这句是说来客人多。"琢"即雕琢，通常指玉，在这里引申为人的风度，穿衣打扮非常讲究。"萋且""敦琢"都是对客人的形容。"有客宿宿"，"宿宿"的"宿"，指客住一晚，重复地说，就是再多住一晚的意思。"有客信信"的"信"是指两晚，要求客多住的时间更长，就是留客的意思。为了留客，还要"言授之絷"，"絷"就是绊马索，把马腿拴上，不让客人离开。"薄言追之，左右绥之。"意即追赶客人，客人总是要走的，这又不可马虎，要表示挽留，留不住，就要追赶者送别，可能还要给客人的车里塞一些路上的吃食等。今天送客，总要送一送，就是古代遗留的风俗。"既有淫威，降福孔夷。""威"就是仪的意思，"淫"是大的意思。就是说客人很有风范。有风范，在古代就是有德。"夷"是平，诗句意思是降给平安之福。所以这首诗是对待客人的一种态度和表现。

说起《周颂》，人们往往以为都是祭鬼神的作品，其实不然。像前面说到的《敬之》和这首《有客》，就都不是献给鬼神的，像《有客》，就表达了浓浓的待客之情。

另一首诗《振鹭》，也说到客人。曰：

振鹭于飞，于彼西雍。我客戾止，亦有斯容。

在彼无恶，在此无斁。庶几夙夜，以永终誉。

"振鹭"就是一群飞翔着的鹭。"雍"就是辟雍，是西周祭祀文王、祭祀先王的地方，也是一个教育子弟的地方。因为他在镐京之西，因此名为"西雍"。"我客戾止"的"戾"，即到达。"亦有斯容"，"斯容"即白色的威仪，像鹭的羽毛，包括了穿着打扮。接着"在彼无恶，在此无斁"，这些客没有大的过恶，"无斁"就是工作起来不厌倦。这个"客"也应该指来自宋国的人，也就是殷商的后裔。所以"庶几夙夜，以永终誉"，希望他们夙夜努力，永远保持这样美好的名声。

读这首诗再联系西周辟雍是祭祀文王的场所，可以发现，所谓的从不厌倦的工作就是帮着祭祀，而这些所谓的"客"的身份就是来帮助周朝祭祀典礼的人员。由于周朝统治者开放包容的意识形态，吸纳了大量的殷商遗民，这些遗民中有很多知晓礼的人，他们来到了周贵族家中帮助周人的典礼，而这些人就逐渐演变成为儒。因此"在彼无恶，在此无斁"，就是希望他们永远保持，而以此鼓励客人。殷商人不仅助祭，还有些来自殷商的舞乐专门人员参与周王的祭祖歌舞活动。这就是《诗经·周颂·有瞽》篇的内容。诗曰：

有瞽有瞽，在周之庭。设业设虡，崇牙树羽。
应田县鼓，鞉磬柷圉。既备乃奏，箫管备举。喤
喤厥声，肃雍和鸣，先祖是听。我客戾止，永观
厥成。

《礼记》说："瞽宗，殷学也。"即瞽宗是殷商遗留下
来的学问的意思。但何以"有瞽有瞽，在周之庭"？这
应该是周人吸收了这些殷商的盲瞽艺人，这些人来到了
周家的王廷，也反映出周人对殷商遗民和文化的吸纳整
合。"设业设虡"，"业"就是架子上的横板；"虡"，就是
那个架子的腿，这大概反映的是殷商音乐器具的形制，
对周人而言，是感到新鲜的东西。在架子上的横板挂乐器，
上面有很多装饰用的牙，"树羽"即乐器架子上装饰羽毛。
这些瞽艺人来到周廷，把要悬挂乐器的架子摆上。"应田
县鼓"，"应"有种说法是一种击打的乐器，"田"也是一
种击打乐器小手鼓，作为指挥使用。"鞉"就是手摇的，
"磬"是石头做的乐器，"柷"据说是引导性的器物。据
说是形状像一个桶，桶上挂着锤。"圉"据说是做成虎的
样子，上面有很多牙子。柷、圉是起到引导和终止音乐
的作用。总之"应田县鼓，鞉磬柷圉"都与殷商的乐宫
有关，是周人吸收融合了殷商文化表现。"既备乃奏，箫
管备举"，是说把架子架好后把乐器挂上去，然后演奏。"喤
喤厥声，肃雍和鸣"，萧、管一起吹奏，声音很好听，演
奏也非常和谐。最后两句则点出了这首诗的背景，"我客

戾止"，这些盲瞽艺人作为客人是从宋国带来的；"永观厥成"，是祭祀祖先以显耀祖宗的伟大成就。

以上《有客》《振鹭》《有瞽》三首诗都具体地反映了周人对殷商遗民的包容，对殷商文化的吸收，其实就是殷周两大族群融合的显现。有迹象显示，《诗经》的篇章和《尚书》的书写，其高峰期就在西周中叶，究其原因，应与这融合有莫大的关系。

当代学术研究《诗经》，很多人把它作为一个纯文学作品。实际上，《诗经》还是文化的经典，即以上述三首诗篇而言，它们寄寓显示出西周文明建构时的包容精神。客气地对待前朝遗民，吸收其文化，正是一种新精神的心灵跃动，《诗经》恰恰保留了这种跃动的痕迹，因此《诗经》才越发非凡。

四、新的精神格局

西周对待被征服者、对待天下人采取的是一种新的态度，即不要一味征战，而是要用人心换人心的笼络政策，这象征着一种新的精神格局的出现，《诗经》正是这种新的精神文明进步的结晶。这又表现为诸多方面。

1. 祭祀方式的转变

首先是精神从鬼魅缠身的转改中摆脱出来。这可以从商周祭祀神灵做法的比较中见出。《左传·襄公十年》有这样一段记载：

　　宋公享晋侯于楚丘，请以《桑林》。荀䓨（知
武子）辞。荀偃（中行献子、中行伯）、士匄（范
宣子）曰："诸侯宋、鲁，于是观礼。鲁有禘乐，
宾祭用之。宋以《桑林》享君，不亦可乎？"舞，
师题以旌夏，晋侯惧而退入于房。去旌，卒享而
还。及著雍，疾。卜，桑林见。荀偃、士匄欲奔
请祷焉。荀䓨不可，曰："我辞礼矣，彼则以之。
犹有鬼神，于彼加之。"晋侯有间，以偪阳子归，
献于武宫，谓之夷俘。

　　"宋公"就是宋国的君主，殷商遗民的后裔，"享"
就是款待，宴会、款待晋侯，"晋侯"是晋悼公。宋国的
君主在楚丘宴会款待晋悼公，因为此时晋国在帮助宋国
征战，晋国又是霸主之国，宋人当然要巴结。"请以《桑
林》"，就是用《桑林》之舞来款待晋侯。桑林之舞，庄
子在《庖丁解牛》中提到过，据说是商汤在位时天下大
旱，他就到桑林里祈祷，《桑林》之舞表现的就是这个。
这个乐舞是殷商文化的代表。从礼制上说，晋国君主不
能享用这样的礼乐，因为晋君只是诸侯。所以，晋国大
臣荀䓨即知武子当时就推辞，不让演奏这个乐舞，因为
礼节过高。另外一个大臣荀偃，又称中行献子、中行伯，
还有士匄即范宣子，这两个人却说："诸侯宋、鲁，于是
观礼。"就是说诸侯要观礼就要到宋国和鲁国，然后又说

出"鲁有禘乐，宾祭用之。宋以《桑林》享君，不亦可乎"的理由。荀罃也不便多说，于是演奏开始。"舞，师题以旌夏"，"师"指代舞师，"题"就是开始，"旌夏"就是羽毛做的五颜六色的旗子。不想，晋悼公见这样的旗子，吓了一大跳，"惧而退入于房"。晋悼公作为中原的霸主，看到这些旗子阴森可怖，竟然"退入于房"！"房"就是大厅旁边的偏房，最后"去旌"把旗子去掉了，"卒享"，款待结束。"及著雍，疾。卜，桑林见。"晋国君臣结束这场典礼往回走，到了著雍这个地方晋悼公就生病了。一占卜，"桑林见"，就是占卜到桑林的鬼魂附在了晋悼公的身上。"荀偃、士匄欲奔请祷焉"，两位大臣想着赶紧跑回去向桑林之神道歉。"荀罃不可"，荀罃说不要，曰："我辞礼矣，彼则以之。犹有鬼神，于彼加之。"意思是我们推辞过了但他们非要演，要是有鬼神也应该闹他们。后来晋侯的身体也好了。

这样的一场乐舞，竟然能把堂堂中原地区的大诸侯吓得跑到偏房里去，并且还生病，巫医还看到桑林神附在他身上。这就是殷商舞乐的阴森了。这也不难理解，殷商文明虽然有发达的青铜文明，可是，看他们的青铜器上那些饕餮（学术上称"兽面纹"）纹，都是些令人恐怖的动物形象，很狞厉。其实可以视作一种文化的精神状态症候，那就是鬼魅缠身的神经质。这就是殷商文化尚未完全摆脱原始形态的表现。而且，据考古发现，当殷商的王去世之时，动辄杀戮大批人口殉葬。物质文明终究不代表精神文明。

侍奉神明要用人的生命，这是殷商文化的事。不仅祭祀祖先，生活中许多的宗教活动都要用人命。例如搞建筑，也要"用人"。这样的风俗起源很早，早在新石器时代，盖房子搞建筑总要杀人奠基。例如距今9000—8000年之前的湖南澧水流域的城头山遗址就有这样的发现。后来这种情况愈演愈烈，到了龙山文化时期，在宗庙里挂人头已经成为普遍现象。这种风俗被殷商人继承下来，而且变本加厉。殷商建筑在奠基的时候，在房屋奠基时，总得杀人埋在下面，一般是四个小孩子，或者是妇女等。然后建筑的置础、安门以及落成典礼，都要杀人。有一组宗庙就用了641人的性命。为了防止鬼神的伤害，就杀人，如安门受杀的人，是手里拿着武器的，是阴间的守门人。这就是大矛盾啊，防鬼神，却又制造新的鬼魂。一座宫殿建设，伴随的是六百余人牲的死亡，这样的建筑落成时，该是有鼓乐为之典礼吧，我想，那鼓乐的调子应该也是令人恐怖的。

在《诗经》中，恰好有一首《小雅》诗篇，也是关于建筑的，即建筑竣工时为建筑及其主人祈福。知道用歌唱诗篇的方式为生活祈福，这就是历史文明一大进步。西周人建筑房屋宫殿还"用人"吗？答案是否定的。譬如在岐山、扶风一带的考古，就发现了许多西周高级贵族的宅院，房屋基址却没有人殉情况。在《左传》中记载鲁国的季平子用人血祭祀，史书就谴责他。谴责的理由就是"六畜不相为用"，即如祭祀鸡神，就不能用鸡。同样祭祀祖先，也不能用人。这就是历史的进步。

2. 建筑审美的艺术追求

周人给一座房子祝福，用的是优美的诗篇。这体现出人从鬼魅缠身的精神状态下解放出来后所到达的新的精神境地。这首有关建筑的诗篇就是《小雅·斯干》。曰：

秩秩斯干，幽幽南山。如竹苞矣，如松茂矣。兄及弟矣，式相好矣，无相犹矣。

似续妣祖，筑室百堵，西南其户。爰居爰处，爰笑爰语。

约之阁阁，椓之橐橐。风雨攸除，鸟鼠攸去，君子攸芋。

如跂斯翼，如矢斯棘。如鸟斯革，如翚斯飞，君子攸跻。

殖殖其庭，有觉其楹。哙哙其正，哕哕其冥，君子攸宁。

下莞上簟，乃安斯寝。乃寝乃兴，乃占我梦。吉梦维何？维熊维罴，维虺维蛇。

大人占之：维熊维罴，男子之祥；维虺维蛇，女子之祥。

乃生男子，载寝之床。载衣之裳，载弄之璋。其泣喤喤，朱芾斯皇，室家君王。

乃生女子，载寝之地。载衣之裼，载弄之瓦。

无非无仪，唯酒食是议，无父母诒罹。

"秩秩"就是水流清澈的样子，近处有清澈的溪涧，远处有悠悠的南山。"如竹苞矣，如松茂矣。兄及弟矣，式相好矣，无相犹矣。"这是说房子是根连根一大片，如高耸的松柏。"兄及弟矣，式相好矣"，"式"是表达一个愿望，希望永远向好。"无相犹矣"，"犹"就是"图谋"，这样的环境下人与人之间都没有尔虞我诈的图谋。好环境、好人伦体现的是一种心灵的解放，这首诗篇的创作年代应该是西周晚期。无论何种时代，都可以从这首诗中发现在西周时期中国人的内心世界已然变得不同。"似续妣祖,筑室百堵,西南其户。爰居爰处,爰笑爰语。""似续"就是继承的意思，代表祖宗就在这里。"妣祖"在甲骨文、金文中经常连用，"妣"是指已过世的祖母。"筑室百堵"，古代修筑墙体是用木板修筑成槽子然后往里填土，再进行夯筑。"西南其户"，"户"就是门。"爰居爰处，爰笑爰语"，"爰"是一个指示代词，这句话描绘的是一个生活的场景。"约之阁阁，椓之橐橐。风雨攸除，鸟鼠攸去，君子攸芋。""约"就是捆绑，古代人筑墙时是用桩子起固定作用，"阁阁"是象声词，"椓"就是击打，"橐橐"也是象声词，说这个墙特别结实，挡风挡雨，房子的质量好，连老鼠都咬不动、麻雀都钻不进去。"君子攸芋"，"芋"就是"安"，就是安好的意思。"如跂斯翼，如矢斯棘。如鸟斯革，如翚斯飞，君子攸跻"。"跂"就是踮起脚，"翼"就是展开翅膀，房子的形态就像鸟儿蹬腿展翅。中国古代的建筑都是建在高土台上，中间是门窗，上边是大屋檐，既端庄又灵动，还有曲线。这句诗可谓为中国后世的建筑立了法。"如矢斯棘"，"棘"就是直立紧绷着的，"矢"就是箭杆，就是像箭杆一样直。"如鸟斯革"，"革"就是"翮"，就是展翅，指屋顶像鸟儿展翅一样。"如翚斯飞"，"翚"就是野鸡，形容建筑的彩绘就像野鸡一般五颜六色，展翅高飞。所以住在这样的房子里，"君子攸跻"。这一段文字其实是确立了中国古代建筑的风格，可以看见中国古代的艺术辩证法：既要稳定，又要有"飞起来"的灵动。"殖殖其庭，有觉其楹。哙哙其正，哕哕其冥。君子攸宁。""殖殖"是宽阔，庭院需要宽阔，"觉"是高大，"楹"是大柱子。"哙哙"就是明亮的，"正"就是正厅，正厅要明亮，"哕哕其冥"，"哕哕"就是说暗，"冥"就是说小房间。这是符合生活的原则的，寝室需要遮着盖着，君子住着才宁。

以上是对房子外观的描绘，之后的诗句就有所升华了。"下莞上簟，乃安斯寝。乃寝乃兴，乃占我梦。吉梦维何？维熊维罴，维虺维蛇。"铺上"莞"和"簟"，就是一层一层地铺上，都是竹子或者苇子编制的席子，然后安心地睡觉，"乃寝乃兴，乃占我梦"是睡醒想起昨天晚上做了一个梦，古人有占卜梦的习惯，有好梦还要献给王者，这在《周礼》里面有记载。"吉梦维何？维熊维罴，维虺维蛇。"梦到了熊罴，还有虺和蛇，虺是短尾巴蛇，蛇是长蛇。然后"大人占之"，预测这个房子会给家里带来的吉祥，说"维熊维罴，男子之祥""维虺维蛇，女子之祥"，就是说住在这个房间里面生儿育女。然后进一步展开，"乃生男子，载寝之床。载衣之裳，载弄之璋。其泣喤喤，朱芾斯皇，室家君王"，说生了男孩就把他放到床上去，然后给他穿上小礼袍，给他弄上一块玉，所以生儿子又叫"弄璋之喜"。"其泣喤喤"是说男孩子的哭声大。"朱芾斯皇"，"朱芾"是小皮裙，这是周代贵族的打扮；"斯皇"就是"皇皇"。"室家君王"就是做室家的君、室家的王，这是高级贵族。"乃生女子，载寝之地。载衣之裼，载弄之瓦。无非无仪，唯酒食是议，无父母诒罹"，是说生了女孩就放到地上，当然得铺上点什么。"载衣之裼"，就是给她穿上小袄，"载弄之瓦"，"瓦"是纺锤。"无非无仪"，这个"仪"通"俄"，"俄"形容时间短，在这里是偏差，就是说不要有偏差。"唯酒食是议"，就是说要整天琢磨着怎么把酒和食做好，"无父母诒罹"，即不要给父母带来担忧。古代女子新婚三个月不能入祖庙，是要观察此妇的行为是否端正，如果品行不端就会被遣返。过了三个月的试婚期才能进祖庙。被退回，就是父母的忧愁。

总体来看，这首诗是欢快、优美的，是活泼的，代表了当时的精神状况。通过建房典礼，显现出了新的气象，就是祝愿新的生长，其中新的生命气象非常浓郁。另一方面是心灵解放。可以用审美的眼光看世界，看生活；

也为中国建筑后来的走向指引了方向。

3. 对伦理婚姻的重视

《诗经》里面有中国人生活的基本的价值观念与生存信条，其中最为首要的就是婚姻和家庭。《诗经》开篇《关雎》，不仅仅是一首爱情诗，其实也是婚姻典礼上祝福新人的诗。古人重视婚姻关系的缔结，"关关雎鸠，在河之洲。窈窕淑女，君子好逑"，将"淑女"和"君子"对举，"参差荇菜，左右流之。窈窕淑女，寤寐求之"，古人也认为好婚姻的基础是有真感情的，但爱情同时也是一种恩情。"参差荇菜，左右采之。窈窕淑女，琴瑟友之。参差荇菜，左右芼之。窈窕淑女，钟鼓乐之"，琴瑟和钟鼓的出现暗示着一个典礼的场合。总之这首诗表达了有真情的好婚姻，也在暗示着好婚姻的难得。若从表面来看，《关雎》是爱情诗固然不错，但这既是爱情又是恩情，其更为宏大的层面则涉及中国文化中一个至关重要的伦理——家庭伦理。中国文化的另一部原典《易》，其哲学原理就是天地有阴阳生万物，人类由男女构成婚姻，进而产生伦理。人类的伦理是从家庭的缔造开始的，所以有男女就有夫妇，有夫妇就有父子、兄弟，然后推而广之就有君臣，所以婚姻是社会和伦理的起点。好的婚姻才能产生好的家庭，形成好的社会分子，所以在《论语》中提到"君子务本，本立而道生，孝悌也者，其为人之本欤"同样也是好的家庭造就好的社会这一逻辑，所以直到今天中国人都重视家庭、重视人伦，这是刻入中国人骨髓里的文化烙印。

另外一点就是重视家风。《大雅·思齐》曰：

> 思齐大任，文王之母。思媚周姜，京室之妇。
> 大姒嗣徽音，则百斯男。
>
> 惠于宗公，神罔时怨，神罔时恫。刑于寡妻，
> 至于兄弟，以御于家邦。
>
> 雍雍在宫，肃肃在庙；不显亦临，无射亦保。
> 肆戎疾不殄，烈假不瑕。
>
> 不闻亦式，不谏亦入。肆成人有德，小子有
> 造。古之人无斁，誉髦斯士。

"齐"其实是"斋戒"的"斋"；"大任"是文王的母亲，"媚周姜"就是爱周姜，"周姜"是太任的婆婆，周文王的祖奶奶。这句话的意思是，斋庄中正的大任是文王的母亲，她爱她的婆婆周姜，她在京室做第一夫人。"大姒嗣徽"，太姒是太任的儿媳妇，文王的妻子，继承了这种良好的美德，并且发扬光大，生下了一百个儿子。"惠于宗公，神罔时怨，神罔时恫"，"惠"就是顺，"宗公"就是宗庙，中国的妇女是上伺候宗庙，下养儿育女的，是直线传承的，所以宗庙的事情都需要由家庭主妇来完成。"神罔时怨"就是神没有怨恨，"神罔时恫"就是没有痛苦，神很高兴。"刑于寡妻，至于兄弟，以御于家邦"，就是男人们给自己的妻子做榜样，并且把自己的这种榜样推

广到兄弟，推广到家邦。"雍雍在宫，肃肃在庙。不显亦临，无射亦保"，是说她们雍雍然、肃肃然，忽而出现在宫廷，忽而出现在宗庙，她们显赫地面临着我们，不厌倦地保佑着我们。"雍雍在宫，肃肃在庙"这八个字把中国女主人的端庄表现得无以复加！"肆戎疾不殄，烈假不瑕。不闻亦式，不谏亦入。肆成人有德，小子有造。古之人无斁，誉髦斯士"。"戎疾"就是大疾病，瘟疫，"不殄"就是"丕殄"，就是大灭绝，"烈假不瑕"，"瑕"是"遐"，这句话是说疾病远离。"不闻亦式，不谏亦入"就是说好的言语能够被采用，好的谏议都能够被采纳。"肆成人有德，小子有造"，就是说在这种女性祖先的护佑之下，成年人都有德行，小孩子都有进步。"古之人无斁，誉髦斯士"，是说古代的先人不厌倦地勉励着周家的人士。所以《大雅》里面祭祀男祖的时候，还要祭祀女祖先，认为她们在上事宗庙、下育后代的方面功劳赫赫。所以这首诗的中心是在重视家庭伦理，这也代表了《诗经》中存在大量的婚恋、家庭伦理方面的内容。

总体来说，重视家庭是《诗经》体现出的西周社会的一项重要原则。另外，《诗经》中还体现出一些其他原则，涉及经济生产、战争、外交、人与自然的关系等等。

五、结语

《诗经》里面体现出来的精神原则，对当时以及后世中国文化的影响十分深远，《诗经》中的作品不仅仅是其创作者自身愿望与情感的表达，更深刻塑造了中华文明的基本价值形态。因此不能把《诗经》仅仅当作一部纯粹的文学作品来看待，否则就会严重低估《诗经》这部经典在中华文化传承谱系中的地位与价值。

耳無爲自化清靜自正

嘉靖戊戌六月十有九日爲

北山鍊師補書此傳於是余年六十有九

矣歐陽公嘗言夏月據案作書可以消暑

忘勞照余揮汗執筆柢覺煩苦爾豈公自

有所樂也是日午後微雨稍涼但苦窻暗

故首尾濃纖不類不覺觀者之誚云徵明

識

《老子列传》（局部）明·文徵明

老子的管理哲学

罗安宪

中国人民大学哲学院教授，博士生导师，中国人民大学孔子研究院副院长兼秘书长。

研究领域：道家哲学、先秦哲学、魏晋玄学。主要学术成果：《虚静与逍遥——道家心性论研究》《老庄哲学精神》《中国孔学史》《圣贤气象》《儒道心性论的追究》《和谐共生与竞争博弈》。

所谓管理哲学并不等同于管理学，任何一门学科上升到哲学的高度就不再仅限于具体的技术操作层面，而是要探讨其中最根本的、最核心的原理和法则，也就是"道"。在中国哲学史上，"道"这一概念，毫无疑问，最先是由老子从哲学的高度提出并确证的。

老子的管理哲学的要义可以总括为三点：一"尊道"；二"贵德"；三"为无为"。

一、尊道贵德

老子提出和标举"道"，并不是出于理论上的玄思，而是出于现实的考虑，不是为了探究世界的根本，而是为了通过探究世界的根本而为人类确立根本。

《老子》第五十三章曰："大道甚夷，而人好径。"这句话可以称得上是老子哲学的门户。老子告诉我们：有一条平坦的大道摆在我们每个人的眼前，"道"本来是至简至纯的，没有什么神秘莫测、晦暗幽隐之处，就实实在在地存在于宇宙万物之中，存在于人类社会的方方面面，但人们常常对其视而不见，都喜欢走捷径、喜欢弄机巧，由此而陷入了万劫不复的境地。老子哲学的全部用意，就是让人回到正道上来，心安理得、一心一意走正道。

（一）"道"的本义

"道"一字在《老子》一书中出现了76次，是老子哲学最重要的观念。"道"的本义就是大路、坦途。但追究起来，道与路很不相同。路，从足从各，它表达了两方面的意思。第一，正像鲁迅说的："世界上本来没有路，走的人多了，就成为路。"路是人走出来的。第二，每个人走的路各有不同。别人走的路，那是别人的路，顺着别人的路走，可能并不一定走得通。

而道从"辶"，并非人走的路，而是车走的道。所以，道与路不同，或根本不同类。道与通、与达，意思上更为接近。从字形上看，"道"具有三个特性：第一，"道"是车所行之道，具有公共性，所有的车都可以行驶在道上，不像路具有个体性和个别性。第二，车子行驶在道上，才是车。所以，与人与路的关系不同，先有人而后有路，但是先有道而后有车，不在道上的车还不是真正意义上的车。第三，与人走路而所谓规则不同，车辆行驶在道上，不是一辆车在行，而是不定量多车并行，所以，每辆车必须按规则行驶。因此，道与规则、规范具有天然的联系，道必然包含有一系列规范与规则。

此外，"道"通"导"，可以作为动词用，为引导之义。

孔子就说："道之以政，齐之以刑，民免而无耻；道之以德，齐之以礼，有耻且格。"（《论语·为政》）引导、指导必须是以"道"导之，以道引之，是领导人、指导人走正道。

老子之前，中国人的认识以"天道"为至，"人道"本于"天道"。《春秋左传·襄公九年》云："宋灾，于是乎知有天道。"《国语·晋语六》曰："天道无亲，唯德是授。"《国语·越语下》曰："天道皇皇，日月以为常。"就"天道"而言，"道"从属于天，"天道"亦即天地间不变之法则。因天地间本有之法则，是天固有之品性，故名之曰"天道"。"天道"一词之重心不是道而是天，所以，天道也常被作天之道。如《春秋左传·庄公四年》曰："盈而荡，天之道也。"

至老子，对"道"的内涵进行了革命性的变革。在老子看来，不仅天地之间，而且天地之上，有一至高无上的存在。此一至高无上的存在，不仅是天地万物的根本，天地万物由其所从出，而且是人类认识不可企及的极限。由此，对于这一根本与极限的描述与说明，就成为老子哲学首要而且主要的任务。

（二）"道"是天地万物的本根

《老子》第二十五章云："有物混成，先天地生。寂兮寥兮！独立而不改，周行而不殆，可以为天地母。吾不知其名，字之曰道，"老子认为，有一个存在，它先于一切而存在，先于天地而存在，这一存在是天地之前唯一的存在，正因为如此，它寂寞、寥廓而孤独，它独自存在而不休止，周而复始运行而不停息。这一存在正是天下所有事物的起点。对于这一神妙的存在，我们不知道如何称呼它，我们也无法给它命名，因为它早已存在了，我们就姑且称它为"道"吧。

（三）道化流行

作为天下万事万物起点的"道"，是如何演化为天下的万事万物的呢？《老子》第四十二章云："道生一，一生二，二生三，三生万物。万物负阴而抱阳，冲气以为和。"

在老子看来，道是一个自本自足的存在。由"道"而转生出"一"，即所谓"道生一"。"一"是浑然一体的状态。"道"转生出"一"后，原本意义上的"道"仍然存在着，并非"道"转生出"一"以后，成为"一"而"道"不存在了，这个由"道"所生出的"一"也不是"道"本身，"道"仍然还是"道"。这就如同母亲生了孩子以后，仍然还是人，孩子出生了，母亲还是母亲，不因为母亲生了孩子，母亲就不存在了。后来，由浑然一体的"一"产生了新生物，这就是所谓的"一生二"。"一生二"并不是"一分为二"，而是由"一"中生出另一个新生物，就如树干生出树枝，树干还是树干，树干与树枝，合称为"二"。新生的树枝又生出新的树枝，这就是所谓的"二生三"。树干、树枝、树枝的树枝，合称为"三"。由树枝而生树枝，由树枝的树枝而生新的树枝，不断由树枝而树枝，这就是所谓的"三生万物"。天下万事万物就是如此生成的。

（四）"道"是万事万物的根本

"道"不仅是事物存在的本原、本根，同时也是事物存在的根据，是万事万物的本体。"道"化生万物之后，又作为天地万物存在之根据而蕴涵于天地万物之中，成为天地万物的本质。

作为本原论意义上的"道"，在转生出"一"以后，仍然一如既往地存在，不因为转生出"一"以后而不存在，就如母亲生了孩子以后仍然继续存在而不是不存在一样。然而，由"道"所生的"一""二""三"，以至于"万物"，都是由于"道"而生成、而存在，所以，任何事物都含有"道"的基因。就像孩子出生了，父母还是父母，父母仍然继续存在，但每一个孩子的身上，都保存有父母的基因。"道"化生了万物，虽然本原意义上的"道"仍然存在，并且没有任何亏欠。但同时，"道"又作为万物存在的根据而存在于万物之中，成为万物得以存在的根本。所以，"道"不仅是一个生成论的范畴，同时也是一个本体论的范畴。

《老子》第六十二章云："道者万物之奥。善人之宝，不善人之所保。"汉代人解释"奥"为"主"，即是主宰、灵魂的意思，也就是说"道"是天地万物的主宰。善良的人把"道"当作宝藏，而不善良的人，"道"也不会遗弃他们，而对他们加以保护。

《老子》第三十四章曰："大道泛兮，其可左右。万物恃之而生而不辞，功成不名有，""道"无所不在，没有什么事物与"道"无关，万物都因"道"而生，因"道"而成，但"道"却不以功臣自居，不以万物为其私有。

《老子》第三十九章曰："昔之得一者：天得一以清，地得一以宁，神得一以灵，谷得一以盈，侯王得一以为天下正。"这里所谓的"一"，与第四十二章"道生一，一生二"的"一"是有区别的。"道生一，一生二"的"一"，是起始，是起点，是生成论的概念，指明"道"之生"物"。而"昔之得一者"的"一"，是唯一之"一"，是本体论的概念，指明"物"之得"道"。"昔之得一者"，即是昔之得"道"者。天之所以清，地之所以宁，神之所以灵，谷之所以盈，都是因为得了"道"，都是因为"道"在其中。《庄子·知北游》说："天不得不高，地不得不广，日月不得不行，万物不得不昌，此其道与？"在老子看来，天之所以清，地之所以宁，是因为"得一"，在庄子看来，天之所以高，地之所以广，是因为"道"。天之清虽然有别于天之高，但都是天的最为基本的属性，是天之所以为天的根本；地之宁虽然有别于地之广，但都是地最为基本的属性，是地之所以为地的根本。所以，老子所说的"一"，就是庄子所说的"道"。"道"是一物存在的根据，是一物之所以为此一物的根本。

（五）"道"无处不在

老子说"大道泛兮，其可左右"，是说"道"遍布一切，无所不在，左右、上下、前后，到处都有"道"。对于这一思想，庄子有进一步的发挥。《庄子·知北游》云：

东郭子问于庄子曰："所谓道，恶乎在？"庄子曰："无所不在。"东郭子曰："期而后可？"庄子曰："在蝼蚁。"曰："何其下邪？"曰："在稊稗。"曰："何其愈下邪？"曰："在瓦甓。"曰："何其愈甚邪？"曰："在屎溺。"东郭子不应。

"道"无处不在，连最低等的生物，最无用的瓦甓，最恶臭的屎溺都有"道"，更不用说其他事物了。

（六）"德"是"道"的具体落实

"道"是一般的概念，"德"是具体的范畴。"德"是"道"在人身上的具体的落实。关于"德"，历史上的解释几乎都会与"得"联系起来。

《管子·心术上》曰："德者道之舍，物得以生。生知得以职道之精。故德者，得也；得也者，其谓所得以然也。以无为之谓道，舍之之谓德。"

王弼曰："道者，物之所由也；德者，物之所得也，由之乃得。"

朱熹曰："德者，得也，得其道于心而不失之谓也。"

得到的"道"具体落实体现在人的身上即是"德"。因此，"道"为人之所共由，而"德"则是己之所独得，自其得之于"道"而言谓之德。

　　"德"字在《老子》中共出现 44 次。《老子》第二十一章讲："孔德之容，唯道是从。""孔"意为"大"，"德"之所以能大，就在于其遵守着"道"。由此可见，"德"与"道"是贯通的。

二、自然无为

　　不可闻、不可见、不可言之"道"，作为天地万物存在之本原与本体，缔造、成就了天地万物。但"道"成就天地万物，并非有意作为，而完全出于无意作为。

（一）何谓"自然"

　　《老子》第二十五章云："人法地，地法天，天法道，道法自然。"

　　何谓"自然"？"自然"一词在《老子》中出现了五次，在《庄子》中出现了八次，在《列子》中出现了六次。儒家之十三经，"自然"一次也没有出现。这表明，"自然"一词主要是道家哲学的观念。

　　"自然"是一个合成词。"自然"之"自"，是相对于"他"而言的。"自"把一切事物分为两个方面，"自"之外的一切都是"他"，"他"可以是其他人，也可以是其他物，比如说他山、他水、他地，"他"可以是单数，也可以是复数。

"自"的本义是鼻。《说文解字》说："自，鼻也。"不管是甲骨文还是金文，"自"都是我们鼻子的象形。"自"本来是鼻，流露出三个重要的信息，第一是天生如此，本来如此；第二是不能改变，没法改变；第三是不可改变，如果改变，就不是"自"，不是我了。我的鼻子就是如此，天生如此，不能改变，也不可改变。

"自"的反义词是"他"，"自"是相对于"他"而言的。与"自"相近的，是"己"与"我"。"自"不是"他"，"自"也不是"己"，不是"我"。"己"所得意的是与他人的区别，突出的是别于人的因素。而"自"虽然也有别于他人，但"自"所更加突出的是本有的，与生俱有的，属自而非他的性质。"我"更强调一种主体性的含义，一种情感性、意向性含义。我们只能说"我很烦"，而不能说"自很烦"。"自"所突出的正是某种客观性，甚至我都拿它没有办法的那个东西。

"然"是如此、这样。"然"的本义是燃烧，但这种燃烧是徐徐然、缓慢而不紧张的样态，不是火山喷发，不是火箭发射，不是遵循固有轨道。"自"和"然"两个字合起来而成为"自然"，"自然"合称是说"自—然"。"自然"之"自"，强调非他、非己、非我；"自然"之"然"，强调如此这般，而非促使，而非使然，而非强迫。

"自"为自己，"然"为样态。"自然"并非一种实体性的存在，也非事实上的存在，而是对某一状态或结果的说明。"自然"一词在中国古代，并不具有自然界之自然之义，而是自以为然、自得其然。

"道法自然"，不是说"道"之外还有自然，而"自然"不过是对"道"之状态与作为之形容，而非"道"之外更有一实体之自然，所谓"道法自然"即是"道"以顺乎自然为法，以自己为法。

吴澄曰："道之所以大，以其自然，故曰法自然，非道之外别有自然也。自然者，无有无名是也。"（《道德真经注》二十一章）

王弼曰："道不违自然，乃得其性，法自然也。法自然者，在方而法方，在圆而法圆，于自然无违也。自然者，无称之言，穷极之辞也。"（《老子注》二十五章）

河上公曰："道性自然，无所法也。"（《老子道德经河上公章句》象元第二十五）

因此，"道法自然"实际上即是"道性自然"。

（二）"自然"是"道"的本性

"道"虽然成就了万物，但"道"并不是有意要成就万物，而完全是自然而然的。"自然"是老子哲学之关键性词语。《老子》一书言及"自然"者有五处，分别是：

> 太上，下知有之；其次，亲而誉之；其次，畏之；其下，侮之。信不足焉，安有不信。悠兮其贵言，功成事遂，百姓皆谓我自然。（十七章）
> 希言自然。（二十三章）

人法地，地法天，天法道，道法自然。（二十五章）

道之尊，德之贵，夫莫之爵而常自然。（五十一章）

是以圣人欲不欲，不贵难得之货；学不学，复众人之所过，以辅万物之自然而不敢为。（六十四章）

"道"化生了万物，为万物的本根，又作为万物的本体而成为万物的主宰，从而受到尊敬，但"道"之所以受到敬仰尊重，正由于"道"的"自然"。

《老子》第二章曰："万物作焉而不辞，生而不有，为而不恃，功成而弗居。"《老子》第五章曰："天地不仁，以万物为刍狗；圣人不仁，以百姓为刍狗。""生而不有"，生养万物而不以万物为己之私有；"为而不恃"，泽施万物而不以为恩、不图其报；"功成而弗居"，功成事遂，而不居其功，不以成功为己之功劳。一切皆自其然而然，这就是"自然"，这就是"道"之本性。"天地不仁"，非天地没有仁爱之心也，而是不以为仁为目的，即不以行仁为自己之出发点与归宿也，一切都不曾刻意，随顺自然。

"道"并非不作为，而是无心于作为，无意于作为，是为而不宰治，为而不居功，为而不图报。无心于万物，无心于为仁，任其自然，顺其自然，此天地之道也。

在儒家看来，天地是仁爱的化身，天覆育万物，春生夏长，成物以奉人，即是天爱人、爱物的具体体现。而在道家看来，天地乃"道"的化生物，"道"化生为天地，是自然而然、无有目的、无有用心的，天地化生万物也是自然而然，无有目的、无有用心的。天地万物因"道"而生，因"道"而生并不意味着道于物有什么特殊的作为，"道"之于物只是顺其自然而为之，只是"任其自生自成"。所以，"道"之作为即是"无为"。

（三）"为无为"

"无为"一词在《老子》中一共出现了 13 次。其中在第三章和第六十三章，老子两次讲到"为无为"。"无为"表面上看来是不做事，但此不做事并非消极的不做事，而是积极的不做事，"无为"也是一种"为"，是"为无为"。正像沉默并非只是无言，弃权并非就是放弃权利。沉默是主动选择了沉默，是坚持不发表任何意见，不发表任何意见并非没有意见，而是选择不发表而已，不发表意见正是意见。此之无言，也是一种言，即以无言为言，亦即"言无言"。弃权是主动选择了弃权，既不想赞成，也不想反对，因此选择了弃权。弃权并非什么也没做，所做的正是弃权。

以"无言"为言，以"无为"为为，以"无事"为事。何以要"为无为，事无事"？何以要"处无为之事，行不言之教"？因为"以辅万物之自然，而不敢为"，因为有为违背"自然"，破坏"自然"，故"不敢为"，亦不能为。由此可见，老子提倡"无为"，基本用意还是在于"自然"。"无为"方是"自然"，"自然"即是"无为"。自然无为，乃"道"之本性。

（四）无为而无不为

"道"之本性是"自然无为"，但正是这种"无为"，成就了"有为"，正是因为"无为"，才成就了一切。这种现象，被老子加以哲学的高度概括，就是"无为而无不为"。

《老子》第二十二章曰："曲则全，枉则直；洼则盈，敝则新；少则得，多则惑。是以圣人抱一为天下式。不自见，故明；不自是，故彰；不自伐，故有功；不自矜，故长。夫唯不争，故天下莫能与之争。古之所谓"曲则全"者，岂虚言哉？诚全而归之。"

《老子》第三十四章曰："万物归焉而不为主，可名为大。是以圣人之能成大也，以其不为大也，故能成大。"

《老子》第七章曰："天长地久。天地所以能长且久者，以其不自生，故能长生。是以圣人后其身而身先，外其身而身存。非以其无私邪？故能成其私。"

"不自生，故能长生""以其终不自为大，故能成其大"，这是天地万物之理；"夫唯不争，故天下莫能与之争""后其身而身先，外其身而身存"，以其无私，故能成其私，这就是个人安身立命之根本法则。

"无为而无不为"，不仅是"道"之用、"道"之理，同时亦是"道术",是侯王治理国家之根本手段和方法。老子说:"道常无为,而无不为。侯王若能守之,万物将自化。"(第三十七章)侯王之"王"天下、取天下,亦当以"道"为法。"为学日益,为道日损。损之又损,以至于无为。无为而无不为。取天下常以无事,及其有事,不足以取天下。"(第四十八章)"常以无事","无事"亦是"无为"。

在老子看来,守持"无为",即可以"无为而无不为"。"我无为,而民自化;我好静,而民自正;我无事,而民自富;我无欲,而民自朴。"(第五十七章)这里的"我"是统治者的意思,只要统治者"无为""好静""无事""无欲",老百姓就可以做到"自化""自正""自富""自朴"。

虽然儒、道两家均言治乱,但其治乱之方有很大的不同。儒家提倡仁义,提倡"克己复礼"。道家则主张"无为",主张"无为而治"。虽然儒、道两家均言及"圣人",但两家之"圣人"亦决然不同。儒家之所谓"圣人",是不学而能、创法立范、彪炳千古之有德之人。而道家之所谓"圣人",则是虚以为怀、无以为事、无以为名之得道之士。儒、道圣人观念之不同,既体现出其思想倾向之不同,也体现出其理想人格之不同。

(五)"无不为"是结果而非目的

"无为而无不为",通过"无为"以达到"无不为","无不为"似乎才是目的,而"无为"似乎仅仅是手段,是工具。所以，有人以为老子是阴谋家，表面上似乎无所作为，其实内心里无所不为，这其实是对老子的一种误解。在老子思想中，"无不为"并非目的而是结果。目的是预先具有的期望，是行动的动力，结果则是不期然而然所达到的效果。因为某种期望而采取行动，采取某种行动（或不采取行动）而有某种结果，此二者之间是有很大分别的。

《老子》第三十八章对此有系统而深入的论述。

上德不德，是以有德；下德不失德，是以无德。

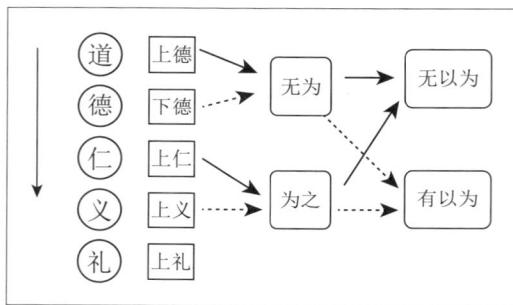

上德无为而无以为，上仁为之而无以为，上义为之而有以为，上礼为之而莫之应，则攘臂而扔之。

故失道而后德，失德而后仁，失仁而后义，失义而后礼。夫礼者，忠信之薄而乱之首。

第三十八章的义理可以用图表来表示。

最高的德是上德。上德是什么？"上德不德"，上德之人不以有德自居，上德之人任"自然"，正因为如此，上德之人是真正有德之人。"上德无为而无以为"，上德之人没有做不该做的事，而他没有做不该做的事，是无意识的、无目的的。"无以为"，"以"即是原因、目的、意识、用心。不做不该做的事，不是出于有意，而是自然；不是经过思虑，而是不加思考。这是最高的境界。

其次是下德。"下德不失德"，下德之人只做该做的，不做不该做的，所以称作"不失德"。"下德无为而有以为"，下德之人，没有做不该做的事，之所以没有做，对于他，是明确的，他明白做不该的事会有不良的后果，所以，下德之人的"无为"是"有以为"，是有原因，是有意识，是明确的。

第三个层次是上仁。"上仁为之而无以为"，"上仁"不是无为，而是有为；上仁不是不做事，而是做事。虽然做事了，但是不图报答，不是因为某种具体的目的、不是为了满足个人具体的需要，不是为了通过做这件事，而得到某种实际的利益。所以，表面上他在做事，他不是不做事，但他内心里却没有任何想法，没有想通过做这件事而得到什么。

第四个层次是上义。"上义为之而有以为"，"上义"也是为，这是"上义"和"上仁"的相同之处。但是这样一种为，在"上仁"是没有目的、没有用心、没有意图的，而在"上义"是有目的、有用心、有意图的。就是说，一个人知道自己在做什么事，他做这件事是有用心的，也是有期待的。如果没有这种期待，如果不能达到目的，他会宁肯不做。我们现代社会上大多数人，可能都停留在这样一个层次，也就是"为之而有以为"的层次。

那么，在"为之而有以为"之上，还有三个层次。"为之而无以为"，是做任何事情不图报答，这是"上仁"。在"上仁"之上是"下德"，"无为而有以为"，表面上是不做，但是不做是有原因的，也就是说这个"无为"是有意识的无为。最高的境界是"上德"。"上德"是"无为而无以为"，不做不该做的事。不做并不是自己有意没有做，而是没有任何原因的没有做，而是没有感觉到，没有认识到自己没有做，而是无意识的"无为"，这是最高的境界。

"上德"是不离道，实际上也就是自然。"下德"是懂道、守道，是依道而行。守道、依道而行是我们可以达到的，虽然做起来很难，但毕竟还可以做。而不离道，而自然却不是想做就可以做到的。"下德"还可以修为，上德则不可以修为。因为任何修为也是一种为，"自然"不可追求。追求"自然"，即是不"自然"。

在道家哲学中，最高的境界，正是这样一种"上德"的境界，是"无为而无以为"的境界。"无为而无以为"，这就是"自然"，这才是真正意义上的"无为"。所以老子哲学所强调的，并不是"无不为"，而是"自然"，而是"无为"，而是"自然无为"。

"上德不德""上德无为而无以为"。"无为而无以为"，就是"自然"，上德之人就是有道之人。"下德无为而有以为"，是"无为"，下德之人是有德之人。"上仁为之而无以为"，这是仁人。"上义为之而有以为"，这是义人。

由上德、而下德、而上仁、而上义，这是一个递减递退的过程。上德即是道，下德即是德，上仁即是仁，上义即是义。"故失道而后德，失德而后仁，失仁而后义，失义而后礼。"前述无道，为什么忽然出现道，因为上德即是道，上德之人即是有道之人。故由道、而德、而仁、而义、而礼，递减递退。没有道了，不得不讲德，没有德了不得不讲仁，没有仁了不得不讲义，没有义了不得不讲礼。有道何必贵德，有德何必贵仁，有仁何必贵义，有义何必贵礼。道失不得不德，德失不得不仁，仁失不得不义，义失不得不礼。由道、而德、而仁、而义、而礼、而法，这就是人类历史的轨迹。

"道""德""自然""无为"，无疑都是老子哲学思想中最为重要的四个概念。"道"是根本、本源，"德"是"道"的进一步深化，是在人层面的落实；"道"的状态就是"自然"，怡然自适，行云流水；"道"之"自然"故而要求"无为"，本真如是，无须刻意造作，更不要肆意妄为；人只要守此"自然无为"之道即是"德"。可见，这四个概念虽然说法不同，但实际上存在着严密而深刻的内在关系，从而构成了老子哲学的核心体系。

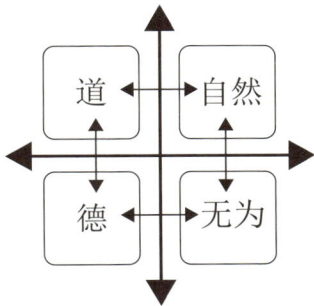

老子思想的核心是道德，老

子提倡尊道贵德,提倡"为无为",指出不能做不该做的事。什么是道？什么是德？什么是"为无为"？虽然难以明言,但在具体情境之中,还是非常显然的。

哈里斯是美国一家知名广告公司的女高管,有一天中午,她和朋友在一家餐厅用餐,中途朋友想要抽烟,她们就出门到外面抽烟。这时,有一个流浪汉胆怯地走向哈里斯,向她说道:"我叫瓦伦丁,我失业已经好久了,没有收入,我想得到您的帮助。"哈里斯说没有问题,但她兜里没有零钱,只掏出一张没有密码的银行卡。瓦伦丁说:"如果您相信我,我可以用您的信用卡买一些生活必需品吗？"哈里斯说:"可以。"临走之前,瓦伦丁又小声说了一句:"除了买生活必需品外,我还想买包烟,可以吗？"哈里斯说:"当然可以。"在瓦伦丁走后,哈里斯还真有点担心。如果这个流浪汉拿了她的卡一去不返,她可怎么办？然而,当她们用完餐后,这个流浪汉瓦伦丁已经在门口等着她们。他向哈里斯报告了自己所买的用品,并告诉她一共花了 25 美元。面对这位诚实守信的流浪汉,哈里斯和她的朋友很是感动。她们直接去了《纽约时报》报社,将发生的故事告诉了报社,《纽约时报》即时对此事作了报道。事件报道以后,在社会上引起很大反响,报社不断接到读者来信来电,表示愿意帮助瓦伦丁,有人甚至向瓦伦丁寄去 6000 美元,以奖赏他的诚实。几天后,瓦伦丁接到威斯康星州航空公司的电话,表示愿意招聘他为公司职员。试想:如果瓦伦丁拿了别人的银行卡一走了之，他也许可以得意一时，但他一生的人生道路可想而知，他也许永远不可能找到一个正当的职业，他也许永远不可能过正常人的生活。这种背离正道的人生一定是有问题的，它不可能从根本上解决人生的基本问题。瓦伦丁没有辜负他人的信任，他没有背离人生正道，所以，他不仅得到了社会的救助，得到了社会的认可，更重要的是他经受住了考验，并因此而得到了满意的工作。这个故事告诉我们：人必须走正道。一个人要走正道，一个企业要生存、要发展，也一定要走正道。企业的发展一定要建立在正道上。那种依靠坑、蒙、拐、骗等手段，通过不法途径，也许可以获取暂时的利益，但这种利益注定不可长久。而且，一旦被揭露，一定会付出非常惨重的代价。

三、老子哲学的现代意义

老子的哲学思想是宏大的、深刻的，不仅是古人智慧的凝聚和结晶，而且对于现代社会同样有不可忽视的现实意义和价值。

（一）有助于正确处理人与自然之间的关系

老子对于天地之"道"和"自然"的重视有助于正确处理人与自然之间的关系。自然是人类赖以生存与发展的环境，自然界的一切都是人类的朋友，人类不能用仇恨和敌对的态度来对待自然，而应当"利而不害"，用友爱、友善的态度来对待自然，在自然的和谐发展中谋求人的发展，应当以人的全面发展来增进自然的和谐发展。

（二）有助于正确处理人与人之间的关系

老子强调"自然无为"，无需刻意造作，更不要肆意妄为。在日常生活和工作中，不把自己的意志强加于别人，不把他人当成自己意志或目的的工具，是正确处理人际关系的前提和基础。"我无为而民自化"，每个人都是目的，每个人都是自足、自为的存在者。任何时候都不要把他人当成满足自己狭隘欲望的工具。

（三）有助于正确处理领导与下属之间的关系

老子思想中理想的政治状态是"君无为而臣有为"。领导人的"无为"并不是什么事都不做，而是不"从事于务"，不做具体的事务性工作。领导人的职责是制定规划、政策，以及负责、监督规划、政策的落实。具体事务应是下属职权范围内的事，在政策范围内如何做事也是下属的事。领导人应当给下属以充足的权力和自由。

（四）有助于保持良好的精神状态

在现实生活中，很多人都摆脱不了名利的拖累，名利二字几乎成为人的枷锁，使人们终日不胜烦忧，无法体会到天赐的自由与快乐。老子曰："吾所以有大患者，为吾有身。及吾无身，吾有何患？"（《老子》十三章）庄子也说："无为名尸，无为谋府，无为事任，无为知主。……至人之用心若镜，不将不迎，应而不藏，故能胜物而不伤。"（《庄子·应帝王》）这些智慧可以帮助人们看淡名利，自然率性，无为无适，从而打破名利对人天性的钳制和束缚。

《孙子兵法》的战略思维及其当代价值

黄朴民

中国人民大学国学院教授。历任中国人民解放军军事科学院战略部三室副主任，中国人民大学历史系主任，国学院执行院长，中国人民大学图书馆馆长。兼任中国史学会理事、中国孙子兵法研究会常务理事等。

主要研究方向为中国思想史、中国军事史。

一、孙子兵法的四个"最"

《孙子兵法》是一本什么样的书呢？我想用四个"最"可以来定位它的历史地位和贡献。

第一个"最"，它是我国历史上现存的第一部系统完整的兵书。"现存的"三个字不能漏，你要说它是我国最古老的兵书就不对了，《孙子兵法》之前中国是有兵书的，但是这些兵书由于思想比较浅薄，内容已经过时，尤其文字不够优雅和漂亮，在历史的长河当中大浪淘沙，被淘汰了。所以我们今天能看到的第一部兵书是《孙子兵法》，它是我们能找到的最早的、最古老的兵书。

第二个"最"，是最好的。光是资历老是不够的，《孙子兵法》之所以伟大，还因为它质量上是中国兵学最高成就的体现。唐太宗李世民曾经说过"观诸兵书，无出孙武"，看遍天下的兵书，没有一部能超越《孙子兵法》。明朝军事学家茅元仪也说："前孙子者，孙子不遗；后孙子者，不能遗孙子。"什么意思？就是说孙子之前的那些兵书，它们的精华、它们的优点，《孙子兵法》都吸收了进去，没有任何遗漏；而比孙子后出的兵书，则不能绕开《孙子兵法》另起炉灶，只能在孙子搭建的理论框架里面做一些修修补补的工作。《孙子兵法》作为中国兵家文化的最高峰，是永远没有办法超越的，它是最好的兵书。

第三个"最"，是最广的，也就是说《孙子兵法》已经不单纯是中国的兵书了。从唐玄宗开元年间开始，它就通过遣唐使吉备真备之手，流传到了日本，到了18世纪的时候，它又被入华传教士翻译成法文版，后来又被译成英文版、德文版等，在欧美广泛流传。它已经作为中国文明同其他世界优秀文明进行对话的一个重要的平台和资源，也是外国人了解中国兵家文化、战略文化传统，了解中国历史的一个重要窗口。

最后一个"最"，是最活的。我们的领导同志在军队里面工作的是少数，大部分还都是从事经济、文化、管理等其他行业的工作。读兵书当然不是单纯为了去打仗，但是《孙子兵法》讲的道理实际上在各行各业里面都是可以借鉴的，它的智慧、它的影响早就超越了单纯的军事战争领域。

二、孙子兵法的三个"道"

《孙子兵法》讲的是什么？我认为它就讲了三个"道"。

（一）竞争之道

战争当然是最残酷的、最血腥的竞争，但是其他只要是有分出胜负、分出高下、分出输赢的地方，《孙子兵法》的道理都是贯通的、可用的。竞争实际上有两个步骤，《孙子兵法》也就讲了这两个步骤。

第一个步骤，行动之前的战略规划、战略运筹、战略评估、战略分析、战略预测的问题，用古人的话来说，就是运筹于帷幄之中。竞争在具体着手进行之前，有几项工作是一定要提前做到位的：

一是要尽可能多地搜集各种数据信息，数据信息的充分与否决定了胜负的趋势，数据充足你才可能一目了然，胸中有数，胸有成竹。现在我们讲大数据时代、数字化管理，这个数据信息尤其重要。

二是在动手之前要辩证地分析事情的利弊得失。任何事物都是利弊相杂的，有一利必有一弊，世上万事万物没有单纯的利，也没有单纯的害。都是利中有害，害中有利，你要得到它利的同时，就要容忍和接受它的害。你如果排除了它的害，那么，它的利也就得不到，而且这种利弊关系是互动的，向自己的对立面转化，这就是老子讲的"祸兮福之所倚，福兮祸之所伏"。另外在动手之前我们还要正确评估竞争双方的实力对比。对方有他的强项、有他的短板，我方有我们的优势、我们的软肋，怎么来扬长避短，就是一个问题。

三是动手之前要能够预测事物发展的趋势。了解事物发展的趋势非常重要，一旦方向选择错了，所有的付出和投入不但是劳而无功的，效果还可能是南辕北辙、适得其反、缘木求鱼。

最后一个，怎么来选择正确的突破方向。孙子考虑问题的一个特点就是整体的、系统的、综合的、全面的，但是在解决问题的时候，他一定是抓重点、抓关键，能够牵一发而动全身的，能够中心突破然后再四面开花的，以点带面，一定不是平均使用力量。

竞争之道的第二个步骤则是在战略实施的过程当中，怎么巧妙地实施和高明地落实的问题，这包括怎么合理配置资源，怎么扬长避短，怎么避实击虚，怎么奇正相生、示形动敌？怎么在坚持原则性的同时做到通权达变，即能够运用灵活性的问题，怎么立足于最坏的情况争取最好的结果，所谓"上兵伐谋，其次伐交，其次伐兵，其下攻城"。

由此可见，《孙子兵法》近六千言，说来说去，讲的就是所谓的竞争之道，这是它的第一个道。

（二）战略之道

中国古代战争相当多，因而兵书的数量也是非常庞大的。民国时期有位学者，叫陆达节，他做过专门统计，我们的历代兵书的数量，是1304种。在现代，许保林先生在《中国兵书知见录》里面统计的数量是三千多种，而刘申宁先生在《中国兵书总目》一书中统计则是四千多种，总之，我国兵书的数量是非常多的，但是说到兵书，你说不出来几本，我们脑袋里面只有《孙子兵法》，最多再加上《孙膑兵法》《三十六计》，厉害一点的人还知道《武经七书》，说来说去也就十本左右。

为什么会有这个情况？我想大概是两个方面的原因。

第一，《孙子兵法》的文字太漂亮了，跟《论语》《庄子》《孟子》《老子》是同一个等级的，可以说是中国先秦诸子百家里面最优美的文字了，比《墨子》《管子》《商君书》这些读起来要有趣多了。顶真、排比、对偶、比喻，所有的现代语文修辞方式它都有，朗朗上口，而且押韵。"上兵伐谋，其次伐交，其次伐兵，其下攻城。""百战百胜，非善之善者也；不战而屈人之兵，善之善者也。""知彼知己，胜乃不殆；知天知地，胜乃可全。"类似的语言比比皆是。

第二，也是更重要的，我们觉得其他的兵书讲的都是战术性的问题，但是战术是会过时的。随着武器装备的发展、作战样式的改变、军队编制体制的调整，等等，这些变化发生后，关于战术问题的分析就会成为过眼云烟。《孙子兵法》当然也有讲战术的，它后面的五篇都是讲具体的战术问题，但是《孙子兵法》最核心的问题是讲战略的，战略是宏观的、抽象的，是超越时空、永不过时的。

《孙子兵法》回答了关于战略的四个命题。第一个命题，做还是不做的问题。许多事情有价值、有意义、值得做，但是环顾我们自身的条件，考虑到客观的环境，你没法做，只能忍痛割爱，或者暂时搁置。所以英国战略学家利德尔·哈特在他的《战略论》里面说军事战略的核心问题，就是要告诉我们什么是可以做的、什么是不能做的。东西方思维方式实际上都是一样的。

第二个命题是何时做的问题。决定要做了，什么时候介入就要有讲究。过早地介入叫作枪打出头鸟，你会成为矛盾的焦点，众矢之的，但是你也不能过晚地做，否则的话，蛋糕已经分割完毕了，你出局了，也就再没有机会了。所以把握时机要把捏分寸，恰到好处，收放自如，见好就收。

第三，《孙子兵法》要回答的战略命题是何地做，水土服不服的问题。在北京可以做的事情，在西藏不一定能做；在美国可以做的事情，在中国不一定能做。我们改革开放特区很多，成就都很大，但是最成功的恰恰是深圳和上海浦东，因为有的地方它缺乏持久性的发展动力。

最后，孙子要回答的就是何人做的问题。干部问题、用人问题是战略问题，毛泽东同志说得很对，思想政治路线确定以后，干部就是决定因素。我们经常有很好的思路、很好的规划，但是环顾自己的团队，发现没有人可以替你去抓总执行，这时候工作就很难推动。孙子为什么把将帅看得这么重要，就是因为这涉及何人做的问题。"兵熊熊一个，将熊熊一窝""置将不善，一败涂地""千军易得，一将难求"，都是这样的道理。

（三）统帅之道

领导干部学《孙子兵法》真的有必要，汉代有规定，凡是大校以下的普通军官和普通士兵不能学《孙子兵法》，而是要学《司马法》。《司马法》其实就是军人守则、干部守则，它里面的规定是死的，下级见了上级要敬礼，到了一个地方要放警戒，晚上要查岗、要对口令。做到了这些，就是个合格的低级军官、合格的士兵了。那么《孙子兵法》是谁学？需要少将以上的人才能学的，它是一种管理艺术、领导艺术，是统帅之道。

《孙子兵法》的基本内容，其实就是讲了这三个道：竞争之道、战略之道和统帅之道。

三、孙子兵法的八个意识

《孙子兵法》这本书在现代社会还有什么样的价值呢？从哲学的层面来说，最值得肯定的就是下面的八个意识。

（一）全局意识

我们有句古话叫"不谋全局者，不足以谋一域；不谋万世者，不能谋一时"。我们看许多问题，不能计较一城一地的暂时得失，要长时段地看问题。成功的战略家总是善于从错综复杂的局面当中，清醒地分析敌我双方的优劣态势，充分地考虑到当时的地缘关系、综合实力以及战略布局与互动，在这个基础上来确定自己的战略目标，营造有利于未来发展的良好战略环境。《孙子兵法》看所有的问题都带有全局性的眼光。例如，它认为战争取胜的核心是一个整体性、综合性的东西，它包含五个核心要素、七个具体方面，即"五事七计"。

第一，道。古往今来，古今中外，讲政治都是放在第一位的，道就是政治。在孙子看来，政治清明、内部和谐、上下团结，大家有共同的奋斗目标、共同的奋斗理念、共同的核心价值观，能够心往一处想，劲往一处使，这就是战争取胜的前提条件。

但是光有政治不行，接下来是第二个要素——天。从抽象来说是时机问题，从具体来说也是刮风下雨的气候、天象问题。如果我们对古代战争历史有一点了解的话，就都知道凡是南方地区打北方，它选的时间大多是选择暮春或者是初夏，因为这个时候河流解冻了，水位最高，运兵运粮最方便，打仗就是打后勤，兵马未动，粮草先行，这个天时对它有利。而北方地区打南方，它一定倾向于选深秋或者是初冬，因为北方的军队主要靠骑兵，骑兵最重要的就是马匹，这时候秋高马肥，正是军队战斗力最强大的时候，是杀向南方的最好时机。古代战争如此，现代战争也是一样。

第三，地，就是环境，包括战场的容积量。我们看古代史书里面，经常看到一种情况，十万人的军队被一万人的军队打败了。我们看了没有明显的错误，怎么会被打败？但是当我们去看了古战场以后，一下子就明白了。他说这个地方战场的容积量就是两万人，对方来了一万人，你带十万人过去没有用，你放进去也是一万人，另外九万人你放不进去，在旁边干着急，一万人跟一万人打，那就有可能被人家打败，这一败不是一万人败了，旁边看着的九万人也是肝胆俱裂、草木皆兵、风声鹤唳，跟着败。

此外，不同地区的军队在不同的环境当中打仗也完全不一样。曹操的军队到了湖北这个地方打败仗就是必然的，他的优势在强大的骑兵，可是到了当时的湖北这一带，遇到的都是丘陵、沼泽、河流、湖泊，骑兵就不起作用了，这时候需要有强大的水军，恰恰在这一块他是最弱的，成为制约他所有战斗力发挥的最短的那块木板。他过早地在错误的地点跟人家进行了一场错误的决战，所以他打败仗就很必然。

第四，天时地利之后就该是人和了，人和就是队伍，就是孙子强调的"将"的问题。孙子对普通员工是瞧不起的，别看他说得很好听，要爱兵如子、爱民如子，"视卒如婴儿""视卒如赤子"，但骨子里他对士兵是很轻视的，这是他的阶级局限性，没有办法避免的。实际上，他认为兵就是羊，对他们要如赶群羊，"驱而来，驱而往"，不要有怜悯之心，把他们放到无路可退的绝路上，他们为了求生自动就打仗了，这就是他说的"投之亡地而后存，陷之死地然后生"。孙子打仗只认"将"，他认为将帅才是军队的灵魂、军队的大脑，带兵打仗将帅的人选最为关键。

第五个要素就是法、制度。没有规矩不成方圆，人做事要有章程、制度来保障，所以孙子强调"修道而保法"。

统观这五个方面，我们可以看到他取胜的要素是全局性的、综合性的。同样，他对将帅的素质要求也是全局性的。

孙子认为将帅最重要的素质第一条就是"智"，因为将帅只有睿智才能去搜集各种信息数据，只有睿智才能分析利弊得失，只有睿智才能预测事物发展的趋势，只有睿智才能正确地评估竞争双方的实力对比，只有睿智才能选择正确的战略突破方向。

第二条，信。"信"在春秋时代的地位特别重要，到了后来才越来越边缘化了。孙子是春秋时代的，春秋贵族最大的荣耀就是讲诚信。与孙子同时代的孔子也一样特别强调"信"，他认为一个国家要想存在、发展，第一要有充分的、足够强大的军队，要足兵，第二要有丰厚的物质积累，要足食，第三就是民信之。如果要去掉两个的话，那去掉兵和食，"自古皆有死，民无信不立"，信是最重要的。

第三条，仁。儒家和兵家都讲仁。我们现在把"仁"理解成仁者爱人，那是狭隘的理解，真正的儒家里面的"仁"是包容性。"己欲立而立人，己欲达而达人""己所不欲，勿施于人"，这才是真正的"仁"。兵家也是一样，"仁"有两层含义。第一个"仁"是关心民众、关心士兵，但兵家更强调的是领导者的胸襟和肚量，能够做到海纳百川，有容乃大，能够开诚布公，集思广益，兼听则明，不要求全责备，避免出现"水至清则无鱼，人至察则无徒"。

第四条，勇。勇也有两个层次，浅层次的勇就是奋勇杀敌、视死如归的意思。但对领导干部来说，孙子强调的是作为将帅，要有一种担当精神，要敢于负责，敢于担当。最让我们瞧不起的领导是有了成绩都是他英明领导，有了问题总是要找替罪羊。

最后一条，严。部队里面这条特别重要，"慈不掌兵"。先秦时期荀子有个说法，讲凡是山东人一定打不过河南人，凡是河南人一定打不过陕西人。当时我觉得很纳闷，山东人打不过河南人可以理解，因为齐国是以工商业立国，工商社会人们的战斗力就比农耕民族要差得多。但是河南人为什么打不过陕西人呢？大家都是农耕的，大家都是吃面条的，为什么打不过呢？后来看到《商君书》，看到反映秦国军事制度、军事文化的《尉缭子》就知道了，军法实在是太严了，一个班去打仗，班长死了，战士有活着回来的得砍头，排长死了杀班长，连长死了杀排长，所以士兵打仗是有进无退的。秦国的军队号称"虎狼之师"，最后能够横扫关东六国，那就是严厉调教出来的。戚继光也是这样的，他到部队里去视察，就拿块白布去你仓库里面摸那些大刀长矛的柄，如果发现有灰尘，仓库保管员还有使用这把刀的那个士兵当场斩首，所以戚家军在战场上才能所向披靡，这就是严。

通过兵法里面的这两个例子，我们可以看到孙子考虑问题是全方位的、综合的、系统的。这种全局意识无论用于政治和军事主从关系的分析、经济和战争的关系、敌我态势的判断，它都是全局的、互补的、系统的、整体的。

（二）重点意识

关照全面不等于事无巨细平均使用力量，恰恰相反，抓住重点，强调主次，是做好一切工作的生命线，面面俱到等于面面不俱到，什么都是重点就没有了重点。

《孙子兵法》中一直都在强调重点，比如，进攻和防守孙子都在讲，但是他重点强调的还是进攻，"避实以击虚"的时候，"击虚"才是重点。在"奇正相生"里，"正"是常规的做法，明面上的主力部队叫"正"，而"奇"则是关键时候投入的机动的部队，循规蹈矩的战法叫作"正"，不按常规的出牌就是"奇"。两者不可偏废，光有"正"没有"奇"，打的是笨仗，就不可能出奇制胜；光有"奇"没有"正"，往往导致要么大赢要么大输，风险太大了，所以需要"奇正相生"，两个字缺一不可。在孙子那里，"奇"是重点，"正"是配合的。孙子是矛盾的两点论者，但他更是矛盾的重点论者。

"知己知彼"这句话我们大家都知道，也往往把它当成孙子的名言，但这是一个我们习以为常的错误说法，因为孙子从来不说"知己知彼"，他只说"知彼知己"，任何版本的《孙子兵法》讲的也都是"知彼知己"。为什么？孙子认为要战胜对手，既要了解自己，也要了解对手，两个都要了解，这是矛盾的两点论。但是孙子更是矛盾的重点论者，了解自己相对比较容易，真正的难度在于了解对手，对手在暗处，他们真实的战略动机、他们真正的军事实力都难以捉摸，而且他们还要制造假象欺骗你，透过假象的迷雾看到事物的本相更是难上加难。所以孙子才会强调"知彼"是第一位的，这是重点，重点没有抓牢，你就什么都想抓的话，最后往往什么都得不到。

孙子一直在强调重点意识，《孙子兵法》中我们也可以看到他讲所有的问题都是两点当中抓重点，在孙子那里，矛盾是对立统一的，但是要找矛盾的主要方面，或者说在诸多矛盾当中抓主要矛盾。这种重点意识和全局意识的平衡与协调永远是我们读《孙子兵法》里面应关注的重要的哲学命题。

（三）创新意识

《孙子兵法》的出现，从本质上来说是一个创新的过程，它就是一个创新的成果。它的整本书里贯穿着创新的精神，这也正是它能够超越其他兵学理论，独领整个兵书学术界风骚的最根本原因。

我们现在回头来看，《孙子兵法》讲的一些基本的原则，比如"兵以诈立""兵者，诡道也"，等等，我们今天看来都是很正常的东西，但是在孙子生活的那个时代，这些都是一种重大的理论上的创新，也是对当时现实的反映。

《孙子兵法》不是我国最早的兵书，我们最早的兵书叫"古司马兵法"，这是当时军事文献一类书的统称，不是某一本书。《孙子兵法》正是在这些传统的基础上发展起来的，《古司马法》里讲到当时的一些基本原则，跟《孙子兵法》有非常大的差异，或者说是完全的对立。《古司马法》里面有许多原则，比如打仗，"不加丧，不因凶"，规定对方国君死掉办丧事的时候不能去攻打，这是西周礼乐文明在军事活动中的表现，对当时战争的一种限制，而在《孙子兵法》看来对方的国君死的时候，正是群龙无首、趁乱加以攻击的良机。"古司马兵法"还说在战场上要"不重伤，不擒二毛，不以阻隘，不鼓不成列"，这些都是当时普遍的军事原则，敌人受了伤你不能补一刀，对方年纪大了也要加以优待。"逐奔不过百步"，敌人打败逃跑的时候，可以进行追击，但是最大的距离就是追一百步，一百步以后就要停下来。"纵绥不及三舍"，敌人退却的时候可以尾随追击，但是最大的距离是三舍，一舍是三十里路，也是古人行军一天的路程，三舍就是三天的距离，表明敌人退出战场了，我们现在说"退避三舍"也就是从这个意思来说的。这些都是当时大家普遍认可的战争原则。可是到了孙子生活的时候，现实发生了一些变化，这种温文尔雅的打法行不通了，这时候战争的性质发生了变化。春秋时候的战争宗旨是争霸，把对方打服了，对方认输就可以放过，可是春秋后期及战国不一样，那时候战争的宗旨是兼并，不但要把敌人打败，还要把对方的土地、人口占为己有。战争的残酷性明显加大了，孟子讲"争地以战，杀人盈野；争城以战，杀人盈城"就反映了这一变化。《孙子兵法》就是对这一时期战争原则及规律的总结，同"古司马兵法"相比，《孙子兵法》完全变了，但是这种改变恰恰符合了战争消灭敌人、保存自己的那个根本的规律，回归到战争的本质，这是对战争理论的创新。

另外，我们还要牢记创新需要一定的基础，如果没有一定的传承，就谈不上发展；没有一定的积淀，就谈不上创新，否则的话，创新就是无本之木、无源之水。《周易》里面有革命的革卦，讲的就是变革，但是《周易》里面还有相应的鼎卦，强调的是稳定、守成，二者不可偏废，我们不要只把创新当作时髦的语言来用。我们在《孙子兵法》里面可以看到既有创新又有大量的传承，他是把前人的一些好的原则都吸收采纳进来，比如说"穷寇勿迫"并不是孙子本人的发明，这是"古司马兵法"里面的东西，被他借鉴过来。这样，既传承又发展，既积淀又创新，才使得孙子真正形成了一个超越其他兵家理论的最高超的、最高明的、最有价值的兵学文化体系。

（四）机遇意识

机遇意识又叫时机意识，孙子是特别强调时机的，我曾经用十二个字来对《孙子兵法》的机遇意识做过一个形容。第一个是"料事能准"，机遇意识就是要求我们能把事情看得清晰明白，能够未雨绸缪，把握住时机。第二个是"遇事能忍"，时机不成熟的时候，不要急于求成，不可忘乎所以、轻举妄动。"时不至不可强生，事不究不可强成"，但是这种"忍"不是消极等待，而是要以防御为手段，以反攻为目的的那种积极的攻势防御。在等待中要积累力量，等到时机一旦成熟，就要坚决地把握战机，毫不犹豫，稳准狠地给对手以致命的打击。最后一个是"善后能稳"，这一点特别重要，往往胜利即将到手的时候，也是可能失败的一个转折点。我们现在喜欢用"盛世"这个词形容一个时代、王朝发展到最高峰的时候，但是我们看历史，没有一个朝代不是盛世的时候出现问题的。西汉王朝在汉武帝的时候几次攻打匈奴，扫除了边患，达到了鼎盛，但是最后也是因为没有节制、无休无止打匈奴打到了"海内虚耗，户口减半"，成为汉朝中衰没落的转折点。唐朝的盛世是唐玄宗在位的时候，号称"开元盛世"，但也恰恰是唐玄宗造成了"安史之乱"，成了唐朝由极盛的顶点走向衰落的开始。

孙子的机遇意识我们可以看到，它强调的是在军事实力的基础上，发挥将帅的主观能动性，创造和运用有利的作战态势,出奇制胜打击敌人,实现自己的战略目标。

（五）主动意识

主动权是军队行动的自由权,毛泽东同志曾讲过,主动权是军队行动的生命线,一支军队如果失去了主动权,实际上就业已处于被打败的边缘了。有了主动权,军队弱可以胜强,少可以胜多,败可以转胜,而一旦没有主动权,你最大的优势也会随着时间、空间的转移而丧失殆尽。

我们都知道,唐太宗李世民是古代皇帝里面最能打仗的一位,他就对《孙子兵法》里的一句话推崇备至,讲的就是关于军队打仗怎么赢取胜利的,道理其实非常朴素,千言万语归结到一句话,就是:"善战者,致人而不致于人。""致人"就是调动敌人,"致于人"是被敌人所调动,这句话充分说明了主动权的重要性,在战场上你要能牵着敌人的鼻子走,而不是让自己的鼻子被敌人牵着走。毛泽东同志关于主动权的问题,也有一句非常精彩的点评,就简简单单八个字:"你打你的,我打我的。"

（六）优势意识

优势意识,用今天的话来说就是实力意识。现在很多人经常把《孙子兵法》跟"三十六计"等同起来了,其实这两者根本不是一回事,这是认识上的一个误区。"三十六计"有明显的局限性,它只讲谋略,而且还都是些下三烂、阴损不入流的东西，听名字就知道了，瞒天过海、借刀杀人、顺手牵羊、树上开花、指桑骂槐、浑水摸鱼、趁火打劫、美人计、反间计，全是这些乱七八糟的东西。《孙子兵法》当然也有谋略，它有《孙子·谋攻篇》，提倡"上兵伐谋"，但是我们要注意，它最重要的特点是强调实力建设。在孙子看来，巧妇难为无米之炊，没有实力一切无从谈起，无论是"伐谋""伐交"，都是需要实力做后盾的，"伐兵""攻城"更是离不开实力做基础。所以我们说孙子是唯物主义的，他强调"胜可知而不可为"，胜利可以预知但是不可以脱离客观实际去强求。在强调实力意识的基础上，孙子又不是机械的、教条的，不是光讲实力不讲谋略。他也强调造势、任势，在尊重实力、尊重客观规律性的前提下，充分发挥将帅的主观能动性，这时他又强调胜利是可以主动去创造的，"胜可为也。敌虽众，可使无斗"。

　　一切取胜的根本还是实力，没有实力一切无从谈起。我们看清朝的历史，鸦片战争、甲午海战的时候，我们的《孙子兵法》是在的，但是说实话，那时候就算有一万本《孙子兵法》，我们也得打败仗，因为双方的实力对比不一样了。我们当时还是封建的、落后的农耕文明，而西方侵略者已经是经过工业革命以后先进的资本主义工业文明了，所以较量一次就败一次。这就像印第安人遇到西班牙殖民者一样，不管印第安人再怎么骁勇善战，在殖民者的枪炮面前，就免不了被人家屠杀灭绝了。明白这点特别重要，孙子就说善战者"不可胜在己，可胜在敌"，首先要自己实力强大，能够做到不被敌人打败，之后再看敌人有没有犯错误，抓住敌人的失误去打败敌人。双方的争斗中，我们最大的任务就是要让敌人出现思维盲区，出现误判而暴露破绽，我方趁机加以利用。如果人家没有暴露破绽，那就要耐心等待，"先为不可胜，以待敌之可胜"。孙子一直强调胜利的军队是"先胜而后求战"，失败的军队是"先战而后求胜"，这是胜兵和败兵的最大区别，总之，要"以镒称铢"，用石头去砸鸡蛋，而切忌拿鸡蛋碰石头。

我们原来读《孙子兵法》，过多地强调了谋略，这样实际上对我们中国军事文化的发展是有障碍的。我们天天想着靠智慧取胜，不是说智慧不重要，但这种靠智慧走到极端反而没有关注科技的发展，忽略了硬实力方面的提升。总是想利用人家的漏洞，这样的机会是可遇而不可求的。孙子的谋略大家都重视到了，甚至把它夸张了，但是孙子的实力，主客观的平衡和统一，才是我们今天应当特别重视的启迪和当代价值。同理，一个国家要和平地崛起，最大的自觉就是要有强力的实力发展政策，不断强化自身的硬实力和软实力。

（七）偏锋意识

偏锋意识说白了就是另类意识、逆向思维。关键时刻它能起到剑走偏锋的效果，造成意外的收获，它最大的特点就是不按常规出牌。

我们说孙子看问题看到了问题的实质，这就是偏锋。能在正常当中发现不正常，能在合理当中找到不合理。他这样的话很多，比如依我们正常的思维，军人以服从命令为天职，一切行动听指挥。可是孙子在肯定这个的同时，又提出来君命有所不受，这其实是对一切行动听指挥的反对。但恰恰是有了这种反对，一阴一阳为之道，才形成了最佳的、最恰当的管理平衡。如果把所有的前线指挥员的手脚都捆住，将领没有临机指挥权的话，这个仗就没法打了。当然，政治上忠于最高领袖这是绝对要肯定的，但是行动上一定要给将领灵活的权限，两者相辅相成才会取得胜利。

孙子还说将帅有五种致命的危险，一不小心就会导致将帅身败名裂、军队覆灭、国家灭亡。第一种是打仗不怕死；第二种是打仗时善于保全；第三种是打仗有激情；第四种是将帅廉洁奉公；第五种是将帅爱民如子。在我们一般人看来，这些全都是优点，哪里是缺点？可是孙子认为，这些优点所有人都看得到，大家就都会来提倡，来强调，这就很容易把好的东西推到极端，就走向反面了。真理过了一步就成了谬误，播下的是龙种，收获的却是跳蚤。另外，孙子还有一个逻辑就是任何好的东西都有它的软肋，廉洁奉公固然是好的，但是廉洁的人就容易爱惜自己的羽毛，在乎自己的名声，容易图虚名而处实祸。敌人通过造谣抹黑他的名声，他越重虚名越会心烦意乱，寝食不宁，这样就很容易作出错误的决策，这时候廉洁就反而变成负面的障碍了。

（八）忧患意识

《孙子兵法》全书都贯穿着一种忧患意识，全书开篇就提到："兵者，国之大事，死生之地，存亡之道，不可不察也。"孙子讲打仗，也从来不讲胜的问题，他是千方百计强调要避免败的问题。他告诉我们到一个地方先不要看进攻的道路，要先看撤退的道路，所以他只说"知彼知己，百战不殆"，他从不说百战百胜，只能保证没有危险。他讲问题的时候，一直是把危险放在前面作为重点来考虑的。

孙子是兵家，本来用兵打仗应该是他建功立业的最好机会，但他首先强调要知道用兵之害，只有知道用兵之害，才能知道用兵之利，"夫不尽知用兵之害者，则不能尽知用兵之利也"。他强调"军争为利"，"军争"就是争取主动权，这是有利的，但是紧接一句就是"军争为危"，然后"军争有利"根本就不展开，一句话带过，反而写了一大段文字重点强调"军争为危"，突出讲不利的地方。孙子的许多观点都充满了这种忧患意识，比如"穷寇勿追"。鲁迅先生讲痛打落水狗，毛泽东同志也讲"宜将剩勇追穷寇"，但是孙子认为要考虑到对手狗急跳墙、鱼死网破的问题，这是军事战争学里的一条重要原则，孙子是悟透了。我们有个词汇叫作除恶务尽，在孙子看来，除恶不能务尽，留有敌人、留有对手是我们自身存在和发展的前提。一个人、一个团队、一个国家、一支军队，不怕有对手，最怕是打遍天下无敌手，这个时候就会趾高气扬、忘乎所以、得意忘形，让胜利冲昏头脑，最后在阴沟里翻船。

孙子的忧患意识和孟子的"生于忧患，死于安乐"的思想是一致的，这种忧患意识反映了孙子作为一位伟大的、杰出的思想家，对国家安危、民众存亡，乃至人类命运的那种终极的关怀。正是由于这种强烈的忧患意识，使得《孙子兵法》超越了一般的、普通的兵书层次，而上升到一种伟大的哲学理论的高度。

当今时代，我想，我们国家顺利发展的同时，如果能够从中国的传统文化当中汲取智慧，借鉴古人的思想方法论和哲学大智慧的话，也许可以使我们各方面的视野更为宽阔，我们的思维更为活跃，我们的工作能力可能有一个新的升华。而《孙子兵法》的永恒魅力，就在于始终为我们提供这样的帮助！

《举杯玩月图》（局部）南宋·马远

管子的管理实践与智慧

董 平

浙江大学『求是』特聘教授、博士生导师，
浙江大学中国思想文化研究所所长、佛教文
化研究中心主任；兼任中华孔子学会副会
长、国际儒学联合会理事等。政府特殊津贴
获得者。

主要从事先秦儒家道家哲学、宋明理学、中
国佛教哲学以及浙东学派、王阳明哲学等方
面的研究。主要著作有《陈亮评传》《天台
宗研究》《王阳明的生活世界》等，曾为中
央电视台《百家讲坛》节目主讲人，录播
《名相管仲》与《传奇王阳明》。

公元前 770 年周平王宜臼东迁洛邑，这一事件标志着西周的结束和东周的开始。西周和东周在社会形态、社会制度、社会面貌、思想观念等方面都有很大的不同，王政解体以及诸侯各自为政是其主要背景，管仲就是这一历史背景下的历史人物，具有这个时代所赋予的鲜明性格。在东周这一特殊时代背景之下，管仲辅佐齐桓公，用了近四十年对齐国进行了全面改革，成就了齐国的霸业。历史上人们对管仲的评价是多样的。我们回顾管仲的政治活动及其历史结果，从中应当仍能获得诸多经验和教训。

一、王政解体与各自为政

公元前 770 年之前的西周通常被认为是一个礼乐文明制度发达的时代。按照传统的记载，这个礼乐文明制度是周公建立的，即所谓周公"制礼作乐"。西周与前代的禅让不同，它是通过"革命"的方式推翻了商朝而获得政权的，这一获得政权的新方式，事实上使以周公为代表的西周统治者面临政权的"合法性"问题。为解决这一重大问题，周公改造了夏、商以来君权神授这一核心观念，而重新阐释了天命转移的根据。《尚书》曰："皇天上帝，改厥元子兹大国殷之命。"天之元子就是天子。商朝的天命之所以转移，是因为"皇天上帝"更改了他的"元子"，商纣虽然为"王"，但已经不是"天之元子"了。天命如何便转移到了西周呢？以周公为首的西周统治者提出了"德"这一重要观念。

"德"的原意即是"得"，获得的意思。一个人之所以能够成为"天子"，其根据在于必须有"德"，此"德"是上天所赋予的。正是在"德"的观念之下，周公批判商朝，认为其已经丧失了天所赋予的"德"，因而丧失了作为天子的合法性；西周政权之所以是合法的，是因为周能累世修德，因此上天把成为天子的资格赋予周武王。"德"就此成为西周政治最为重要的核心理念之一。同样依据"德"的观点，政治的最高目的就是要把天所赋予天子的"德"，通过政治的手段转变为一种现实的政治结果。因此天子的政治活动，根本上就是要把天及其整体的运作方式作为效仿对象，把天的本原秩序，即所谓"天叙""天秩"实现出来。《老子》所谓"人法地、地法天、天法道"，就是这种观念的延续。"天叙""天秩"即是"道"，道以其本原秩序实现了天下一切万物的存在，万物则因其"德"，即有得于道而获得其本身的存在。"道"解构了商朝"上帝"的人格，"德"则实现了万物与"道"的本原性联系。因此，商代人格神的上帝形象开始在主流价值世界中消退，整个自然世界以及世间万物都是在道的本原秩序当中实现其个体的生存毁亡的，世间万物因"一于道"而获得其自我的生命，同样也因"一于道"而实现他自己的生命。

若要将这一抽象的价值世界落实到现实的人道世界，就必须为人的现实生活建立制度，也即是人实现为自我立法。人为自我立法所依据的本原即是天道，而立法之所以可能的可靠性恰在于人本原于天道的自我"德性"的实在性。简单说，就是依于天道而建立人道，依于自我德性而实现人道，依于人道而实现天道。这一天人之道之间的相互回环，便是天人同一之道，现实性上体现为人道向天道的趋近，个体自我的德性体现在价值上则归源于天道的实现。

如何依于天道而建立人道？在传统理念上，那是由圣人仰观俯察、化裁通变来实现的，本质上即是把天道转换为人道，把"天叙""天秩"转换为"人叙""人秩"。天道有序，人道也必须有序。经过圣人转换之后而建立起来的根本的人道秩序，就称之为"礼"。礼不只是今日所说的仪态、仪式、仪节、礼貌，而是总体上的关于人的现实生活秩序的多维规范，是现实生活世界中的多边秩序法则，我称之为"制度综合"。按照礼的制度来生活，我们就能实现生活的有序化，这种有序化被看作是人道的，因此礼是通向人道价值世界的现实途径；人道根源于天道，因此人道的生活同时即是实现天道的方式。西周的"圣人"确信，只要照着礼的制度去生活，我们便可以实现自己的德性，完成人道的使命，达成天道的实现，终究在天人存在的全体境域中达成美轮美奂的秩序与和谐。照此看来，人不只是要活着，而且是要"人道地"活着，人道的生活是具有神圣性的，因为它根源于天道，是以天道为本原的。人要享有人道生活的神圣性，便需要礼乐文明制度来予以保证。

以周公为代表的西周统治者，既以"德"来建立"天子"与"天命"之间的本质联系，为其"革命"行为的合法性进行辩护，为其政权的获得及其施政的合法性进行论证，同样也为其礼乐制度的合理性、合法性乃至于神圣性进行论证。在观念上，礼乐制度本身即是一个"德"的行为体系，它的目的也即是要通过制度的贯彻来实现人人的"德"。确保这一制度的顺利运作，原本是天子的责任，是天子的职分，因此，天子必须把自己置身于制度之内，而不能度越于制度之外。也就是说，天子本身是属于这一制度的，他只应当是遵循、执行礼乐制度的典范，而不具有超越、凌驾于礼乐制度之上的特权，否则就是"不德"。名为"天子"而一旦"不德"，也就意味着他切断了与天的联系，同时也就切断了与民的联系，从而丧失了作为天子的合法性（"名""分"分裂）。因此，礼乐制度对统治者，尤其是天子的现实要求是很高的，他必须是执行制度的典范、体现道德的楷模。因为天子一旦"不德"，他所丧失的就不只是他的个人名位，并且是整个共同体的解体与生民之涂炭。当西周之末造，幽王"不德"，礼乐制度随之解体，王政自此衰落，天子的地位形同诸侯列国，统一的天下格局也自此灭裂。孔子追踪夏商周三代制度嬗变之迹，曾无限哀伤地感叹："呜呼哀哉！我观周道，幽、厉伤之！"

在中国的政治历史上，礼乐制度的解体，即意味着统一王政的结束。天子已然丧失其作为天下共主而能号令天下的实际资格，各国诸侯则为各自国家利益的最大化，或相互攻战，或结成联盟，"挟天子以令诸侯"，从而开启了统一王政解体之后的"霸政模式"。诸侯国之间的相互攻战，无非为"土地"之拓展、"人民"之众多，总之是为利，所以孟子说"春秋无义战"。另一方面，从思想的历史发展来看，虽然奉行礼乐文明的西周统一王政体系已经解体，但礼乐文明所代表的人道价值，尤其是以天道为政治合理性的终极本原理念，作为一种思想遗产，不仅仍在后世传递，并且有其深远而恒久的影响。春秋战国时代的诸子争鸣，虽各自观点不同，但某种意义上都是对西周王政体系解体及其所引发的政治、道德诸问题的进一步思考及其哲学回应。

中国历史上的春秋战国时代，在时间段上，恰与德国哲学家雅斯贝尔斯所提出的"轴心时代"相互重叠，事实上这也正是中国的"轴心时代"，是思想家百家争鸣的时代。虽然思想家们的观点各不相同，甚或相互攻讦，似势如水火，但事实上，春秋战国时代的所有思想家，不论儒墨道法，他们都有一个共同的现实关切——如何结束诸侯争霸的纷乱而重归秩序。正因此故，最高的、绝对的秩序理念——天道，乃是被所有思想家所共同坚持的。尽管各家对其内含的阐释未必相同，但“道”必须体现为一种原在的、根本性的秩序法则，则各家并无不同。不同的思想家都保持着对礼乐文明的记忆、怀抱着重归秩序的向往，各据其时代现实，来表达自己的观点，正所谓“天下殊途而同归，一致而百虑”。在这一意义上讲，西周的礼乐文明制度，实在是中国文化之所以能一直保持其多元格局之下的本质同一性的基础性根据。

管仲在中国历史上的出场，正当西周王政体系解构之初期。我们上面所简单提及的基本情况，也正是管仲之出场及其活动的基本背景。

二、管仲的政治管理实践

公元前 770 年，发达的西周礼乐制度解体之后，最早接受这一事实，对其时代特征有清楚明白的洞察，并且事实上能够凭借个人能力而开启一代新风气的人物，就是管仲。管仲的生年不详，卒年为齐桓公四十一年（公元前 645 年），名夷吾，颍上（今安徽颍上县）人。管仲是历史上重要的政治家，他在齐国的政治管理实践，实际上开启了中国历史上的“霸政模式”，其“霸政”实践的成效，则使齐桓公成为春秋第一位霸主。但也正因如此，管仲一直是中国历史上最具有争议性的政治人物之一，关于管仲的争议，至少从春秋战国一直延续到了南宋时代。

关于管仲的人物形象，我们可以从刘向《说苑》的记载中窥得一二："鲍叔死，管仲举上衽而哭之，泣下如雨。从者曰：'非君父子也，此亦有说乎？'管仲曰：'非夫子所知也！吾尝与鲍子负贩于南阳，吾三辱于市，鲍子不以我为怯，知我之欲有所明也；鲍子尝与我有所说王者，而三不见听，鲍子不以我为不肖，知我之不遇明君也；鲍子尝与我临财分货，吾自取多者三，鲍子不以我为贪，知我之不足于财也。生我者父母，知我者鲍子也。士为知己者死，而况为之哀乎！'"管仲与鲍叔牙为至交，鲍叔牙去世，"管仲举上衽而哭之，泣下如雨"，"衽"是衣服的边缘，"举上衽而哭之"，就是把衣服撩起来，掩面而泣。旁边不解他哭得如此伤心缘故，管仲回忆他与鲍叔牙的一生交谊，说了三件事：第一，"吾尝与鲍子负贩于南阳，吾三辱于市，鲍子不以我为怯"。

由此可知，管仲曾与鲍叔牙一起在南阳一带经商，管仲在市场上多次受辱都没有反抗，鲍叔牙却不认为管仲是一个胆怯的人，因为鲍叔牙"知我之欲有所明也"，知道管仲是一个心怀志向的人；第二，"鲍子尝与我有所说王者，而三不见听，鲍子不以我为不肖，知我之不遇明君也"。管仲曾游说各国君主，可是"三不见听"，没有哪位君主采纳他的意见，鲍叔牙却不认为管仲无能，"知我之不遇明君也"；第三，"鲍子尝与我临财分货，吾自取多者三，鲍叔不以我为贪，知我之不足于财也"。管、鲍合伙经营，管仲总要给自己多留些利润，鲍叔牙知道后，也并不认为管仲是一个贪婪的人，因为他知道管仲家庭困难。从别的资料还可知，管仲曾经当过兵，可是在战场上却多次往后跑，鲍叔牙同样不认为他胆怯。从《说苑》所记录的这三点中，我们不仅可以看出管鲍之交的深情厚谊，看出鲍叔牙知人的智慧及其容人的雅量，同样也可以看出管仲深怀远大抱负而不拘小节的豁达。

齐国因襄公无道而内乱，管仲、鲍叔牙分别辅佐公子纠与公子小白出奔于他国。齐襄公被公孙无知杀死之后，出奔在外的公子纠与公子小白在道理上都是齐国君权的合法继承人，但公子小白先入齐国，成为国君，是为齐桓公。齐桓公执政之初，要任用鲍叔牙为"太宰"，但鲍叔牙力为推辞，而举荐管仲自代。他对齐桓公说："若必治国家者，则非臣之所能也。若必治国家者，则管夷吾乎！臣之所不若夷吾者五：宽惠柔民，弗若也；治国家不失其柄，弗若也；忠信可结于百姓，弗若也；制礼义可法于四方，弗若也；执枹鼓立于军门，使百姓加勇焉，弗若也。"（《国语·齐语》）鲍叔牙有知人之哲，他向齐桓公推荐管仲，概括管仲有五种才能，其实也是五种德行，所以是治国之能人。返回去看，"宽惠柔民""治国而不失柄""忠信以结百姓""制礼以法四方"，鼓舞百姓使加勇，正是春秋早期关于"治国"的基本理念。"宽惠柔民"，所谓仁也；不失其柄，所谓智也；忠信以结百姓，所谓信也；礼义以法四方，所谓礼也、义也；鼓舞百姓，所谓勇也。后来儒家讲"智仁勇"三者为"天下之达德"，原是有来源的。在鲍叔牙看来，管仲有宽惠柔民之心，有忠信之质，能坚持行事的公正原则，能以礼义约束四方诸侯，并且有坚持道义的大智大勇，所有这些，正是实现国家治理的可靠素质。

齐桓公能接受鲍叔牙的推荐而任用管仲，恐怕鲍叔牙的一个观点起了关键作用。鲍叔牙的意思是，如果只是想要齐国百姓能够安居乐业，那么有我鲍叔牙以及像隰朋之类的人就可以了，但如果想要实现更大的政治抱负，比如说称霸诸侯，那就一定要任用管仲。齐桓公最终放下对于管仲的"一箭之仇"，任用管仲管理齐国政治，其根本的政治目的正是为了称霸诸侯，成为天下霸主。然而有意思的是，管仲出任齐国相后很长一段时间之内，无所作为，齐桓公问其原因，管仲讲了他之所以无所作为的三点理由：第一，"贱不能临贵"，意思是我地位低贱，如何能管理那些地位高的人？于是齐桓公以管仲为"上卿"，提高其政治地位；第二，"贫不能使富"，我家贫，也无法差遣那些有钱人，于是齐桓公赐予管仲齐国市场一年的租税收入；第三，"疏不能制亲"，我和你的关系疏远，无法制约那些与你关系亲近的人，于是齐桓公尊管仲为"仲父"，视之为父执。正是有了这三方面的"特权"，管仲开始了对齐国政治的实际管理，针对齐国当时实际状况进行了一系列行之有效的改革。据说孔子也曾讲过："管仲之贤，不得此三权者，亦不能使其君南面而霸矣。"（《说苑》卷八《尊贤》）

从《左传》《国语》《管子》等有关记载大抵可知，在管仲实际执掌齐国政权之前，齐国内部政治状况不佳，与周边国家如鲁、宋等国的关系更不理想，国际形象较差。但就齐国的地域而言，其国土面积相对较大，地理结构多样，既有滨海之地而可得鱼盐之利，也有平原，土地肥沃，自然资源较为丰富。换句话说，在当时的社会环境之下，齐国是比较有条件成就一番霸业的。当然，要达成"称霸"的目的，还需要对内政进行秩序重建，这就是"改革"。

（一）改革的根本指导思想

管仲在春秋早期，其思想中的核心价值理念，依然来自西周的礼乐文明制度。他思想中最重要的主张，或者可以视为其治国的根本理念，就是"四维"之说。他认为国有四维，"何谓四维？一曰礼，二曰义，三曰廉，四曰耻"。"维"是大绳索，有这四条大绳索，才能把一个国家维系得安安稳稳。所以管仲认为："一维绝则倾"，如果断了一维，就会倾仄不平衡；"二维绝则危"，断了两根，国家就陷入危机；"三维绝则覆"，断了三维，国家便陷入颠覆境地；"四维绝则灭"（参见《管子·牧民》）。如果我们不否定礼义廉耻乃是礼乐制度所试图彰显的四大基本价值的话，那么管仲的这一观点，实际上就阐明了这样一点，即礼义廉耻是维系国家安稳的四大纲领性价值。因此，一个政权要实现治国的根本目的，不是依赖于政治强权的运用，而是要实实在在地建构起礼义廉耻，四维平直而强固，则国无不治。照此看来，那么所谓国家治理，其最终的目的指向，并不是富国强兵，而是全社会普遍的道德实现。管仲处于两周之际，当春秋早期，他的脑子里面仍然是清晰地保留了关于礼乐文明制度的记忆的，事实上他对于礼乐文明制度之下的天下安稳的理念，也是向往的。他的四维之说，已经清楚表明，他即将在齐国展开的全面改革，其根本目的其实正指向西周礼乐制度的恢复性重建，他试图通过礼义廉耻的重建，更张四维，而实现安天下、安人民、安百姓这个宏大的政治目的。在这一意义上，我们可以说，四维之说，也正是管仲改革的根本指导思想。

尽管国家治理的最后目标是社会公共道德的普遍实现，是礼义廉耻之人道价值的普遍实现，但管仲同时认为，道德的崇高必须建立在坚实的经济基础之上，他相信"仓廪实则知礼节，衣食足则知荣辱"（《管子·牧民》），"知礼节""知荣辱"是以"仓廪实""衣食足"为前提的，正因为如此，实仓廪、足衣食也就成了全面改革的第一步，或者说是其初步目标。

正是抱着这样一种思想，管仲在执政初期曾经与齐桓公发生理念上的冲突。齐桓公是只要国富兵强，称霸诸侯,而管仲在执政中首要考虑的,却是百姓人民的"仓廪实""衣食足",是其实际经济利益的增进。齐桓公曾问管仲:王者以什么为贵?管仲答以"贵天",并进一步阐释说:"所谓天者,非谓苍苍莽莽之天也;君人者,以百姓为天。百姓与之则安,辅之则强,非之则危,背之则亡。"(《说苑》卷三《建本》)人民才是"王者"或统治者的"天",这一观点显然是西周礼乐文明制度所表达的核心观点之一。

"王者"要达成自己的目的,就必须以民为本,与人民同心同德,通过政治活动或政权的实际行使来实现天下人民的共同利益。如果不是以百姓心为心,以百姓为可依赖的"天",那么表面上的国富兵强,终究会因为民众的怨嗟而消解于无形,管仲引《诗》"人之无良,相怨一方",来说明"民怨其上,不遂亡者,未之有也"的道理。这同时也就表明,在管仲的观念当中,人民是统治者的"天",是政治必须倚仗的力量,而实现民众利益的普遍增进,使民众现实生存之中的好恶之情能够得以恰当安顿,则既是政治的现实功能,也是政治的基本目的。政之兴废的根本,即在于民心之顺逆。管仲说:"政之所兴,在顺民心;政之所废,在逆民心。民恶忧劳,我佚乐之;民恶贫贱,我富贵之;民恶危坠,我存安之;民恶灭绝,我生育之。"(《管子·牧民》)照此看来,政权本来就是用来实现人民利益的,是以人民利益的满足及其好恶之情的恰当安顿为现实目的的。

（二）管仲改革的实际措施

厘清了政治的基本目的，确立了改革的指导思想及其依靠力量，管仲开始把他的改革措施付诸实施。

1. 成民之事，定人之居

上面我们提到，春秋时期诸侯相争的主要对象，是"土地""人民"，所以管仲改革的第一步，就是要人民安顿下来。统治者要去帮助人民实现他们各自的生活事业，"定人之居"就是使人民能实现其生活事业，也即"成民之事"的基本条件。士、农、工、商，即所谓"四民"，既是四种不同的职业，也是四类不同的人群。有意思的是，管仲认为，应当对"四民"进行编户，建立户籍管理制度，划定不同的居住区，他把齐国全国分为二十一个乡，工商之乡六，士农之乡十五，对他们分别进行管理。如此这般的"定人之居"，管仲认为不仅能起到抑制人口迁徙的作用，更能够集中生产，稳定人心，强化劳动技能，提高劳动效率。如手工业生产者集中到一起，便有利于他们互相切磋技艺，提高加工水平；从事经贸的人集中在一起，显然也有利于货物流通和稳定物价。

2. 相地而衰征

为实现"仓廪实、衣食足"，尤其是使农民有足够的收入，管仲在政治实践中推行了一种新的土地税收政策，叫作"相地而衰征"。土地有位置的不同，有肥沃程度的差异，有产量高低之别，如果不顾具体情况而统一税收，管仲认为是非常不合理的。土地占有量大且土地肥沃而产量高的人就占了便宜，而土地不肥沃、产量低的人，实际上就承担了更大的负担，甚至于交了税就无法足食了。有鉴于此，管仲对齐国土地进行重新丈量，重新分配，重新制定了"相地衰征"的税收政策。用今天的话说，"相地衰征"是一种有级差的征税制度，根据土地的肥沃程度来制定不同的税收额度。具体做法是，在齐桓公全盛时期，全国每二年征税一次，根据年成的好坏来定税率：上年也就是大丰收的年头十取三，也就是三成；中年十取二，也就是二成；下年那就是收成较差的年头，十取一。还有特别的一条：岁饥不税，就是灾荒年免于征税。正是这样的一种土地政策，刺激了全国农民的生产积极性，粮食产量提高迅速。

3. 关市讥而不征

管仲自己曾从事商业贸易活动，他对商贸活动能带来财富的积聚这一点是坚信不疑的。他所推行的经济改革策略，其中重要的一条，就是要使天下货物能够大规模流通到齐国来，齐国一旦成为天下货物贸易中心，市场繁荣，财富自然也就积聚起来了。所以管仲在大力鼓励农业生产的同时，也大力推动商贸活动，为吸引天下货物，他制定了"关市讥而不征"的策略。各国在国界处设有关，在交通要道设有贸易集市，即所谓关市，大约也类似于我们现在所说的"海关"。"讥而不征"，就是对货物实行检查制度，查没违禁品，但是正常货物都可以进行交易，不收取关税。这一鼓励通商的政策，极大地刺激了商业发展，天下商贾云集于齐国。齐国都城临淄，成为商贸发达、娱乐业发达的大都市，"临菑甚富而实，其民无不吹竽鼓瑟，弹琴击筑，斗鸡走狗，六博蹋鞠者。临菑之涂，车毂击，人肩摩，连衽成帷，举袂成幕，挥汗成雨，家殷人足，志高气扬。"（《史记卷六十九　苏秦列传第九》）。这虽然是战国时代的描写，但我觉得用来形容管仲治理之下的临淄，应当也是合适的。

4. 作内政而寄军令

富国的同时还需要强兵。管仲强调军队的强大必须建立在民众富裕的基础之上。随着农业、手工业、商业各方面改革的全面推进并取得实效，管仲开始致力于以强兵为目标的军事改革。他首先对军事建制进行了改编。经过他的改编，实际上的军事建制单位在表面上看起来不像是军事单位，而更像是行政单位。"五家为轨，十轨为里，四里为连，十连为乡，五乡为军。"一军是1万人。"五人为伍"，"伍"是最小军事单位。按照管仲的观点，为"伍"的五人，他们应当是从小一起长大的邻居，不仅相互了解，并且情同手足，有利于在作战时的相互协同，增强战斗力。轨、里、乡也都是行政单位。行政管理上的单位与军事建制单位相互重叠，其实是军政合一，所以称之为"作内政而寄军令"。这一军事策略，使齐国军事力量的扩张几乎是在某种不动声色的状况之下形成的，而兵民一体，形成"全民皆兵"的实际态势。军队必定要操练才能形成战斗力，在管仲的策划之下，大规模的军事训练活动看去也像是习惯上的农事活动。"春蒐秋狝"是当时习以成俗的春秋两季的狩猎活动，管仲便利用它们来进行大规模的军事训练。大量的武备需求，则通过市场来解决，如通过市场对外收购制作盾牌、盔甲、战袍所必需的犀牛皮。经过管仲的军事整编，在其强兵策略的主导之下，齐国军队人数激增，装备精良，部伍整肃，号令严明，其军事力量之强大在各诸侯国中是首屈一指的。

5. 选贤举能，赏善罚恶，"以法治国"

上面所讲的主要是管仲对齐国的经济改革与军事改革，这些基本完成之后，他转向政治改革。在政治领域，管仲最重大的举措，是重新颁布了齐国法律，用法律的形式对各级官员的政治活动重新进行了规范。他重视贤能政治，重用贤能之士，把选贤举能、赏善罚恶作为政府官员的职责写进法律。他要求各级政府官员不得"蔽贤"，不得"蔽才"，不得"下比"。如果在辖区内，"有居处为义好学，聪明质仁，慈孝于父母，长弟闻于乡里者"，结果却不能举荐，这叫作"蔽贤"；"有拳勇股肱之力，筋骨秀出于众者"，而不能举荐，则叫作"蔽才"；"有不慈孝于父母，不长弟于乡里，骄躁淫暴，不用上令者"，而不能举报，叫作"下比"。"蔽贤""蔽才""下比"皆是有罪。另外，管仲还规定"士三出妻，逐于境外"，男人连续休妻三次，驱逐出境；"女三嫁，入于舂谷"，如果一个女人出嫁三次，那么处以劳役。管仲的这些措施，鼓励了良善风气，于是"民皆勉为善"（参见《管子·小匡》）。

管仲政治改革的具体措施很多，但最根本、最重要的一条，则是"以法治国"（见《管子·明法》）。他是中国历史上标举"法治"的第一人。管仲关于法的观念，我觉得以《管子·禁藏》篇里面的一段话最为典型。"法者，天下之仪也"，这里的"仪"不是仪式，而是"表"，是标准、准则的意思。法是天下人的行为准则，它是用来"决疑而明是非"的，也即是说，当是非莫辨、善恶未明之时，以法为准绳，则善恶辨、是非明，法即是是非善恶的判断准则，因此是"百姓所县命也"，人民日常生活的命运是跟它联系在一起的。我觉得这是管仲关于法的观念的非常清晰的表述。正因为法是"天下之仪"，因此它是具有客观性的，不容包括统治者在内的任何人、出于任何个人的私心或目的来对它作出任何改变，因此法本身就是一个值得敬畏的对象。"故明王慎之"，这里的"慎"，不只是谨慎、慎重，也是敬畏。"不为亲戚故贵易其法"，显而易见即强调了法的公开性、公共性与公正性，哪怕是"王"，也不能出于任何私人原因来对它作出改变。

在"以法治国"的理念之下，法即是实现国家政治管理的最高原则，是社稷之所以稳固、君主之所以崇高的根源所在，因此管仲强调："明君不为亲戚危其社稷，社稷戚于亲；不为君欲变其令，令尊于君；不为重宝分其威，威贵于宝；不为爱民亏其法，法爱于民。"(《管子·法法》）一个真正的明君，不会由于亲戚的原因而对国家本身产生危害，国家比任何亲戚更亲；"不为君欲变其令"，不能出于君主的个人欲望而改变法令，"令尊于君"，法令比君主本身更尊贵。"不为爱民亏其法"，这里的"爱民"，是指君主特别喜欢的那些人，法律有其独特威严，不能因为君主特别喜欢某些人而枉法，"法爱于民"，法比任何个体都更值得敬爱。正因为法的地位是至高无上的，它同样也是考校、鉴别官员才能如何、是否有功的标准，"是故先王之治国也，使法择人，不自举也；使法量功，不自度也"(《管子·明法》）。

管仲对于法的特别强调，按我的个人观点，其实是对西周礼乐制度解体之后的一种制度弥补，也可谓失"礼"而后"法"。礼乐制度衰微之后，深达时势之变，明知礼乐制度整体之不可回复，而治国平天下又必不可无仪表，故替代以"法"。"以法治国"的首倡者，正是管仲。"以法治国"实在是礼乐制度为适应时代变迁的一种转换形式或制度的替代性方案，因此在某种意义上说也是权宜。但正是经过管仲的独为标举，"法治"成为中国古代最为重要的一种政治思想资源。"以法治国"之说，后来也被韩非子所继承。

6. 信诸侯，亲邻国

国家的真正富强，不能没有一个良好的国际关系环境。整饬内政取得显著成效的同时，管仲为了树立齐国良好的国际形象，对周边各国采取了亲善政策。例如，当时齐桓公作为霸主，号令天下，去讨伐侵犯了燕国的山戎，燕国君主就非常感谢齐桓公，齐桓公要离开燕国的时候，燕国的国君一路相送，不知不觉送出国界，齐桓公意识到这个问题之后，马上问身边的管仲：诸侯相送能够送出国境吗？管仲说：天子可以，诸侯不行。齐桓公一听，就把燕国君主所到的那些地方全部划给了燕国，维护了燕国君主的面子。这一事件更多是表达了国不论大小都值得尊重的思想，所以诸侯闻之，皆朝于齐。另外，齐国还把原先占领的鲁国的土地全部归还给鲁国。这就是所谓的"信诸侯，亲邻国"。这一系列的措施，挽回了齐国早先在诸侯国中恃强凌弱的不良声誉，为齐国赢得了良好的"国际"关系，因此其政治地位也迅速上升。

上面所说的六个方面，基本上体现了管仲执政之后对齐国经济、军事、政治、外交等全方位改革的主要面向。管仲的改革是有步骤的，其格局是宏大的，其成效是显著的。管仲改革的直接目的是富国强兵，实现齐桓公的霸业，并且事实上，从齐桓公五年（前681，周僖王元年，鲁庄公十三年）的"北杏之会"开始，到齐桓公七年的第二次"鄄之会"，齐桓公实际上已经获得了"盟主"地位，其春秋第一霸主的地位已经确立。到了周惠王十年（前667，鲁庄公二十七年，齐桓公十九年），周惠王"赐齐桓公为伯"（《史记·周本纪》），则是齐桓公的霸主地位正式得到了周天子的承认，他在当时各诸侯国中的地位也就不可动摇了。

三、管仲的评价及其历史定位

管仲几乎是一个被历史所注定的富有争议的人物。对他的争议，从他活着的时候开始，就从来没有真正停止过。我们今天谈论他，其实也可以思考一个问题：管仲对于齐国的政治改革及其治国实践，究竟是成功了还是失败了？从表面上看，管仲在管理齐国政治四十年的过程当中，迅速改变了齐国的经济状况，实现了齐桓公富国强兵、称霸诸侯的政治目的，开启了中国历史上的"霸政"模式，当时即为其他诸侯国所效仿，照此看来，管仲的改革实践取得了巨大的成功，便似乎是不言而喻的。但是，自孔子开始对管仲有严厉批评，后代对管仲的评价，尤其是在儒家那里，更是负面居多，把他当作是满足人欲的功利主义的代表。

我说管仲开启了中国历史上的"霸政"，实际上即是指他通过政治、经济制度的改革实现了齐桓公"称霸"诸侯的政治目的。所谓"霸"，是把持、主持的意思。西周基于礼乐制度的"王道"政治解体了，代之而起的是崇尚实力、国富兵强而能"把持"天下事务、重整天下秩序的"霸道"，作为两种不同的政治理念、不同的施政与致治模式，管仲的实践也开启了历史上的"王霸之争"。

那么究竟应当如何看待管仲及其政治实践？我觉得古今以来，仍然以孔子对管仲的评价最为完整，我们也最能从中看出管仲对于中国文化整体保持的独特贡献。

管仲去世差不多一百年之后，孔子诞生，其相去不算太远。以孔子之"好学"及其"吾从周"的历史态度，我相信孔子对管仲的事迹是相当了解的。《论语》中有多处论及管仲。《论语·宪问》："子路曰：'桓公杀公子纠，召忽死之，管仲不死。'曰：'未仁乎？'子曰：'桓公九合诸侯，不以兵车，管仲之力也。如其仁，如其仁。'""子贡曰：'管仲非仁者与？桓公杀公子纠，不能死，又相之。'子曰：'管仲相桓公，霸诸侯，一匡天下，民到于今受其赐。微管仲，吾其被发左衽矣。岂若匹夫匹妇之为谅也，自经于沟渎而莫之知也？'"

对于孔子的这两段话，古来的理解，大都局限于所谓"君臣之义"，我觉得非也。子路、子贡说管仲"不仁"，正是局限于所谓"君臣之义"而说，孔子却从历史的高度，从中国文明形态、文化的历史绵延的高度，给予管仲高度评价，许之为"仁"，这正是孔子的独特眼光，是后世所不及的！孔子说齐桓公"九合诸侯，不以兵车"，即是就桓公"霸诸侯"之大略而言。齐桓公晚年试图封禅泰山时，曾对自己的功劳有概括性叙述："寡人北伐山戎，过孤竹；西伐大夏，涉流沙，束马悬车，上卑耳之山；南伐至召陵，登熊耳山，以望江汉。兵车之会三，而乘车之会六，九合诸侯，一匡天下，诸侯莫违我。昔三代受命，亦何以异乎？"（《管子·封禅》，也见《史记·封禅书》）"九合诸侯"，即是"乘车之会六，兵车之会三"，是指齐桓公九次大规模的会盟天下诸侯的活动。"一匡天下"，实际上是指齐桓公以"霸主"身份正周襄王之位，这是对于天子之王权的实际干预。所有这些活动所内含的一个重要意思，就是所谓"尊王攘夷"，换个说法叫作"内中国而外夷狄"。刘向说："春秋之时，天子微弱，诸侯力政，皆叛不朝。众暴寡，强劫弱，南夷与北狄交侵，中国之不绝若线。桓公于是用管仲、鲍叔、隰朋、宾胥无、宁戚，三存亡国，一继绝世，救中国，攘戎狄，卒胁荆蛮，以尊周室，霸诸侯。"（《说苑》卷八《尊贤》）"中国""夷狄"问题，或者说"夷夏"问题，是中国历史上不断出现的一个极为重要的问题，深刻影响了中国文化历史观与价值观的形成。

孔子是把齐桓公"九合诸侯，一匡天下"置于"夷夏之辨"这一独特历史文化背景的观审之下的，认为在管仲主导之下，齐桓公的"尊王攘夷"，实际上延续了西周礼乐制度，维系了中国文化的统一，保持了华夏文明的传承统绪，使华夏文化的独特价值能够一直保持至今，"民到于今受其赐"，人民百姓到现如今还享受着他带给我们的好处，"微管仲，吾其被发左衽矣"，如果没有管仲，我也许早就"披发左衽"了。"披发左衽"即是沦为夷狄。正是在这一保持华夏文化的历史传承及其价值统一性的意义上，孔子充分肯定了管仲的功绩，"如其仁，如其仁"，正是对管仲的高度肯定。

但是另一方面,孔子对管仲也有深刻批评。《论语·八佾》:"子曰:'管仲之器小哉!'或曰:'管仲俭乎?'曰:'管氏有三归,官事不摄,焉得俭?''然则管仲知礼乎?'曰:'邦君树塞门,管氏亦树塞门。邦君为两君之好,有反坫,管氏亦有反坫。管氏而知礼,孰不知礼?'"这里孔子批评了管仲的三个方面。一是"器小",也就是气量小、心胸不够宏大,格局小了,这应当主要是指政治上的;二是"不俭",也就是生活奢侈,这主要是个人生活方面的;三是"不知礼",这主要是指与他人的交往行为方面的。管仲之生活不俭朴,奢侈,孔子的理由有两条:一是"有三归",二是"官事不摄"。"三归",大抵有两种解释:一种是说"三归"是台名,管仲筑了"三归台";另一种解释是古代女子出嫁叫"归","有三归",也即是管仲娶了三位妻子,娶三妻同时便就有六妾。诸侯可有三妻六妾,管仲尽管是"上卿",但他的实际身份还是大夫,结果他也有三妻六妾,在孔子看来,这自然是违反礼制的,所以批评他不俭。"官事不摄",依照周礼,诸侯是一国之君,国家事务众多,所以没有必要事必躬亲,但大夫必须"摄事",也即是必须亲自承担具体事务。管仲虽是大夫,却是"官事不摄",所以说他奢侈。不过话说回来,管仲当时是事实上的齐国政治的执掌者,不可能什么事情都去亲力亲为,"官事不摄"应当是可以理解的。管仲不知礼,孔子也给出了两点理由:其一,"邦君树塞门,管氏亦树塞门"。"塞门",类似于后代所说"影壁""照壁"之类,主要是用来隔断内外的。"邦君"也即是诸侯,他们的住宅同时也是最高政府部门,自然需要有所阻隔,管仲不是邦君,结果他也"树塞门",显然越礼。其二,"邦君为两君之好,有反坫,管氏亦有反坫"。"反坫"是诸侯的家里面进门之后在特定位置的一个土台子。两国国君会见时,主人献酒,客人酬,主人再献,然后就把酒爵搁置到"反坫"上面。"反坫"只起这个作用。管仲不是"邦君",家里不应有"反坫",其实有了也没有用处,但是"管氏亦有反坫",所以越礼。因有上面两条,孔子得出结论:"管氏而知礼,孰不知礼!"

孔子对于管仲的评价,我个人觉得十分中肯,不仅符合管仲生活之实际,并且充分体现了孔子独特的历史文化意识!管仲"尊王攘夷",维护了华夏文化及其传承的统一性,当礼乐制度处于崩坏之际,能主动实行政治改革,实现了西周制度的转换,实际上也即是以别样的形式继承了西周的政治遗产。对于这一点,孔子站在中国文化、文明的历史高度,对管仲的功绩予以充分肯定,许之为"仁"。但就管仲的个人生活及其为人处世各方面,孔子又对他提出严厉批评。我们至少可以看到,孔子对历史人物的品评是有很强的历史意识的,其品评的站位则有其独特高度。在孔子那里,我们没有看到所谓"王""霸"的对立。作为一种别样的政治模式,"霸"实际上是脱胎于"王"的。"霸"不是"王"的反对者或对立面，而是"王"陷入困境之后的一种权宜措施，一种可能的摆脱困境的政治方略。孔子批评管仲"器小"，是否包含着对于管仲只以齐国称霸为局限，而没有顺势引导天下重整礼乐制度的批评，虽然不得而知，窃以为却不妨作如是想。太史公曰："管仲，世所谓贤臣，然孔子小之。岂以为周道衰微，桓公既贤，而不勉之至王，乃称霸哉？"（《史记·管晏列传》）大概也是此意。

但是到了后代，尤其是从孟子开始，管仲的形象一落千丈。孟子在政治思想上阐述了他的"仁政"说，"仁政"的可能性在于人性之本善，人皆有"不忍人之心"，所以能行"不忍人之政"。"性善论"与"仁政说"可谓孟子对于中国思想史的独特的伟大贡献。但另一方面，孟子正是第一个把"王""霸"对立起来的人。在孟子那里，"王""霸"不只是两种不同的政治制度或行政方略，并且也是两种对立的价值形态。他几乎认定"王"是可能导向"仁政"的唯一方式，也只有"王"能行"仁政"，"霸"则是统治者一己私欲的体现，只可能是"仁政"的对立面。正因为这样，作为开启了"霸政"的管仲，孟子对他便完全是嗤黜的态度（参见《孟子·公孙丑》上下），对其行事也是相当的不屑。齐宣王问孟子："齐桓、晋文之事，可得闻乎？"孟子说："仲尼之徒，无道桓、文之事者，是以后世无传焉，"（《梁惠王上》）他区别"王道"与"霸道"，"以力假仁者霸，霸必有大国；以德行仁者王，王不待大"（《公孙丑下》）。"霸"是"以力服人"，但仅仅是"力"还不能服人,所以必假借"仁"以行其"力",即所谓"以力假仁"。"以力假仁"而行其"力",实质还是"以力服人",所以说"以力服人者,非心服也,力不赡也。"(同上)在孟子那里,仁义礼智之道德,具有绝对的、无上的崇高性,也是价值的绝对,"以力假仁"即是对于道德的误用,把道德用为功利的手段,本质上即是对于道德的亵渎,所以"五霸者,三王之罪人也。今之诸侯,五霸之罪人也"。"王""霸"因此就不只是两种不同的政治模式,更被转换为相互对立的两种政治价值指向。

到了汉代,董仲舒主张"正其谊不谋其利,明其道不计其功",因此他重复孟子的观点,说是"仲尼之门,五尺之童子,言羞称五伯,为其诈以成功,苟为而已也"(《春秋繁露·对胶西王越大夫不得为仁》)。但究实说来,不论是孟子的"仲尼之徒无道桓、文之事",还是董仲舒的"仲尼之门五尺童子言羞称五伯",显然不是事实!我们上面就引用了孔子与弟子们讨论管仲的话,孔子还讲过"齐桓公正而不谲"(《论语·宪问》),对其以"霸主"身份而行事的公正性,整体上还是肯定的。但正是孟子、董仲舒之后,管仲的历史形象基本"定型",成为一个处于"王道"对立面的、不顾道德而坚持"霸道",以"得禽多多"为价值判断标准的功利主义典范。只要出现"王霸"问题的争议,管仲一定会被拿出来批判一通。南宋时发生在朱熹与陈亮之间的所谓"三代汉唐之辨"，某种意义上也是"王霸之辨"在历史上所达到的高峰。

在传统儒学的价值结构之中，在"王""霸"对立的政治理念之内，关于管仲的评价大概永远都不会达成一致，其实这也正是管仲留给后代的"遗产"。按我个人的观点，管仲首先是一个具有深邃政治眼光而富有时代敏感性的人，他对其时代政治的变动显然富有深刻的洞察力，在他所处的时代，礼乐制度的趋于解体已经不可避免，而礼乐制度所体现的崇高的人道价值，以及诸夏文化共同体之共同价值信仰又是那么的令人向往，如何使它们得到接续与传递，在很大的程度上正是其时代所面临的重大任务。"霸政"的兴起，在这一意义上说，也是其时代趋势使然，管仲顺应了这一时代趋势并将之付诸实践而已。

后代的人们依据孟子、董仲舒所形成的叙述传统，认为管仲的"霸政"是"王政"的破坏者，甚或认为"霸政"起而"王政"熄，其实非也。客观地说，周幽王之后，西周"王政"体制即渐趋衰微，周平王东迁，实际已是"王纲解纽"。历史地看，我们甚至不妨说，管仲协助齐桓公成就其所谓霸业，实际上是以"霸政"这种新的政治形式，通过诸侯国的政治结盟或联合，使礼乐文明制度所内含的人道价值，以及诸夏作为文化共同体的共同价值信仰得到了重新彰显，窃以为这正是刘向所谓管仲在当时能"存亡国，继绝世，救中国，攘戎狄"的实际所指。在这一意义上，我认为管仲的"霸政"不仅不与"王政"相对立，并且实际上是"王政"之适宜于时代变迁的一种权宜形式，是"王政"之变，其最终目的仍然是要实现"王政"的政治使命与道德价值的。当然，我这里也必须说明，后代以秦制为代表的制度形式，是不同于管仲的"霸政"的，因为它们得以形成的政治理念与现实基础都并不相同。

令人遗憾的是，管仲虽然取得了经济改革的实效，实现了富国强兵而"霸诸侯"，但我认为他并未真正完成其改革的全部任务。他实现了齐国人民的"仓廪实""衣食足"，但还没有实现齐国人民的"知礼节""知荣辱"，更没有来得及重建礼义廉耻的"国之四维"。他作为礼乐制度之某种替代方案的"以法治国"，虽然行之有效，也没有真正成为齐国各政治阶层共同坚守的理念与信念。一个人的个体生命毕竟是有限的，管仲四十年的执政活动，事实上只完成了其改革整体规模的前半截，而没有实现后半截，也即是礼义廉耻的"四维"重建。正因为如此，后代人们对其事迹的传说，也只有上半截的如何富国强兵、如何"九合诸侯"，而在"王""霸"对立的思维及其价值判断之中，管仲也就成了"谋利计功"的功利主义典范。

坦率地说，任何时代的政治活动都不可能全然排除"功利"，因为富国富民从来都是作为政治活动的一项基本要求来考量的。管仲所谓"仓廪实则知礼节，衣食足则知荣辱"，如果认为"仓廪实""衣食足"能够自动地导向"知礼节""知荣辱"，显然是错误的，但如果说真正的"知礼节""知荣辱"须以"仓廪实""衣食足"为前提，则符合儒学的基本观点。孔子答复子贡"问政"，明确说"足食、足兵，民信之矣"（《论语·颜渊》），显然也以"足食足兵"为政治的基本任务，只不过孔子更为强调"民无信不立"，所以统治者必须取信于民，必须以道德的恪守来确保经济活动的真正有效性。政治既不可能全然排除"足食足兵"的"功利"活动，而必须以社会全体成员的共同富裕为其基本目的，那么认为政治只要"道德正确"而可以不顾现实"功利"的观点，显然是偏颇而不切实际的。但另一方面，政治活动又不能只是谋取"功利"的活动，而必须体现其道德性，在中国文化传统中，政治的道德性即是政治合法性的根据。统治者一方面必须以其自身的道德恪守来确保经济活动的有效性，通过利益分配来体现其无私的"大中至正"，还必须通过其自身的道德示范以及"教化"来实现全民道德，实现"大道之行也天下为公"的普遍秩序与和谐。

在这一意义上，管仲所提供的历史经验表明，政治活动中一切以物质利益的增进为目标的经济改革，都只是权宜而不是究竟，都是"变"而不是"常"，如果执"变"为"常"，便不可避免地将误入歧途。政治的"常"道，在中国文化传统中，即是"天下为公"的普遍实现。达

"变"而归"常",则是一切社会经济改革所应通达的道路。而在"归常"的过程当中，管仲当年的观点仍然足资借鉴："省刑罚，薄赋敛，则民富矣；乡建贤士，使教于国，则民有礼矣。出令不改，则民正矣。此爱民之道也。""宽政役，敬百姓，则国富而民安矣。"(《管子·小匡》)谁说这不能视为孔子"富民""教民""安民"思想的一种来源呢？

《清明上河图》（局部）北宋·张择端

《资治通鉴》与治世得失

张国刚

清华大学文科资深教授，人文学院历史系教授，曾任中国唐史学会会长、中国中外关系学会副会长。

主要研究中国古代史、中西文化交流史。著有《资治通鉴与家国兴衰》《中国学术史》《中国家庭史》等，；曾为中央机关『部长讲座』、国家部委以及高校EMBA主讲『国学智慧与领导韬略』等课程。

一、《资治通鉴》及其作者司马光

《资治通鉴》是北宋司马光主持编纂的一部编年体通史，该书以时间为经，事件为纬，接续《左传》（《左传》的记载截至公元前 403 年），记载了从公元前 403 年"三家分晋"到公元 959 年五代终结长达 1362 年的兴亡史。全书计 294 卷 300 多万字。编年体就是按照年代来编写的，如某年某月某日发生了什么事情，这种书编起来更不容易，因为容易写成流水账。但是《资治通鉴》读起来并没有这种感觉。它既有历史的发展脉络，对史实也交代得很清楚，这是司马光的高明之处。

司马光（1019—1086），祖籍山西运城夏县人，出生在河南光山县。他在给宋神宗赵顼的信中，谈到编写宗旨时说："删削冗长，举撮机要，专取关国家盛衰，系生民休戚，善可为法，恶可为戒者，为编年一书，使先后有伦，精粗不杂。"自司马迁《史记》、班固《汉书》以来，史书之文字繁多，布衣之士都无法遍读。何况人主日理万机，更无暇周览。司马光编纂《资治通鉴》就是考虑到人君政务繁忙，渴望了解历史知识又无法通览现有史书的需求，因此删繁撮要，以编年的方式，编纂一部内容条达、叙事清晰的简明通史；其内容与国家兴衰、民生休戚相关，其目的是借鉴历史上治理国家过程中兴衰成败的经验教训。宋神宗非常欣赏司马光编纂的这部史书，慨然为之作序。该书本名《通志》，神宗改赐佳名《资治通鉴》，取"鉴于往事，有资于治道"之意。

二、《通鉴》提供的历史经验

《通鉴》到底给我们提供了哪些历史经验呢？

司马光在这部书里面叙述了 22 个王朝的兴衰。第一个是东周，东周包括春秋和战国两部分，他是从战国开始写起。为什么从公元前 403 年开始写起？司马光有他的说法。秦汉是统一的王朝，中间包括一个短暂的新莽和东汉。除了西晋将近 50 年的统一以外，接着是魏晋南北朝，中国将近 300 年的分裂。司马光非常讲究正统。他认为南朝是正统，西晋完了以后就是东晋南朝，北边是五胡十六国，接着是隋唐五代十国。五代包括梁、唐、晋、汉、周。在司马光记载的 22 个王朝里面，秦汉和隋唐是中国最重要的两个大一统的王朝，秦短暂，接下来是汉；隋短暂，接下来是唐。一汉一唐让中国的文化、历史、疆域都奠定了良好的基础。宋以后的历史《资治通鉴》里没讲。可以说也是分久必合，合久必分。秦汉把春秋战国的乱象给统一了，秦是制度上统一，汉承秦制，各个方面都有发展。隋把魏晋南北朝将近300年的分裂统一了，但是隋很短暂，不过制度是隋朝建立的。唐进一步发展，将近300年的天下。五代十国都是分裂的，宋、辽、金、夏都是如此。元、明、清又是统一的，其中明、清各有260年左右的历史。中国历史确实是在这样一个循环方式下进行的，但是每一次分裂都有更高一级的统一国家出现。

司马光总结出什么经验呢？他说领导是关键，人君是核心。他特别强调一个领导者的历史责任感、使命感。人君的才能、素质和品德对国家兴衰产生了重要影响。

司马光认为：人君要具备三条关键品质：仁、明、武。治国的关键三条是：用人、信赏、必罚。

但是，说到底是用人。"何谓人君之道一？曰：用人是也。"《通鉴》反复记载了历史上创业君臣用人上的成败得失。为什么强盛的秦朝和隋朝都二世而亡？《通鉴》突出了其用人上的严重错误。秦二世偏信赵高，"天下溃叛，不得闻也"；"隋炀帝偏信虞世基，而诸贼攻城剽邑，亦不得知也"。用人要赏罚分明："夫有功不赏，有罪不诛，虽尧、舜不能为治，况他人乎？"用人要充分信任人，敢于授权："疑则勿任，任则勿疑。"

下面就司马光分析的人才问题、决策问题和接班人问题，举几个例子进行讨论。这些问题的处理经验对今天仍有意义。

（一）人才问题

第一个问题，为什么是秦朝统一天下？

春秋五霸之一的秦穆公时期，秦国曾经很强大。秦穆公用百里奚的故事也脍炙人口。后来秦国内乱衰落。到战国时期，秦孝公变法，商鞅的改革使秦国真正走上了发展的道路。张仪、范雎等客卿帮助秦国纵横捭阖，扩大地盘。秦王嬴政时期，不堪被攻伐的韩国，派出水利工程师郑国行疲秦之计，最后被发现。郑国用修水渠的办法让秦国劳民伤财，没有精力去攻打六国了，嬴政想把他处死。郑国说，渠马上就修好了，这个渠非常有利于农业生产。秦王不仅没杀他，还命令他继续修渠，这个渠就叫郑国渠。但这件事提醒了秦国人，使秦国认为六国来的人才都是别有用心的，所以秦王政就下了逐客令，把六国人才都赶走了。李斯上疏，指明人才不能这样用。秦王政能听进去劝告，马上采纳了李斯的建议，"王乃召李斯，复其官，除逐客之令。李斯至骊邑而还。王卒用李斯之谋，阴遣辩士赍金玉游说诸侯，诸侯名士可下以财者厚遗结之，不肯者利剑刺之，离其君臣之计，然后使良将随其后，数年之中，卒兼天下"（《通鉴》卷六）。秦国还派遣辩士带着金银财宝到六国游说诸侯，对于诸侯名士可下以财者收买。如果有才之人不肯接受收买，就把他刺死，或者用离间计离间君臣关系。秦国的人才战略就是如此。数年之中，秦国统一了天下。

秦国在灭六国的时候，遭到六国的联合抵抗。公元前260年，长平之战秦国坑掉了赵国40多万降卒，引起东方六国的害怕。它们团结起来联合对付秦国，最后还真有效果。信陵君"窃符救赵"就是一个例子。信陵君是反秦最激烈、最成功的一个人。魏信陵君"窃符救赵"后，被任命为上将军，也就是做军事最高统帅。秦朝派人拿着钱去离间魏王与信陵君的关系。信陵君为了救赵国，把晋鄙杀了。晋鄙的家人到处游说，公子在外十几年，现在在位将军诸侯都听他的，天下都知道信陵君而不知道有魏王。秦王又总是派人给信陵君写贺信，问信陵君你当魏王没有。"魏王日闻其毁，不能不信，乃使人代信陵君将兵。信陵君自知再以毁废，乃谢病不朝，日夜以酒色自娱，凡四岁而卒。"（《通鉴》卷六）赵国的廉颇也是被秦国用这样的办法除掉的。最后六国没办法了，燕太子丹派荆轲去刺秦王，司马光非常不满意，做一个评论，"且夫为国家者，任官以才，立政以礼，怀民以仁，交邻以信。是以官得其人，政得其节，百姓怀其德，四邻亲其义。夫如是，则国家安如磐石，炽如焱火。触之者碎，犯之者焦，虽有强暴之国，尚何足畏哉！丹释此不为，顾以万乘之国，决匹夫之怒，逞盗贼之谋，功隳身戮，社稷为墟，不亦悲哉！"（《通鉴》卷七）

第二个问题，为什么刘邦赢了项羽？

1964年元旦过后不久，毛泽东在党的高级干部会议上谈到领导用人的问题，他就以刘邦和项羽为例。从公元前 206 年至前 202 年，刘、项之间大战 40 多场，小战 70 多次，刘邦从来没赢过。刘邦输到什么程度？他的父亲都被项羽抓走了。项羽问刘邦：你投降不投降，你不投降的话我就把你父亲给烹了。刘邦跟项羽耍赖说：咱们是结拜兄弟，我的父亲就是你的父亲，你把咱父亲烹了可别一个人吃了，给我留一杯。最后为什么刘邦当天子，项羽却自刎乌江？刘邦自己也曾经提出这个问题。他问"吾所以有天下者何？项氏之所以失天下者何？"当时群臣讲了各种理由。刘邦说你们只知其一不知其二。他讲了这样一段话："夫运筹帷幄之中，决胜千里之外，吾不如子房；填（镇）国家，抚百姓，给饷馈，不绝粮道，吾不如萧何；连百万之众，战必胜，攻必取，吾不如韩信。三者皆人杰，吾能用之，此吾所以取天下者也。项羽有一范增而不能用，此所以为我禽也。"（《资治通鉴》卷十一）刘邦有自知之明，一连讲了三个不如。但是他很清楚谁是人才，如何使用这些人才，所以他取得了天下。而项羽连个范增都不能用，所以败给了刘邦。所以领袖的基本素质之一是会用人。

项羽在被围困时冲出去杀了很多人，大呼"此天之亡我，非战之罪也"。刘邦与韩信交流时说："丞相数言将军，将军何以教寡人计策？"信辞谢，因问王曰："今东乡争权天下，岂非项王耶？"韩信就问刘邦："大王自料，勇悍仁强孰与项王？"汉王默然良久，曰："不如也。"信再拜贺曰："惟信亦以为大王不如也。然臣尝事之，请言项王之为人也。项王喑噁叱咤，千人皆废，然不能任属贤将，此特匹夫之勇耳。项王见人恭敬慈爱，言语呕呕，人有疾病，涕泣分食饮，至使人有功当封爵者，印刓敝，忍不能予，此所谓妇人之仁也。项王虽霸天下而臣诸侯，不居关中而都彭城。有背义帝之约，而以亲爱王，诸侯不平。逐其故主而王其将相，又迁逐义帝置江南；所过无不残灭，百姓不亲附，特劫于威强耳。名虽为霸，实失天下心，故其强易弱。"韩信分析了勇悍、仁慈、强大，刘邦与项王谁更高一筹？刘邦默然良久，承认均不如项羽。但是韩信分析了"项王是匹夫之勇，妇人之仁"。什么叫匹夫之勇，妇人之仁？项王见人恭敬慈爱，言语呕呕，人有疾病把吃的喝的分给别人。但是如有臣下有功当封爵者，官印都已经做好了他舍不得给别人，所以是妇人之仁。放逐义帝，失天下之心。他放逐义帝，在政治和道义上失分，任人唯亲，不能团结诸侯，火烧阿房宫，残暴不仁。韩信分析了项羽这三个弱点。所以讲政治主要是讲人心。西汉学者扬子说："天曷故焉！"项羽失败，天有什么责任？司马温公说"何预天事"，跟天有什么关系？所以项羽死时都不知道他怎么败的。刘邦很清楚赢在人才上。

汉武帝在为政用人方面也有非常清醒的认识。汉武帝当了50多年皇帝，真正让中国走上了制度建设。从制度建设，到疆域的拓展都是汉武帝的功劳。所以毛泽东说"秦皇汉武唐宗宋祖"是有道理的。汉武帝敢于使用各种人才。他在文化上独尊儒术。军事上的人才有卫青、霍去病。卫青是一个家奴出身，霍去病去世的时候才20多岁。外交人才有张骞，科技人才有赵过，托孤的霍光也是人才。汉武帝曾有这样一段话，也是《资治通鉴》留给我们的。他说："盖有非常之功，必待非常之人。故马或奔踶而致千里，士或有负俗之累而立功名。夫泛驾之马，跅弛之士，亦在御之而已。"（《通鉴》卷二十一）对汉武帝的用人，司马光评论说："天下信未尝无士也！武帝好四夷之功，而勇锐轻死之士充满朝廷，辟土广地，无不如意。及后息民重农，而赵过之俦教民耕耘，民亦被其利。此一君之身趣好殊别，而士辄应之，诚使武帝兼三王之量以兴商、周之治，其无三代之臣乎！"（《通鉴》卷二十二）上有什么样的政策，下就会出现什么样的人才。武帝好仁治，自然会有伊尹、周公之辈应命而生出来辅佐；武帝好长生不老，方士因此而进，因而有巫蛊之祸。司马光最后归结到还是领导。

　　唐太宗在用人方面也是很有见地。他主张：用人如器，各取所长。"上令封德彝举贤，久无所举。上诘之，对曰：非不尽心，但于今未有奇才耳。上曰：君子用人如器，各取所长，古之致治者，岂借才于异代乎？正患己不能知，安可诬一世之人！德彝惭而退。"（《通鉴》卷一百九十二贞观元年）唐太宗让封德彝推荐人才，好长时间都没有人被推荐，唐太宗问他为什么。封德彝回答说：不是我不尽心，而是看见的都是普通人，没什么奇才异士。

唐太宗很生气，说君子用人就像工匠用锤子、剪刀，都是各取所长，古代得天下大治，我也不能到古代去借人才，是你自己不知道怎么能诬当今之世没有人才？《贞观政要》也说：用人如器。唐太宗强调用人关键是用其所长，容人之短。

（二）决策问题

决策就是此前提到的判断力、决断力。《资治通鉴》记载，有一次唐太宗跟大臣讨论隋文帝。唐太宗问房玄龄、萧瑀："隋文帝何如主也？"对曰："文帝勤于为治，每临朝，或至日昃，五品已上，引坐论事，卫士传餐而食；虽性非仁厚，亦励精之主也。"唐太宗问房玄龄隋文帝是个怎样的领导。房玄龄等回答说，文帝勤勉努力，每天工作到很晚，算是个励精图治之主。唐太宗对这个回答很不满意，说你们只知其一不知其二。唐太宗指出文帝的几点错误：第一，文帝性格多疑，"事皆自决，不任群臣。天下至广，一日万机，虽复劳神苦形，岂能一一中理！"第二，群臣既知其刚愎自用，都唯唯诺诺，虽有错误，莫敢谏争，"此所以二世而亡也"。唐太宗说，我就不是这样的，"朕则不然。择天下贤才，置之百官，使思天下之事，关由宰相，审熟便安，然后奏闻。有功则赏，有罪则刑，谁敢不竭心力以修职业，何忧天下之不治乎！"唐太宗的意思很清楚，用好人才然后让大家各司其职，用激励和赏罚分明的制度来驾驭他们。他拥有杰出的领导才能。

唐太宗说："朕少好弓矢，得良弓十数，自谓无以加，近以示弓工，乃曰皆非良材。朕问其故，工曰：木心不直，则脉理皆邪，弓虽劲而发矢不直。朕始悟向者辨之未精也。朕以弓矢定四方，识之犹未能尽，况天下之务，其能遍知乎！"（《通鉴》卷一百九二贞观元年）唐太宗从小喜欢弓箭，是骑马射箭打天下的。他的家庭也有很好的射箭传统。唐太宗说："我有很多自以为好的弓箭。当我问工匠我收藏的弓箭如何时，工匠说你的弓箭木心不直，纹理是斜的，纹理斜弓虽刚劲但发出的箭就不直了。我是靠弓箭打天下定四方的，但是我对弓箭还是看不准，所以我不能什么都管。"唐太宗有很强的反省能力，能从日常生活的小事中有所领悟。唐太宗设置了皇帝接待日，五品以上的官员均能受到接待。

司马光讲到用人，强调的是领导能力。什么是领导能力？领导能力就是用人做事的能力。所谓"贤主劳于求贤，而逸于治事"。高明的领导者（所谓贤主）是教练员不是运动员，是用人之人不是做事之人，追求组织绩效不是个人绩效，提升领导能力不是业务能力，创造环境、提供服务不是直接创造效益。反面的教材如晚年的诸葛亮，"夙兴夜寐，罚二十以上，皆亲览焉"。处罚二十鞭子以上的案子，诸葛亮都要亲自审批。古人的刑罚分笞、杖、徒、流、死。抽鞭子是最轻的刑罚。主簿杨颙就劝诸葛亮："流汗终日，不亦劳乎！"诸葛亮说："吾非不知，但受先帝托孤之重，唯恐他人不似我尽心也。"他认为先帝刘备托孤给他，责任重大，所以他事必躬亲。最后什么结果？二世而亡。秦始皇也是二世而亡。秦始皇也是很勤勉的皇帝。《史记》记载，秦始皇每天处理120石的公文，其重量相当于今天480斤。结果秦始皇50岁就驾崩了。隋文帝每天也是非常忙碌，结果国家也是二世而亡。为何皇帝勤勉而国家二世而亡？因为领导有领导的职责。基层干部要会做事，勤勉业绩，能够执行上面的意图，在细节上下功夫。中层干部要做人，善协调，把上面的意图变成具体的方案，出效率。高层领导要有胆识，学会超脱，追求做事的价值。

西方"管理学之父"泰勒的《科学管理原则》奠定了西方管理学的基础。他提出了"例外原则"。什么叫例外原则？高层领导日常事务不要管，让别人去做。领导要管理例外的事情，如重大的人事布局和方向性的决策。所以唐太宗常讲"无为而治"，与泰勒的例外原则有异曲同工之妙。什么叫"无为而治"？唐太宗对房玄龄说：治国之要，在于量才授职，精简官员，"使得各当所任，则无为而治矣"（《贞观政要》择官第七）。领导者要"审时度势，运筹帷幄"，提升驾驭全局的能力，把权力授予信任的人，这样才能做到仁、明、武。秦始皇、隋文帝、诸葛亮在领导艺术上都出了问题，他们管了本该下属做的具体事情，结果越忙越糟。这是很值得我们借鉴的。如果一个高层领导，每天手机关不了忙忙乎乎的，那肯定是不行的。韩非子也有类似的表述。他说："下君，尽己之能。中君，尽人之力。上君，尽人之智。"领导要学会使用别人的脑袋。高层领导是上君，做好决策的事情就行了。我们古代在治国安邦方面有非常丰富的经验。在世界上从来没有一个民族国家，在这么悠久的历史下，在如此广袤的土地上，在落后的通信交通情况下，能够保持国家的长期治理和繁荣发展。其间的治国安邦的历史经验确实应该好好总结和借鉴。

《资治通鉴》卷一百九十八特别记载了唐太宗的领导经验。他说："朕所以能及此者，止由五事耳。自古帝王多疾胜己者，朕见人之善，若己有之。人之行能，不能兼备，朕常弃其所短，取其所长。人主往往进贤则欲寘诸怀，退不肖则欲推诸壑，朕见贤者则敬之，不肖者则怜之，贤不肖各得其所。人主多恶正直，阴诛显戮，无代无之，朕践阼以来，正直之士，比肩于朝，未尝黜责一人。自古皆贵中华，贱夷、狄，朕独爱之如一，故其种落皆依朕如父母。此五者,朕所以成今日之功也。"(《通鉴》卷一百九十八贞观二十一年五月）唐太宗说：我之所以能打天下就是因为这五件事。用现代语言归纳就是：第一用比自己强的人，不搞武大郎开店。第二用人所长，弃其所短，这需要能识得真才，看人看基本点。第三要使这些人贤不肖各得其所。这需要具备用人艺术。什么人可用什么人可信，领导者都要心里有数。第四容忍耿直者顶撞，领导身边得有讲真话的人。唐太宗就能容魏征的谏诤。领导能够容忍下属讲真话需要有大修养。第五不管亲伪疏远一旦用之，爱之如一，"一把手"不搞小集团。魏征本来是过去要杀唐太宗的人，但是唐太宗一样地信任魏征。管仲是要杀齐桓公的，齐桓公依然用他来辅佐自己。领导者要有这样的修养境界。

（三）接班人问题

接班人的问题，司马光在《资治通鉴》里不便直接讲。中国历史上很多的政变、动乱都与接班人问题有很大的关系。古代汉族皇室挑接班人一般是嫡长子，但是这个制度带来一系列的问题。秦二世政变夺权，西汉惠帝死后吕后就掌权了。唐太宗也是通过政变上台的。宋、明、清均有在接班人问题上出现政变、动乱的情况。司马光在接班人问题上给我们留下了很多的思考。他对这个问题的阐述主要是在道德层面上，因为他无法从制度层面上解决这个问题。

立嫡长子为接班人有两个问题：第一，嫡长子无论是傻瓜还是有贤能的人都要立，其目的是避免争斗。嫡长子如果没有贤能，就通过宰相制度来补救。宰相可以选任贤人。但实际操作中往往达不到这样的效果。第二，太子的地位很尴尬。太子就是等着皇帝死后接班，皇帝当然不舒服。皇帝和太子是一种利益关系，所以关系一般都很难处好。太子一般都会建立太子集团。隋文帝最后连上厕所都要人护卫，担心太子加害他。

古代设立谏官制度来纠偏。谏官制度主要是从唐太宗、武则天时期专门设立的。这个制度过去也有，但是如此系统地设立是自唐太宗时期开始。谏官就是专门给"一把手"提意见的。魏征为什么敢给唐太宗提意见？因为他的工作就是给"一把手"提意见。所以谏官制度我觉得可以借鉴。古今不一样，但是古人的优秀治理经验今天仍有借鉴意义。谏官制度有它非常明显的意义。但是宋代谏官制度变味了，宋代谏官专门是用来对付宰相的，这就与唐朝不一样。

三、小结：读史使人明智

王夫之《读通鉴论》卷末《叙论四》说，所谓"资治"，不能仅是知道什么是"治"、什么是"乱"就可以了，而要"所以为力行求治之资也"。"鉴"如人照镜，"可就正焉"。而读者于历代兴亡、人之贤否之中，"可以自淑，可以诲人，可以知道而乐，故曰通也"。读的人不仅要知道"治乱"是什么，而且要知道何以治、何以乱的道理，努力在治国实践中去取资和借鉴。

《步辇图》（局部）唐·阎立本

贞观之治的当代启示

孟宪实

中国人民大学历史学院教授，博士生导师。

专业方向为隋唐历史、敦煌吐鲁番学。出版《汉唐文化与高昌历史》《敦煌民间结社研究》《出土文献与中古史研究》等专著。曾为中央电视台《百家讲坛》节目主讲人，录播《玄武门之变》《贞观之治》和《唐高宗的真相》等节目，曾参与编剧大型电视连续剧《贞观之治》。

一、引言：唐太宗贞观之治的历史成就

人类，古往今来，无不重视政治问题，因为政治是社会和谐、民众幸福的重要因素。但是，东西方讨论政治，往往各有侧重。柏拉图《理想国》、亚里士多德《政治学》都把政体当作核心的政治问题来讨论，到16世纪的意大利马基雅弗利《君主论》，还在呼唤强有力的君主诞生。君主制与共和制，在西方古代一直是一个纠缠不清的选择，所以思想家才会有条件各抒己见。

中国很早的时候就形成了政体上的共识，君主制在古代中国的各家各派中，众口一词，除了君主制几乎就没有其他选项。虽然有学者认为中国古代也有过城邦制的时代，但是即使所谓的"城邦制"，依然是君主体制。所以，古代中国，讨论政治问题，都是在君主制的前提下进行的，都是如何利用君主制度，把国家治理得更好。

我这么一说，你千万不要误解，以为古代西方毕竟比古代中国多一条选项，因此更有利。实际的情况是，古代西方严重不稳定，包括政治体制，所以造成太多的纷扰。共和制度比君主制度优越，这是近代之后的观念。

古代中国与西方比较，很明显是中国的体制更优越。

正因为如此，古代中国渐渐形成了独具特色的政治理论，如王道、霸道，就是中国语境中特有的政治思想。一般而言，王道的论述者以儒家为主，霸道政治的主张者以法家为主，到秦汉之后，二者合流，所以汉家法度，是王霸道杂之。通常情况下，乱世霸道为主，和平时期王道为主。

我们今天的课是贞观之治的当代启示，或者叫历史启示。通过贞观故事了解中国传统的王道政治。记载贞观之治最充分的书是《贞观政要》，这部书的主人公是唐太宗。唐太宗的故事，许多书都有记载，如《两唐书》《资治通鉴》这些史书，但记载唐太宗故事最多、影响最大的就是《贞观政要》。

一部书，一个人和一个时代的故事，我们要从中领略中国古人的政治智慧，这种政治智慧，集中代表的就是王道政治。王道政治，主要是儒家的政治理论，从前，有人认为，儒家的理论太过理想，很难实践。而我认为，唐太宗取得的成绩即贞观之治，就是儒家王道政治的一次成功实践。

贞观，是唐太宗的年号，只有 23 年的时间，公元627 年至 649 年。唐太宗到底取得哪些成就呢？为什么贞观之治至今为人称道呢？说到底，还是唐太宗的政治成就大，影响深远。具体而言，唐太宗的贞观之治，取得了如下几个方面成就：

1. 贞观时代创造了君主制度背景下的高度政治文明

哪一个时代都有自己的文明，即使在皇帝制度的时代，也有他的政治文明。可是以往在我们的印象中，在小说、电视剧中，往往是朝堂之上、君臣之间，到处都是钩心斗角、尔虞我诈，以至于一部《二十四史》，大家都说那几乎就是残酷斗争的历史。以前我们就是这样看待历史的，历史也给了我们这样的印象。可是我今天要告诉大家的是，在贞观时代，我们看到的是另外一种景象，就是君臣关系十分和谐。君臣之间如同亲人，大家真是能够做到同心同德建设自己的国家，很多事情今天想来，以至于难以理解。因为君臣关系如何，不仅影响他们之间的问题，其实影响整个国家，对不对？在中央里面，最重要的决定国家命运的那些人中间他们之间的关系是好是坏，不仅涉及他们本人，也涉及这个国家，涉及全体人民。因为所有的政策、所有的制度就是他们制定的，如果他们钩心斗角，他们利欲熏心，不替人民着想，那么可想而知，他们能制定有利于国家社会发展的政策和制度吗？不可能。但是贞观君臣确实做到了，唐太宗一班君臣确实做到了同心同德建设国家。

2. 贞观的贡献就是创造了君主时代的社会和谐的典范

在唐朝以前，中国人一提到中国历史上最光辉的时期，就是上古三代尧舜禹的时期，那个时候社会如何先进、如何进步之类的。比如说路不拾遗、夜不闭户，社会的治安普遍好，社会的道德水准普遍高。但是从贞观时候开始这个情况变了，大家说有一个时代很好，叫作路不拾遗、夜不闭户，首先想到的不是尧舜禹，而是贞观。所以贞观时代，创造了社会和谐的典范，它真的成了后来的榜样。社会和谐的关键，本质上其实就是国家和老百姓的关系的问题。两个方面，国家和社会，谁是主要的矛盾方面，这是马克思主义哲学，就是谁是关键的，当时政府是关键的。所以唐朝唐太宗时代，在制定政策、制定制度、调整社会关系的时候，他们注意到百姓的存在。唐太宗说，为君之道必先存百姓。魏徵告诉唐太宗，唐太宗也念念不忘的是治理天下要以百姓之心为心，如此的政权，如此的中央政府，如果天天这么考虑问题，社会和谐当然是可以建设得很好。

3. 唐太宗君臣领导中国赢得了十分崇高的国际地位

在一个国家里，我们很关心自己国家的国际地位，每每中国地位有所提高，作为它的人民当然也是欢欣鼓舞的。但是近代以后，中国的国际地位真的就是每况愈下，直到新中国成立以后，才不断提高，特别是改革开放40多年来，中国的国际地位节节攀升、越来越高。

唐朝从贞观开始，唐朝的每一届皇帝，除了他是中国的皇帝以外，另有一个称号叫"天可汗"。贞观四年，西北各国的国君联合起来共同上尊号给唐太宗，就叫"天可汗"。从此以后，唐太宗不仅是中国的皇帝，也是一定国际范围内的天下共主。唐太宗刻了一方印，就叫"天可汗之印"，向国外派使者、发国书的时候就盖上这方印，各国的国君拿到盖有这个印玺的信件，那就要像对待上方的指示一样认真照办执行。

我们以上讲的三个方面，中央内部的团结、国内的团结，然后是国际地位。这不是随便讲的，这里有一个因果递进的关系。首先统治集团内部，它的观念、人事关系，这是最重要的，然后它能够正确理解国家之间的问题，建设好这个社会。只有强大的、和谐的国家，才会赢得国际地位。

儒家讲究的政治原则就是由内及外，由此及彼的。儒家不讲究对国际的影响吗？讲。它追求的是自然而然的影响，反对力不能及的争取。不知道大家对此是否有同感。一个国家的国际地位当然很重要，但是它应该怎么样地取得呢？应该实至名归，当实力到达那里以后，自然就有了那样的影响、有了那样的名誉。这种名誉不可以过分追求，尤其是费了很多的劲，为了追求这样的一个国际评价，那是十分得不偿失的。有时候，我们太渴望一个国际地位的提高，为了追求提高又不得其法，结果呢？还是难以获得。不是你的，抢也没有用。

贞观之治的这些成就，应该如何总结呢？我的结论就是王道政治的一次历史证明。那么，到底什么是王道政治？

二、以人为本，以德治国

王道政治的核心观念，我认为就是以人为本，以德治国。

什么叫以人为本呢？其实它是一个政治学的概念，以民为本最初的说法就是儒家的那本经典之书叫作《尚书》的，里面就讲到了"民为邦本"，老百姓是这个国家的根本。后来孔子、孟子都发展了这个学说，讲了更具体的内容。比如说孔子特别强调民信的重要性，"民不信，则国不立"。这个国家的合法性基础是什么？是人民对你的信任，这很重要。到孟子的时候，孟子说得更清楚了，叫作"得人心者得天下"。人心是什么心？人心就是民心。孟子继续说，国家政治生活的三要素即人民、国家和君主，这三者应该是一种怎样的排列呢？他说"民为贵，社稷次之，君为轻"，后来被人概括成"民贵君轻"思想。其实就是儒家的理论，在国家的三个基本要素中，老百姓、政府、国家的统治者，这三者之间，孰重孰轻这不是一个小问题，所以孟子的主张，人民最重要，所以民为贵。统治者、统治集团它是最次要的，所以它叫君为轻，中间的那个才是国家利益这些东西。以民为本，或者以人为本这不是一个罕见的概念，应该是中国人最熟悉的一个概念，就是因为李世民的关系。唐朝以后为了尊敬李世民，凡是碰到"民"的都改成"人"了，或者多数都改成"人"了，所以"以民为本"就改成"以人为本"，我们今天也这么叫。

那么，以人为本它首先是一个政治的概念，在早期儒家的含义中，就是一个政治的概念，说国家应该重视根本，什么是根本呢？人民。所以我说的以人为本，就是要围绕原始的意义上，民为邦本。有人说，儒家是一个说法很容易，伦理道德讲得太多，但属于不实用的一组理论，这是不对的。贞观之治从这个意义上说就可以这么认为，贞观之治正好是儒家人本主义政治的一次成功实践。

唐太宗是怎么做的呢？先说唐太宗是怎么说的。唐太宗说的一句话我们耳熟能详，说"君者，舟也，民者，水也，水则载舟，水则覆舟"。皇帝和老百姓的关系是一种相互支持的关系，否则水就可以打翻你这条船。他这么说的时候，总感觉有利用、有妥协的意思，为了利用老百姓，不得不对老百姓好。贞观六年，唐太宗对魏徵说："天子者，有道则人推而为主，无道则人弃而不用，诚可畏也。"（政体篇第七章）对于严重后果的恐怖，确实是统治者注意民众，约束自己行为的一个重要原因。但是，这仅仅是消极的表现。唐太宗还说一句话，这句话就在《贞观政要》开篇第一句。唐太宗说，"为君之道，必须先存百姓"。没有百姓的平安，怎么会有统治者的平安？这其实也是常识。接着，唐太宗说：如果过分盘剥百姓，犹如割股自食。一个人太饿了，挥刀把自己腿上的肉割下来吃，这会怎么样？就算把自己吃饱了，你也把自己杀掉了。这句话可以理解成过分盘剥百姓，形同自杀。这没有问题吧？所以唐太宗在认识上是非常明确的，他知道这个政权、这个国家，包括他这个皇帝，它的基础、它的根本在什么地方，就在老百姓那里。老百姓的问题解决不了，或者解决得不好，那就是皇帝的失职，他不仅这么说，而且也是这么做的。

有一次朝廷讨论如何去贼，就是解决刑事犯罪的问题，有的人就说解决刑事犯罪就要严刑峻法，加大打击力度，打得老百姓不敢动手了，一想到犯法就害怕，那就没人犯法，没人犯法就解决了。唐太宗不同意，他讲了一番话，说"人皆有廉耻之心"。这是人性的问题，人在群体中生活，人都有廉耻之心，一旦犯罪，这廉耻就没有了，做人就不成功了。可是我的百姓为什么还有人宁可不要廉耻也要去犯罪呢？唐太宗非常能够理解，唐太宗说一定是他的生活出了问题，有了衣食之忧，有了切肤之痛。他为什么生活出现这样的窘况呢？唐太宗继续分析，一个成年男子凭正当劳动养活他自己，养活一家老小应该不会成问题。为什么有人还是有问题？一定是国家盘剥过多，所以唐太宗说如何去贼，如何解决刑事犯罪问题，答案是从朕开始，从皇帝这儿开始解决问题，接下来他有了一整套的配套措施。

丙午，上与群臣论止盗。或请重法以禁之，

上哂之曰："民之所以为盗者，由赋繁役重，官吏贪求，饥寒切身，故不暇顾廉耻耳。朕当去奢省费，轻徭薄赋，选用廉吏，使民衣食有余，则自不为盗，安用重法邪！"自是数年之后，海内升平，路不拾遗，外户不闭，商旅野宿焉。上又尝谓侍臣曰："君依于国，国依于民。刻民以奉君，犹割肉以充腹，腹饱而身毙，君富而国亡。故人君之患，不自外来，常由身出。夫欲盛则费广，费广则赋重，赋重则民愁，民愁则国危，国危则君丧矣。朕常以此思之，故不敢纵欲也。"（《通鉴》武德九年十一月）

首先，唐太宗自己就说，要减少自己的用度，就是说节约一点，能不用的就不用，能少用的不多用。唐太宗是很节约的皇帝，长孙皇后也是很有名的节约的皇后，节约很重要，然后干什么？然后把李家皇族的爵位进行重新审定，确实有功劳的人保持爵位，功劳小的降低爵位，没有功劳的取消爵位。本来我们说，一人得道，鸡犬升天，一个人当皇帝，全家跟着借光这很正常，过去也是这么做的。但是唐太宗为了减轻百姓的经济负担，从他们家族开始，重新检讨他们是否合格，因为所有的爵位背后都是什么？都是很高的待遇，这些皇族取消这些待遇也没有问题，生活不会有问题，但是百姓的负担就重了。他建议重新排定爵位，减轻百姓的负担。

第二，精简国家机构。627年，贞观元年，房玄龄、杜如晦两个人亲自把这事儿办了。贞观元年，唐朝的国家机构进行了人员缩编，最后中央的官员剩下多少人？两种记载，一种记载是640人，一种记载是700人。唐朝贞观元年就算多的吧，整个中央政府的官员700人，太多了吧？太少了，少得我们无法理解。其实看看唐朝留下来的相关史书，比如说《唐六典》这本开元年间修的书，开元二十五年的时候，唐朝中央官员800多人，比贞观的时候已经增加了，但是按我们今天的理解，仍然不多。精简机构为了什么？减轻百姓负担，合并州县，把地方政府进行合并，为的是减少地方官员的人数，减少俸禄的提供。合并州县，唐朝一个县里面的官员有多少人？不超过20人。很少的，很多在县里面忙来忙去的，那都是老百姓，都是在那儿干活的，真正的国家官员很有限。政府人员少了，为的是什么？减轻财政压力、减轻百姓负担，唐太宗的目标是轻徭薄赋，藏富于民，只要做到藏富于民，不信天下治理不好。贞观四年，唐太宗这个目标达成了，连续几年农业大丰收，一个农业社会立刻就起来了，然后发动了一次战争，把北方对中国影响最大的东突厥给灭掉了，东突厥的颉利可汗投降了，唐朝的情况一下子翻身了。

唐太宗的这种治理办法在当时是有争论的，贞观之初有一场大争论，究竟能不能治理好天下，到底怎样才能治理好天下，两种观点斗争很激烈。一派观点就认为，现在天下治理不好，为什么治理不好？是人心不好，人心坏，现在老百姓不行了，尧舜禹时候的老百姓人心朴实，现在人心坏了。谁说的呢？一个中书省的长官封德彝，是一个老臣，他就坚持这种观点，他说能维持就不错了，因为人心不古，人心坏透了，没办法。魏徵就反对这种观点，魏徵代表另外一种思想路线。魏徵认为，古往今来，老百姓始终就是老百姓，今天的老百姓和尧舜禹时候的老百姓是一样的。如果说尧舜禹时候的老百姓是老百姓，后来越来越坏，那今天还有老百姓吗？我们所见之人都应该是妖魔鬼怪才对，哪有人呢？事实上，老百姓始终都是一样的。为什么历朝有治理得好，有治理得不好呢？责任就在统治者，政策好了，老百姓支持；政策不好，老百姓不支持。这很正常。所以关键是统治者要负起责任来，魏徵的这种主张叫以德治国。以德治国就是儒家的一个基本治国路线，它要求统治者自己要率先垂范，自己要成为榜样，这就是儒家说的，孔子说的政治是什么？政治就是正确，"政者，正也，其身正，不令自行，其身不正，虽令不行"。统治者自己做得好，不用命令，老百姓都会跟着你走的，要是自己做得不像样，就是发出命令，也没有人理你。这就是孔子的主张。

　　贞观七年，太宗与秘书监魏徵从容论自古理政得失，因曰："当今大乱之后，造次不可致理。"徵曰："不然。凡人在危困则忧死亡，忧死亡则思理，思理则易教。然则乱后易教，犹饥人易食也。"太宗曰："善人为邦百年，然后胜残去杀。大乱之后，将求致理，宁可造次而望乎？"徵曰："此据常人，不在圣哲。若圣哲施化，上下同心，人应如响，不疾而速，期月而可，信不为难，三年成功，犹谓其晚。"太宗以为然。封德彝等对曰："三代以后，人渐浇讹，故秦任法律，汉杂霸道，皆欲理而不能，岂能理而不欲？若信魏徵所说，恐败乱国家。"徵曰："五帝、三王，不易人而理。行帝道则帝，行王道则王，在于当时所理，化之而已。考之载籍，可得而知。昔黄帝与蚩尤七十余战，其乱甚矣，既胜之后，便致太平。九黎乱德，颛顼征之，既克之后，不失其理。桀为乱虐，而汤放之，在汤之代，即致太平。纣为无道，武王伐之，成王之代，亦致太平。若言人渐浇讹，不及纯朴，至今应悉为鬼魅，宁可复得而教化耶？"德彝等无以难之，然咸以为不可。太宗每力行不倦，数年间，海内康宁，突厥破灭，因谓群臣曰："贞观初，人皆异论，云当今必不可行帝道、王道，惟魏徵劝我。既从其言，不过数载，遂得华夏安宁，远戎宾服。突厥自古以来，常为中国勍敌，今酋长并带刀宿卫，部落皆袭衣冠。使我遂至于此，皆魏徵之力也。"顾谓徵曰："玉虽有美质，在于石间，不值良工琢磨，与瓦砾不别。若遇良工，即为万代之宝。朕虽无美质，为公所切磋，劳公约朕以仁义，弘朕以道德，使朕功业至此，公亦足为良工尔。"（《贞观政要》政体篇第九章）

古往今来都有这样的问题，这叫两条路线的斗争。在唐初这叫什么呢？这叫王道政治和霸道政治的争论。霸道讲究什么呢？以力服人。王道是怎么样呢？王道要以德服人，以理服人，这就不一样了。古代没有我们今天这种治国理念，在中国的范围内，那就是霸道政治还是王道政治的问题。唐太宗支持了魏徵，采取王道政治，所以贞观之治可以看作是王道政治的一次胜利。

王道最主要的一个表现是以德治国，统治者自己要做表率。停娶郑仁基女儿的事，就是一次很充分的证明。

贞观二年，隋通事舍人郑仁基女，年十六七，容色绝姝，当时莫及。文德皇后访求得之，请备嫔御。太宗乃聘为充华。诏书已出，策使未发。魏徵闻其已许嫁陆氏，方遽进而言曰："陛下为人父母，抚爱百姓，当忧其所忧，乐其所乐。自古有道之主，以百姓之心为心，故君处台榭，则欲民有栋宇之安；食膏粱，则欲民无饥寒之患；顾嫔御，则欲民有室家之欢。此人主之常道也。今郑氏之女，久已许人，陛下取之不疑，无所顾问，播之四海，岂为民父母之道乎？臣传闻虽或未的，然恐亏损圣德，情不敢隐。君举必书，所愿特留神虑。"太宗闻之大惊，手诏答之，深自克责，遂停策使，乃令女还旧夫。左仆射房玄龄、中书令温彦博、礼部尚书王珪、御史大夫韦挺等云："女适陆氏，无显然之状，大礼既行，不可中止。"又陆氏抗表云："某父康在日，与郑家往还，时相赠遗资财，初无婚姻交涉亲戚。"并云："外人不知，妄有此说。"大臣又劝进。太宗于是颇以为疑，问徵曰："群臣或顺旨，陆氏何为过尔分疏？"徵曰："以臣度之，其意可识，将以陛下同于太上皇。"太宗曰："何也？"徵曰："太上皇初平京城，得辛处俭妇，稍蒙宠遇。处俭时为太子舍人，太上皇闻之不悦，遂令出东宫为万年县，每怀战惧，常恐不全首领。陆爽以为陛下今虽容之，恐后阴加谴谪，所以反复自陈，意在于此，不足为怪。"太宗笑曰："外人意见，或当如此。然朕之所言，未能使人必信。"乃出敕曰："今闻郑氏之女，先已受人礼聘，前出文书之日，事不详审，此乃朕之不是，亦为有司之过。授充华者宜停。"时莫不称叹！（直谏篇第一章）

取信于民，不能出尔反尔。社会诚信的建立，是所有人的幸福的保障与基础，但是社会诚信的建立，政府是关键，领导人是关键。因为领导人代表政府，这是不用选举的、人所共知的常识。"自古有道之主，以百姓之心为心"，这是魏徵的观点，也是以德治国的主张之一。

以人为本，不仅是一个理念，不仅是一个口号，它要跟一系列的制度和政策相配合，它才能落到实处，否则它就是一个美丽的、虚幻的口号。唐太宗是这么说的，他也是这么做的。比如唐朝实行的是均田制，实际上就是唐朝的政府管理国家的土地非常严格，有一套相关的法律规定，就是土地管理法令。所有的人，即使土地是你自己私人所有，在唐朝法令都规定，不能私自买卖，买卖土地必须经过国家允许，必须经过国家这道手续，否则的话就是非法买卖。

唐朝的土地管理非常严格。比如有人不经过政府，私下订立契约，非法进行了土地买卖。被政府发现了，政府会怎么处置他们两个人呢？地归原主，钱没收充公。这么处理公平吗？两个人私下里买卖土地，卖的人，地又给他了，那个出钱的人地没捞着，钱被国家没收了。这合理吗？这就是很不合理的处置。这叫什么法律？这简直就是封建主义的法律，太不公平了。但是为什么要制定这样的法律呢？再继续研究下去，就知道为什么要这么处置。

其实这是一个很简单的道理，在私有土地制度的时代，绝大多数的人都是农民，土地对所有的人都重要，任何一个人不到万不得已，他是不会出卖自己的土地的。

有的时候宁可卖儿卖女也不能卖地。为什么？地是生产资料，是生存的一切基础，没了地就彻底完了。所以卖地的人都是迫不得已的，但是买地的人不一样，有钱人想办法多买地，有势力的人巧取豪夺，扩大土地。所有的土地买卖双方，一定是有一个人家里面遇到的灾难严重得不得了，他才会把自己的地卖掉。要同情地理解，唐朝的法律很明白这个道理，所以他知道这个土地买卖发生的前提，一定是有一个人家里面已经到了破产的边缘才会卖地，这是第一。

第二，西汉以后，中国的古代王朝几乎无一例外，最初因为土地发生了问题，逐步发展下去，直到最后倒台。西汉如此，东汉如此，其实唐朝后来也是如此，明朝都是如此，都是因为土地问题。土地最容易出现的问题就是两极分化，土地兼并，失去土地的农民日益增多，变为流民，流民生活无着，变成了起义军，最后由他们来推翻这个政权。所以不要以为刚才说的那条法令，是站在穷人的立场上，他是站在自己的立场上，因为这个世界上只要有人开始失去土地，这就是政治出现问题的开始。这种人越来越多，到无法控制的时候，这个国家就会出现严重的危机。所以唐朝的法令是希望在最初的时候控制住这个源头，不要让土地兼并问题成为严重的问题，其实它是保护自己的根本利益和朝廷的长远利益。

以人为本在多个层面上都存在意义，不仅保证国家的根本利益和长远利益，其实也要保证人的个性的、个别人的生存问题。在唐朝的时候，法律杀人是十分谨慎的，所有的地方可以发现杀人案件，但是没有权判人死刑的，在唐朝那么广袤的地盘上，只有一个人是可以宣布另一个人死刑的，那个人就是皇帝，唐朝所有的死刑犯，最后都是由皇帝宣布的。我们经常说人命关天，人命是重要的。但是这个人命关天的"人命"到底怎么样体现在制度上，是否有体现？这是标志。每年冬天的时候，唐太宗和唐朝的皇帝都有一个例行的工作，就是到大理寺的监狱里面去审判犯人。大理寺相当于最高法院，它有附属监狱，皇帝去审问犯人，太荒唐了吧，其实他也就像走过场一样，皇帝只审问死刑犯，其他罪行他不管。审问其实也是走过场，有关法官都已经审问完毕了，皇帝到那儿其实就是走走手续而已。其实就问一句话，"冤不冤"，犯人若回答"不冤"，完了，审判结束，到下面等死吧。犯人说冤，向皇帝喊冤，这有法律规定，那就要换一个法官重新审判这个案子。如果犯人怕死，他永远喊冤，你怎么办呢？连续换三个法官，他再喊冤也无法管了，活该。

请注意，有的人在唐太宗时代，当了一辈子的官都没机会面见圣上，但是死刑犯在唐朝是可以见着皇上的，而且能说上一句话，"不冤"。这个事有多重要呢？就是在制度的设计上要保证对人命这件事用最高级别的待遇，启动了最高级别的待遇，就是皇帝亲自过问。这个过程叫什么呢？叫录囚，这是皇帝必须做的一件工作。什么叫人命关天，这叫人命关天，由最高的人来过问你生命的事。所以在唐朝地方发生了死刑案件，人也抓住了，这样的事只能进行初步审理，不能最后定罪，定罪的要上报。

唐朝的法律还有规定，地方一旦发现了死刑案件除了极特殊的，比如说谋反案等政治案件以外，一般的刑事案件，死人的案件，不能随时随地向上报告。地方发生了这个案件，它只有报上去，人在押，报上去说杀才能执行这么一个程序。但是，唐朝同时又有规定，地方发生了这种案件不能随时随地上报，它有很多日子是忌讳的，不准许你上报的。有一些日子是很喜庆的日子，那就不能上报死刑案件，这是太煞风景了。比如说皇帝过生日不能上报，皇太后过生日这也不能上报，如果有太上皇的时候也是一样。国家法定假日的时候，地方不得上报死刑案件。春天的时候通常是不能报的，因为春天万物萌生，夏天也不许报，万物生长。秋后可以报，但是以下的日子也不能报：每个月的第一天不能报，中间那天不能报，朔望日不能报，二十四节气的那天不能报，黑天不能报，下雨天不能报，下雪天也不能报……总之是这样，如果地方政府发现了一个死刑案件，那案子就像烂到自己手里一样，得天天看着日历，数着时间，看到什么时候才能把这个案子报上去，报上去，这个案子才能结。为什么要这样呢？唐朝太不追求效率了，一个死刑案件要处理这么久？它是有原因的，原因是什么呢？

就是因为人命关天。在他等待的时候，等待上报的日子里，如果发生了以下若干情形之一，这个人的生命就可能有了转机。比如说在他等待的日子里，皇帝忽然生了一个孙子，一高兴，天下大赦，这个人是在赦免的范围内，就不用杀了。在等待的日子里，他的爷爷从79岁变成了80岁，变成了很老的老人，那么这个时候皇帝基本上都会曲赦他，不能伤了老人的心。如果他父亲，亲生父亲从69岁忽然变成了70岁，完全可以等待半年的。到70岁了，同样原理，皇帝也可能赦免他。在等待的日子里，他本来还有一个弟弟，忽然给撞死了，本来是哥俩，现在他成了哥儿一个人了，像这种情况，朝廷一般也不会杀他，不能让他们家没有了后代。总之，为什么要限制这种死刑的上报时间呢？其实就是给生命留下机会，万一发生这样的事情，生命就又有了机会，否则肯定就是杀人偿命的事。什么叫人命关天？这就叫人命关天，它有一系列的制度、相关制度配套执行。

唐朝及古代中国都是讲究以孝治天下，古人以孝治天下，不是白说的口号，是有相关的制度规定的。如果是老年人，70岁、80岁、90岁，他有几个档次，皇帝会定期、不定期地发布特殊命令，就是优待老人诏，比如说会赐衣服，60岁以上给什么样的衣服，70岁以上给什么样的衣服，80岁、90岁给什么样的衣服。有时候是赐杖，手杖，杖也有一个等级，年纪越大，级别越高，还有赐米，定期、不定期地给，这是一种制度。更重要的优待是什么呢？在唐朝成年的男丁，20岁以后的男子都要为国家服役，有一条规定，如果家有高龄老人，家有八十以上长者或者病情严重的长辈，你们家就可以有一个男丁不用给国家干活了，就是留在家里面伺候老人，那个叫侍丁。比如说有一个父亲80岁，那就可以留下一个男劳力不用给国家干活，就是在家养活老人。其实老人也不用天天时时刻刻在身边照顾，就是在家里干活，给自己干活。如果家有两个老人，就可以有两个侍丁，如果一个老人80岁那就可以两个侍丁，所以这是最优惠的。在唐朝所有的农民应该都是敬老的，老年人活得年纪越大越幸福，活得年纪越大，家里面受的优待越多。

所以我们说以人为本不是不好，在今天也不是没有意义，太有意义了。但是，关键是我们怎么样把这个美好的口号落实在我们的法律、我们的制度上，否则怎么做到，怎么建设好和谐社会？和谐社会关键就是政府，政府要懂得让利，让利于民，让百姓确实感到政府的仁德。

那么，唐太宗的政权、唐太宗的朝廷为什么能够做到这一点？很简单，非常简单。至少有一个非常明确的理由，那就是唐太宗这些人都参与了隋朝的灭亡，而隋朝是怎么灭亡的呢？也再简单不过了，我们有一个词叫"土崩瓦解"，正好可以形容、描述中国古代政权崩溃的两种方式。

一个是"土崩"的方式，一个是"瓦解"的方式。这个政权越来越不行了，慢慢就死掉了，这叫"瓦解"。

还有一个是看着好好的，一下子就灭亡了，这叫土崩。唐朝300年，最后也死掉了，那是瓦解的过程。隋朝呢？只经过两代皇帝，38年就灭亡了，那就是土崩，崩溃了。隋朝是怎么崩溃的？隋朝的政权是既富且强，我们说建立一个富强的国家，近代以来人民的心愿是建一个富强的国家，隋朝就是一个富强的国家，真的很富，真的很强。魏晋、南北朝以后，分裂这么多年，好几百年，好多人都想着统一，谁都完成不了，隋朝完成了，重新统一了中国。多富裕呢？就说一个事，到贞观的时候，唐太宗跟他的大臣在讨论一个问题，隋朝留下来的粮食还能吃多少年？有人说40年，有人说60年，总之在贞观的时候还在吃隋朝的粮食。隋朝这么富、这么强的一个政权怎么会灭亡呢？因为它两极分化，国富民穷，富的、强的是国家，政府确实是所有的仓库都是满的，而老百姓穷得一塌糊涂，一有风吹草动，民间普遍缺粮。民间没有储蓄，老百姓很容易破产，一破产就希望国家能够开仓放粮，但是政府死活就不想开仓放粮，于是老百姓就离开家，就寄居在仓库周围、粮仓的附近，你一开仓，我就就近可以拿到粮食，这条命就可能救下来。人越聚越多，都在粮仓周围，成千上万黑压压全是饥民，饥民遍地。而政府呢？就是不开仓，果然一片一片饿死。剩下的人怎么办？为了不饿死，英雄就会出现，领着大家登高一呼就把粮仓打下来，救了命。可是抢了政府的粮仓后果可想而知，所以就用粮食把自己武装起来，饥民抢了粮仓，变成了一支武装，跟政府继续战斗。

所有的隋末农民起义，各种各样的奇奇怪怪的故事都有，但是综合到一起就是两个字，就是粮食。粮食干什么，就是为了吃饱，就是为了救命。隋朝政府攒了那么多的粮食，它所实行的政策看起来好像就是为了饿死百姓，就是为了让自己灭亡。过去我们总是说不要用自己的资源去资助敌人，隋朝恰恰是这么干的，所以隋朝还没有吃完，仓库还没有用完，隋朝早就灭亡好多年了。这就是为什么唐太宗那帮人知道社会和谐的重要，为什么要轻徭薄赋、藏富于民，因为隋朝的教训太深刻了，太惊心动魄了。于是，以民为本的理念很容易就培养起来了。

三、克己纳谏，理性行政

贞观之治之所以取得，另外一个方面，就是克己纳谏。

如果说以民为本体现了唐太宗这个统治集团，对自己的统治，对国情的基本认识非常清晰、非常健全、非常理性的话，那么实际上唐太宗在执政过程中，能够克己纳谏也是作为一个政治家理性的一个体现。人再聪明，也不能覆盖全世界，因为世界万物的复杂性是无限的。所以设置皇帝一个人是不够的，要设立三公九卿来帮助皇帝，设立各级政府来扶助皇帝。政府的官员帮助皇帝出主意、想办法治理天下本来很正常，皇帝听从大臣的建议也很正常。在理论上这没有障碍。可是在实际的政治实践中，纳谏反而成为一个很严重的问题、很麻烦的问题。唐太宗的成功一个重要的原因就是他能够做到克己纳谏，这已经被古往今来的历代的政治家所肯定。纳谏为什么说起来容易，做起来难呢？因为涉及两个根本性的问题。

第一，纳谏涉及人性问题。人在群体中都渴望成功，讨厌失败，希望被表扬，不喜欢被批评，人皆如此，不分民族、种族，男女老幼，都一样，这是人的社会属性问题。皇帝也是人，他在这个群体中也希望被表扬，对不对？所以大臣批评皇上就涉及皇帝的荣誉感，涉及他的自我认识，涉及种种方面的问题，不愿意接受，人性有弱点。

第二，权力的弱点。权力是一个系统，它总是从上而下地运行，上级批评下级，批评错了没有关系，但是下级批评上级，进谏就有点难。因为这跟权力平时运作的方向相反，是由下往上的，所以领导很难接受来自下级的批评。你要给领导提意见，他先跟你比谁的级别高，谁是真正的处长，你说了算还是我说了算，这样很麻烦。

那唐太宗为什么就能做得好呢？大概有几方面的原因。第一，唐太宗求治心切。他知道这是好办法，多听大家的意见把国家治理好。为什么他求治心切呢？因为玄武门事件是唐太宗的心理阴影，是他历史上犯的最严重的错误，无论是法律上还是道德上，那都是无法站得住脚的。唐太宗很希望后人对他的评价能够更倾向于好一点。怎么好呢？只好把国家治理得更好，所以唐太宗比别人都勤奋。第二，唐太宗在玄武门政变之前已经是一个成功的领袖，秦王府多厉害，征服天下，所向披靡，所以他不会因为别人对他提意见，他就觉得自己被干掉了，他有充分的自信力，因为他已经是一个成功的领袖了。提意见就怕给那些没有自信心的领导提，他本来就没有自信心，你又给他提了一个意见，他怕你的意见把他给毁了。正是因为这样，唐太宗在接受批评的时候，有的时候做得特别好，特别地到位。比如说"闻谏则喜"，特别高兴，打心眼里高兴。好几天没有人提意见了，很奇怪，他要动员人家提意见。他甚至这么说：什么是人才？人才就是能提意见的，能够言人所未言、见人所未见的，那才叫人才。

在唐太宗的大臣中提意见最多、最猛、最狠的大概就是魏徵，魏徵简直就像跟唐太宗对着干一样。魏徵这个人确实有水平，能够言人所未言，见人所未见。别人看不明白的事，他看得清楚，别人说不明白的话，他能说得很清楚，这是水平。另外也很忠心耿耿，其实我想讲的第三点最重要。

魏徵他之所以提意见是跟他的岗位有关系，他那个工作岗位就是一个提意见的岗位。他好多意见实际上是职务行为，涉及唐朝的制度安排，制度在设计的时候就有这种专门的岗位，专门提意见。魏徵最初做的官叫谏官。

谏官，顾名思义，朝廷有一批这样的人，级别不是最高，就是五品左右，权力不大。但是就是提意见，专门提意见，什么具体的事都不负责，但什么事都有权过问。魏徵一开始就是谏议大夫，就是提意见的谏官，后来魏徵官提拔了，到门下省当长官。门下省是一个什么机构，唐朝是三省制度，中书省、尚书省、门下省。尚书省相当于我们的国务院，是一个行政主管部门，尚书省负责管吏、户、礼、兵、刑、工六个部，那就是一个政府的行政中枢。但是决策听谁的？决策是由中书省来做的，中书省跟皇帝商量以后，皇帝有最新的指示，都由中书省来讨论，负责形成文件，这叫草拟诏敕。因为唐朝是皇帝制度，所有重要的国家决定都以皇帝的名义发布，那么，草诏，起草诏书的这个地方就是中书省。中书省是最大的、最机密的一个机构。因为还没有决定，还没有颁发，他们已经在讨论了，中书省很重要。中书省形成的文件就是诏敕，它不能直接发放给尚书省去执行，它必须经由门下省的批准。门下省厉害了，它不参加最初的起草，但是它要审核通过，魏徵所在的门下省就是这么一个机构，那等于就是皇帝新做的决定，到魏徵这儿来审批，魏徵批了，签字发到尚书省去执行，如果魏徵他们门下省不同意，就写出反对意见，驳回中书省，中书省要重新讨论，重新考虑。你看，魏徵的单位不就是一个专门提意见的吗？

贞观元年就发生了一件事。封德彝，中书省的中书令，他发现了一个问题，就是全国当兵的人太少，这就是所谓的兵源不足。站岗放哨的人不够，那怎么办呢？该当兵的都当了，所以封德彝跟唐太宗商量，唐太宗说你有什么办法？说只有扩大兵源一条路可走了。那就做计划了，封德彝有了皇帝的指示就开始做了。20岁在唐朝才开始成丁，20岁以上就成年了，还有16岁到20岁这中间叫中丁，就是半拉子劳动力。中书省于是做了一个新的规定，说中男也可以入伍当兵。中书省发文件到门下省，魏徵他们一看，这岂有此理，法律规定明明是20岁才能当兵，现在一下子就缩小到16岁就可以当兵，这不是违法吗？这不对，写反对意见，驳回。中书省重新讨论，说魏徵他们反对，门下省不通过，那就说缩小点范围，18岁以上中男，18岁、19岁两岁的中男可以当兵，缩小了范围应该通过了吧？到门下省魏徵又不同意，再驳回。封德彝没有办法，向皇帝汇报，说门下省总是不通过，这个事儿做不成了。到这个时候，反复了几次的文件旅行，没完没了，这怎么行呢。于是唐太宗决定召开会议。唐朝的中央会议是个多层次的会议组织，可以说是一种分层决策体制。一个由六部部长和尚书省长官共同参加的会议，这个叫八座议事，就是尚书省的两个长官左右仆射加上吏、户、礼、兵、刑、工的六个部长。这是部长级会议，这是一个会议。他们解决不了的问题，要上报宰相，宰相会议。唐朝的宰相不是一个人，是一大群人，好多人都有宰相的头衔，都可以参加宰相的会议。宰相的会议在政事堂开,叫政事堂会议,这是更重要的决策层。宰相会议也解决不了的问题,再上报给皇帝,要皇帝亲自跟这些人一起开个会,那叫御前会议。御前会议一般是在两仪殿,在两仪殿召开这个会议。那么,现在分层决策,魏徵他们反对扩大兵源,唐太宗主持会议,这个会议就是一个辩论会,中书省代表一方,门下省是一方,皇帝主持人来仲裁。中书省他们申述理由,然后魏徵他们一条一条反驳,到最后皇帝做仲裁。

魏徵所代表的一方,最后赢得了皇帝的支持,取得了辩论的胜利。其实,魏徵就讲了两条意见。

第一,军队的事情,兵在精不在多。最重要的是精,要好好练兵,把这个兵练得精精壮壮的,关键时候才能发挥作用,而且魏徵还很会说话,他说陛下当年经常以少胜多,军队不在于人数多,关键在于精练。一下子就争取了皇帝的好感,因为这正好就是皇帝的个人经验。第二,魏徵说得更关键,说"竭泽而渔,非不得鱼,而明年无鱼"。作为一个国家要考虑得长远,不能眼前有事,就把所有的力量都用上,如果明年又发生了问题,所有的劳力都用在这个上面,怎么应付那个紧急的情况呢?要居安思危,考虑长远,不能竭泽而渔。唐太宗问中书省还有什么意见。大概已经感觉到了皇帝立场的变化,中书省立刻表示没有意见,魏徵说的有道理。唐太宗立刻拍板,这事不做了,也没发生什么问题,了不起就是兵源不足的问题。这给大家什么启示呢?唐朝门下省这个制度的设置，是很有道理的。他总是要保证一批人处于旁观者的位置上，让他们保持清醒，虽然不参加这个制度的制定，但是可以审查，审查的时候，根据原则可以提出不同的意见，这就是制度的理性。皇帝、中书省、门下省、尚书省构成了一个很有机的、合理的配置，它在决策的过程中，这种充分的讨论看起来耽误了一点时间，但是决策过程中通过讨论、辩论的方式，把许多隐藏的问题发掘出来，于是有些问题在决策过程中就解决了。就此而言，对于国家、对于社会当然好处太多了。所以说这是理性决策和理性行政的一个重要一环。

当然，唐太宗也有人性的弱点。有的时候魏徵提的意见也太尖锐，皇帝也有很难受的时候。有一次唐太宗就找魏徵商量，说我对你一贯很不错，差不多是言听计从，你同意吧？魏徵同意。唐太宗说我今天跟你商量一件事，你看这样，咱们达成一个协议，以后朝廷满朝文武都在场，开那么大的会，我再说错什么话、作出了什么错误的举动，不要当众就指出来，给我留点面子，会后告诉我，我立刻照着办，咱们不要让错误真的去执行，也没有什么损失，对不对？你看皇帝也是挺耐心地进行说服工作，结果呢？魏徵就不同意，这是为什么？魏徵讲了一番道理，你看人家魏徵做一个政治家，他的觉悟在什么地方。

魏徵说，天下最光荣的事情，最重要的事情是什么呢？就是君臣坐而论道，共治天下。在这样的会议上应该人尽其言，畅所欲言，我看看你的脸，你看看我的脸，你想想我，我想想你，那就坏了，最光明正大的一件事，就被心里的阴暗和阴谋诡计取代了，那能解决好天下的问题吗？解决不了。魏徵说把握政治的高度，要把握一个环境、把握一个气氛，重要的不是谁的意见正确，而是言路畅通。最重要的不是善于对待正确意见，而是善于对待错误意见，这才叫纳谏。所以魏徵和唐太宗他们共同建设了一个君主时代的政治文明。决策过程中的理性非常重要。这说明，三省制的设计本身就体现了制度理性。

张蕴古之死

贞观五年，张蕴古为大理丞。相州人李好德素有风疾，言涉妖妄，诏令鞫其狱。蕴古言，"好德癫病有征，法不当坐。"太宗许将宽宥，蕴古密报其旨，仍引与博戏。持书侍御史权万纪劾奏之，太宗大怒，令斩于东市。既而悔之，谓房玄龄曰："公等食人之禄，须忧人之忧，事无巨细，咸当留意。今不问则不言，见事都不谏诤，何所辅弼？如蕴古身为法官，与囚博戏，漏泄朕言，此亦罪状甚重。若据常律，未至极刑。朕当时盛怒，即令处置，公等竟无一言，所司又不复奏，遂即决之，岂是道理。"因诏曰："凡有死刑，虽令即决，皆须五覆奏。"五覆奏，自蕴古始也。（《贞观政要》刑法第三十一）

　　贞观之治一般讲是从贞观四年开始的。朝廷、大臣、皇帝都有这样的理性，都想把国家治理得很好，他们在政策制定、法律调整、制度设计的时候都能处处体现这种理性，才会取得那么好的成绩，以至于在 1000 多年以后，我们今天想起来在某些地方也有点自叹不如的意思。但至少可以这么认识，唐朝的中国人能够做得如此，能够做得让我们感觉到钦佩，充分体现这种理性的精神。我们是他们的子孙后代，本来应该比他们更有优势才对，信息更多了，技术更发达了，我们有理由相信以后可以做得更好，这就是历史给我们最重要的启发：我们曾经有光荣的历史，对未来就应更有信心。

《斗茶图》（局部）元·赵孟頫

中国古代商业发展和经济政策的关系

李伯重

北京大学人文讲席教授、博士生导师；中国著名经济史学家，任清华大学、香港科技大学、哈佛大学等多家国内外名校客座教授。

著有《中国的早期近代经济》《江南农业的发展》《多视角看江南经济史》等专著。曾获北京哲学社会科学优秀科研成果奖、中国高校人文社会科学研究优秀成果奖等。

商业是经济活动中最重要的部门之一，商人也是中国职业群体中最重要的成分之一。那么，在历史上中国的商业是一种什么样的状况？历史上中国的商人又是怎样的一种状况？商人的活动与地位，在历史上发生了什么变化？这些变化与国家政策之间有什么关系？……如果我们对这些问题没有一个比较全面的了解，那么就不会对如今的商业活动有更为深刻的认识。

一、中国传统社会中的商业和商人

孔子说："必也正名乎！"要理解中国历史上的商业和商人，首先要澄清"商"的含义。《广雅》说："商，度也。"因此而推演出商略（估计）、商算（计算）、商度（测量）等意，后又引申为商议、商讨、商量之意，如《易·兑》说："商量裁判之谓也。"在古代的职业中，商人是与其他人进行商讨最多的一类人，因此也叫作商人。

"商业"这个词在秦汉时并不存在，司马迁将商业活动统称为"货殖"，在《史记·货殖列传》中，司马迁是把商业看作是社会分工中很重要的一个环节，说："待农而食之，虞而出之，工而成之，商而通之。"又说："《周书》说：'农不出则乏其食，工不出则乏其事，商不出则三宝绝，虞不出则财匮少。'财匮少而山泽不辟矣。此四者，民所衣食之原也。"诺贝尔经济学奖得主米尔顿·弗里德曼认为商业的本质就是盈利。19世纪的英国人登宁有一句名言："资本害怕没有利润或利润太少，就像自然界害怕真空一样。一旦有适当的利润，资本就胆大起来。如果有10%的利润，它就保证到处被使用；有20%的利润，它就活跃起来；有50%的利润，它就铤而走险；为了100%的利润，它就敢践踏一切人间法律；有300%的利润，它就敢犯任何罪行，甚至冒绞首的危险。如果动乱和纷争能带来利润，它就会鼓励动乱和纷争。走私和贩卖奴隶就是证明。"马克思引用过登宁的这段话，并说："商业到处对于各种已有的在它们不同形态上主要以使用价值为目标的生产组织，都多少发生分解的作用。对于旧生产方式它有多大的解体作用，首先是依存于旧生产方式的坚固性和内部结构。"

　　所谓商人，就是从事商品买卖的人。他们买卖的商品一般数量较大，可以从中获利。因此《现代汉语词典》对"商人"的解释是"贩卖商品从中获取利润的人"。中国古代把商人分为两种：行商和坐贾。行商是长途贩卖货物的商人，坐贾就是在本地开店贩卖的商人。中国古代的商人范围也较大，根据著名经济史学家李埏先生的研究，中国古代的商人包括四类人：一是专事商品交换的人；二是既从事商品生产，也从事商品交换的人；三是从事服务性行业致富的人；四是经营借贷的"子钱家"（高利贷者）。

古今中外，商人的职业特点是相同的，商人的本性就是求利，在对利润追求的驱动之下，商人常常唯利是图，不择手段地追求发财，因此，商人在古代的名声不佳。中国的儒家讲究"义利之辨"。孔子说："君子喻于义，小人喻于利。"又说："放于利而行，多怨。""子罕言利。"孟子强调一切行动要以"义"为准绳，他对梁惠王一再说："王何必说利，亦有仁义而已。"又说："苟为后义而先利，不夺不厌。"荀子说："为事利，争货财，……唯利之见，是贾盗之勇也。……义之所在，不倾于权，不顾其利，……重死而持义不挠，是士君子之勇也。"因此，义利之说，乃儒者第一义。可见，古代先贤都或多或少地对商人持否定态度。

二、从"末业"到"主业"：中国传统社会中商业的发展

"末业"，就是社会分工中最低下的行业。在中国传统社会中工商业被称为"末业"，农业则是"主业"。汉代司马迁的《史记·货殖列传》说："夫用贫求富，农不如工，工不如商；刺绣文不如倚市门，此言末业，贫者之资也。"北朝颜之推《颜氏家训·涉务》说："耕种之，

莜鉏之……凡几涉手而入仓廪，安可轻农事而贵末业哉？"唐代李翱的《疏改税法》说："由是豪家大商，皆多积钱以逐轻重，故农人日困，末业日增。"北宋司马光《赠都官郎中司马君墓志铭》说："君昼夜服勤，不遗馀力，专以稼穑畜牧致饶给，不事奇衺末业。"清世宗雍正皇帝也说："农为天下本务，而工贾皆其末也。"又说："平日留心劝导，使民知本业之贵。"这些，都表明了商业在中国传统社会中的地位。

关于历史上中国商业的发展演变，吴慧的《中国古代商业社会》一书把中国古代的商业划分成了五个时期：（1）萌芽之始，成长之初——远古至夏商西周的交换与商业；（2）第一次飞跃——春秋战国时期的商业；（3）发展的"马鞍形"——汉唐的商业；（4）新阶段的新面貌——宋元的商业；（5）"夕阳无限好"——明清（前期）的商业。这个说法，大体表现了中国商业的发展阶段。

市场是衡量商业繁荣程度的一项重要指标，也是商业活动的一项制度保障。在宋代以前，中国传统社会的市场主要是在城市里。宋代商业革命后，形成四级市场体系，此外，还有海外市场。

中国经济史学泰斗吴承明先生把中国传统社会的市场分为四级市场。

第一级是地方小市场。

这种市场上的交换，主要是小生产者之间的品种调剂，是属于自然经济范畴内的交换，这种市场并不是破坏自然经济，而是更加巩固了自给自足的自然经济。这种交换，虽采取商品形式，但是为买而卖，实际是使用价值的直接交换。在历史上，农村的集市，也称作草市、墟市、集墟，在东晋时已出现，但仅是个别现象。唐朝中期以后，农村商业发展，草市也较过去为盛。唐朝人杜牧《上李太尉论江贼书》说："凡江淮草市，尽近水际，富室大户，多居其间。"宋代的草市有了很大发展，甚至有固定的时间和地点，有日集、间日集（每隔数日举行一次的集市），陆游有诗说："今朝半醉归草市，指点青帘上酒楼。"

第二级是城市市场。

城市市场上，主要并不是生产者之间的商品交换，而是一种以政府和私人的货币收入为基础的交换，即贵族、官僚、士绅（以及他们的工匠、隶役、士兵、奴仆）用其收入来购买农民和手工业者的产品。而他们的收入，基本上是封建地租的转化形态，即农民的剩余产品。在这种交换中，农村流入城市的产品，尽管也经商人之手，但大半是单向流通，而没有回头货与之交换。这种流通大体包括三个内容：（1）政府征收的田赋和杂课；（2）城居地主引入城市的地租；（3）商业高利贷资本取自农村的利润或利息。人类历史上建设规划最规整的城市，一是中国唐朝的长安城，二是阿拉伯阿巴斯帝国的巴格达城。长安城的规划布局犹如棋盘，白居易《登观音台望城》说："百千家似围棋局，十二街如种菜畦。"元代人李好文《长安志图》说："棋布栉比，街衢绳直，自古帝京未之比也。"然而，这个拥有近百万人口的城市只有两个交易的场所：东市与西市。市场交易的时间也有着严格的限制，在夜晚实施宵禁。市场中，西域来的胡商占了很大的比重，贩卖的商品主要是奢侈品。但在宋代，情况就完全不同了，《清明上河图》就是北宋都城开封城市市场的呈现，商店、茶楼、酒肆比比皆是。这种情况在宋代之后继续发展，出现了商业城市或市镇，例如山东的临清、湖北汉口，清代时，景德镇、汉口、佛山、樟树被称为"天下四大镇"。这些城市都有大量的工商业从业者和繁荣的市场。

第三级是区域市场。

如通常"岭南""淮北"这些概念中的市场，以及多数省区范围内的市场。它们是由同一自然地理条件和共同生活习惯形成的，因此，区域市场内的流通，一般并不反映生产的地域分工或社会分工。这种区域市场，可视为农村自然经济的延伸，区域市场范围内的流通已不限于单一的经济单位，而至少是各单位间的商品交换，并作为自然经济的补充。尤其是一个区域内总包括一定的城镇，区域市场内的城乡交换，反映了一定的工农业产品的交换。宋代的区域市场也十分繁荣，英国的著名历史学家伊懋可（Mark Elvin）说："这些地方市场是全国性更高层次市场等级制的基础，连接着几乎整个中国的经济。宋代的中国有三个主要区域：（1）以开封为中心的华北地区；（2）以太湖南北两岸城市群为中心的中国南方；（3）以成都平原为中心的四川盆地。在宋代，以上三个区域内部各个地方之间的经济依赖都加强了。"到了清朝，形成了著名的九大经济区：华北、陕西、山西、长江上游、云贵、长江中游、长江下游、岭南、东南沿海。这些经济区内部，都有密切的经济联系，形成了以中心城市为核心的市场网络。

第四级是跨区域市场。

就是指地区之间的、长距离的贩运贸易（在欧洲就是国际贸易）。这种贸易也起源甚早，但在宋以前，主要是土特产品和奢侈品贸易。也可以说是地区分工，但这是纯由自然条件形成的。跨区域的长途贸易，所贸易的商品，汉代以盐、铁为代表，唐代以盐、茶为代表，宋代有盐、茶、粮食，明清种类更多，有盐、茶、粮食、丝绸、布、木材等等，因此明清时期行商大量崛起。据统计，清代中期跨地区贸易的大宗商品在全国产量中和全国贸易量中的比例分别为 7% 和 20%。1910 年以前中国农业产品贸易，大约有 20% 至 30% 的农业总产量进入地方贸易，5% 至 7% 进入长途贸易，1% 至 2% 进入国际贸易。但是如将所有进入长途贸易的商品合计，则总值应接近于贸易总值的 30% 至 40%。与之相比，1820 年美国农业的商品率约为 25%，1890 年日本农业商品率约为 20% 至 30%。1870 年美国农业商品率才超过 50%。因此，这一时期商业已深入中国社会，成为最重要的社会部门之一。

此外，中国的对外贸易也属于长途贸易。中国的国际贸易最典型的代表就是"丝绸之路"。"丝绸之路"东起中国长安，终点到达欧洲地中海，是连接东亚与欧洲的一条重要道路。从汉代到唐代，在这条商道上，中国主要出口丝和丝织品，进口玉石、珠宝、香料等，主要的贸易伙伴就是中亚和西亚的一些国家。可以看出，在这条商道上的商品贸易规模不大，可交易的商品也很局限，主要都是奢侈品交易。从宋元开始，海上贸易道路开辟，加之航海技术的发展，因此海外贸易的规模空前。这个时期中国主要出口丝织品、瓷器、铜钱、铁器和日常用品，进口香料（香药犀象）、铜等，主要的贸易伙伴中亚、东南亚诸国、印度、波斯、日本，海外贸易的变化甚至改变了西方对于中国的称呼，在古希腊文里把中国叫作 Seres（丝国），由于宋代以后大量的瓷器输出因而称中国为 China（瓷国）。明清时期，中国的海外贸易又发生了重大变化，明朝的主要贸易伙伴有日本、朝鲜、东南亚诸国、葡萄牙、西班牙、荷兰，其中以日本和葡萄牙最为重要。清朝的贸易伙伴继续扩大，除了传统的日本、朝鲜、东南亚诸国外，还有英国、美国、法国、俄罗斯，其中以英国最为重要。由于海外贸易的蓬勃发展，中国的商业在世界范围内取得了巨大的成功。

三、从"末流"入"主流"：中国传统社会中商人的成长

春秋战国时，民间商人兴起。商人因经营思想的不同而分成两种类型，一种是"良商""诚贾"，一种是"佞商（奸商）""贪贾"。前者不搞投机倒把、囤积居奇，"富好行其德"（范蠡），以经商为行"仁"术、知"取予"之道，薄利多销，货真价实，买卖公平，信誉卓著，受到人们的欢迎。后者则抬价压价，故意扩大供求矛盾，制造价格波动，为牟取暴利而不惜破坏农业生产，影响人民生活，其欺诈掠夺该受人民的憎恶。范蠡、白圭以后，商人中诚贾固然有，但越来越多的人争于机利，变成奸商。许多人是"长袖善舞，多钱善贾"，大发其财，上升为富商、大贾，与中小商人分属于两个阶级。尤其是富商大贾中的奸商发得更快，富得更易。商业的客观职能、积极作用，体现在富商大贾中的诚贾，中小商人和商业职工身上。至于奸商则坑农损民，扮演着反面的角色，商业应有的作用被扭曲。自由商人的这种分化和转化的过程在战国中期以来已很显著。

商人的祖师爷陶朱公范蠡有"商训"十二则，说："一、能识人。知人善恶，账目不负；二、能接纳。礼文相待，交往者众……"这其中皆言经商牟利之道，而忽视了对于商人商业活动的道德约束。及至唐代，元稹《估客乐》

描写唐朝商人说："估客无住著，有利身则行。出门求火伴，入户辞父兄。父兄相教示，求利莫求名。求名有所避，求利无不营。火伴相勒缚，卖假莫卖诚。交关但交假，本生得失轻。自兹相将去，誓死意不更。亦解市头语，便无邻里情。……求珠驾沧海，采玉上荆衡；北买党项马，西擒吐蕃鹦；炎州布火浣，蜀地锦织成；越婢脂肉滑，奚童眉眼明。"这是对商人逐利心态的形象写照。到了宋代，形势又发生了大变化。沈垚《落帆楼文集》卷二十四说："宋太祖乃尽收天下之利权归于官，于是士大夫始必兼农桑之业，方得赡家，一切与古异矣。仕者既与小民争利，未仕者又必先有农桑之业方得给朝夕，以专事进取，于是货殖之事益急，商贾之事益重。非父兄先营事业于前，子弟即无由读书以致身通显。是故古者四民分，后世四民不分。古者士之子恒为士，后世商之子方能为士。此宋、元、明以来变迁之大较也。天下之士多出于商，则纤啬之风益甚。然而睦渊任邮之风往往难见于士大夫，而转见于商贾，何也？则以天下之势偏重在商，凡豪杰有智略之人多出焉。其业则商贾也，其人则豪杰也。为豪杰则洞悉天下之物情，故能为人所不为，不忍人所忍。是故为士者转益纤啬，为商者转敦古谊。此又世道风俗之大较也。"宋代及以后"四民不分"，也就是说，士农工商已经没有明确的界线，大家都可以"跨界"追求利益，即如明代文人归有光所说："古者四民异业，至于后世而士与农商常相混。"在这种情况下，商人的地位也就不再低下。

另外，随着商人群体的崛起，商人的精神追求也开始凸显，与士大夫阶层的联系也显著增强。余英时先生说：中国的商人阶层早在春秋战国时代便已经出现在历史的舞台。秦汉以下，商人也一直都在社会上活跃。那么我们为什么要特别重视明清的商人呢？这主要是因为一方面商和士之间的互相流动开始变得非常密切了，而另一方面商人阶层又明确地形成了自己的意识形态。换句话说，商人在中国的社会价值系统中正式地上升了。士、农、工、商的传统秩序渐渐转变为士、商、农、工的新秩序了。更值得注意的是：十五六世纪以来，许多"士"竟成为"商"的代言人；所谓商人的意识形态其实是通过"士"的笔或舌而建立起来的。甚至像王阳明这样的大哲学家、像李梦阳这样的大文学家也开始给商人写墓志铭，并且说"四民异业而同道"或"士商异术而同心"了。如果我们继续保留商人"士大夫化"的概念。那么我们也必须增加另一个概念，即士大夫的"商人化"。这在明清语言中本是同时出现的，即"贾而士行"和"士而贾行"（或"商而士"和"士而商"）。但是应该指出，明清时代流行的这一对概念还不免带有道德判断的意味。"贾而士行"是褒词，"士而贾行"则是贬义了。

今天我们无论说商人"士大夫化"或士大夫"商人化"都只限于客观描述，在道德上是完全中立的。上面讨论文人"润笔"所涉及的辞受标准的修改，便是"商人化"的一个具体例证。士大夫"商人化"在当时也是一个无所不在的社会现象，不但小说、戏曲的流行与之有关，儒家社会思想的新发展也在很大程度上受到"商人化"的刺激。

明代哲学家王阳明提出"格物致良知"说，认为商人、田夫，市民、村夫都具有"良知"。致良知，是使心本有之良知，得以"不为私欲遮隔，充拓得尽"。这样，人就可以为贤为圣。圣贤功夫从庙堂、书斋走向市井、村落。这就是他所谓的"满街是圣人"的含义。他提出："虽终日作买卖，不害其为圣为贤。"这些看法是王阳明企图打破传统的"荣宦游而耻工贾"的价值观之举。王阳明的心学，抬高商人地位的经济伦理，为商人所乐于接受。王阳明的高足王艮、钱德洪、王畿、邹守益、刘邦采、罗汝芳等齐集徽州，主讲盟会。王学在徽州掀起大波，令人耳目一新，纷纷"崇尚《传习录》，群目朱子为支离"。王学提出"四民异业而同道""百姓日用即道"，徽州就有"士商异术而同志""以营商为第一生业""良贾何负闳儒"的风俗和说法。王学崇商的观念被渗透到家法、族规、乡约中去。李梦阳说："夫商与士异术而同心，故善商者，处财货之场而修高明之行，是故虽利而不污。"李贽在《焚书》中热情地赞颂当时的商业之风，说"圣人不能无势利之心"，追求财与势是"秉赋之自然"，并说商贾"挟数万之赀，经风涛之险，受辱于关吏，忍诟于市易，辛勤万状，所挟者重，所得者末"。

在这种氛围中，传统的"士、农、工、商"的传统的职业构成的顺序，到了明代也发生了变化。"贾为厚利，儒为名高。"这意味着"商"已置于"农、工"之上而与"士"并列。这一"新四民观"和"以营商为第一生业"的习俗，表现了徽商根据明儒的立教，打破战国以来商居末位的传统职业次序。此时已有"工商皆本"的观念，商人也可以通过进入捐纳、贡献官僚队伍，形成官（僚）、商（人）、地（主）三位一体的局面。

商人地位的提高，使得越来越多的人转向商业，不再把读书做官作为向上流动的唯一出路。明代白话小说集《二刻拍案惊奇》卷三十七"叠居奇程客得助，三救厄海神显"所讲的故事，生动地反映了当时重商的文化气氛："徽州风俗，以商贾为第一等生业，科第反在次着……徽人因是专重那做商的，所以凡是商人归家，外而宗族朋友，内而妻妾家属，只看你所得归来的利息多少为重轻。得利多的，尽皆爱敬趋奉。得利少的，尽皆轻薄鄙笑。犹如读书求名的中与不中归来的光景一般。"

最近读到汉译本涩泽荣一的《论语与算盘》，我十分欣赏他所创造的"士魂商才"的观念。明清的中国也可以说是一个"士魂商才"的时代，不过中国的"士"不是"武士"而是"儒士"罢了。看来在中、日两国的近世史和现代史上，"士魂商才"是一个共同的重大课题，值得历史家共同研究和互相印证。商人既已有一个属于自己的"自足"世界，他们便不可能在精神上完全是士大夫的"附庸"。这是为什么我要对商人精神生活"士大夫化"的旧说提出质疑，因为这是从士大夫的立场上观察历史所得到的结论。如果从商人的立场出发，我们毋宁说，他们打破了两千年来士大夫对于精神领域的独霸之局，即使我们一定要坚持"附庸风雅"之说，我们也无法否认下面这个事实：即由于商人的"附庸"，士大夫的"风雅"已开始改变了。儒家的"道"也因为商人的参加——所谓士商"异业而同道"——而获得了新的意义。即以墓志铭为例，我们也清楚地看到，它已不再是士大夫的专利品，整个商人阶层都要求分享这一专利了。诚如唐荆川所讥讽的，甚至"屠沽细人有一碗饭吃，其死后则必有一篇墓志"。用现代的话说，他们也毫不犹豫地肯定自己的社会存在和价值了。张瀚说，"若有德业，则为铭"。现在则有大大小小的商人都认为他们对社会的贡献同样有传之后世的价值。"德业"这两个字的社会含义也不得不随之扩大了。在明代社会中，商人永远是一个特殊的社会群体，他们虽然在经济实力上并不相同，但是在经济和政治利益上却是一致的。他们要攀附官府，但目的只是为了找寻依靠，在真实的利益与感情上他们则往往更接近于城市居民。这种现象是商品经济发展本身与封建体制矛盾的结果。

余英时先生在《士与中国文化》一书中提出，士的基本精神是："除了献身专业工作外，同时还必须深切关怀着国家、社会以至世界上一切有关公共利害之事，而且这种关怀又必须超越个人（包括个人所属的小团体）的私利之上"，"具有一种宗教承当精神"。对于这种宗教承当精神，余先生解释为"先天下之忧而忧，后天下之乐而乐""以天下为己任"的社会责任感。明清时期的商人，也积极投身于国家事业中，主动承担社会责任。明代嘉靖三十三年，在江淮一带经商的山陕盐商协助反抗倭寇入侵，挑选骁勇善战的五百名商兵协助防守扬州。隆庆元年，江苏松江倭寇进犯，山陕商人"协力御之"。清代康熙年间，清军平定准噶尔部，介休范毓宾自费办售军粮，"力任挽输，辗转沙漠万里，不劳官吏，不扰间阎"，或受敌袭，或中途变更运粮计划，几度蒙受重大损失，都由个人承担下来，所运军粮都是"克期必至"，且节约国费以亿两计。

商人在自我修养提高的同时，其规模与资本也在迅速发展。唐玄宗曾说："朕天下之贵，（王）元宝天下之富。"也就是说，皇帝还没有一个巨商有钱。唐末田神功破扬州，"商胡波斯被杀者数千人"，据阿拉伯人记载，黄巢破广州，杀胡商十二万至二十万人，可见唐朝胡商人数之众。宋代来华外国商人（蕃客）远自西亚、东欧，贸易范围远至"层拔国"（今津巴布韦）。元代有众多的色目商人，包括中亚人、西亚人、欧洲人，还有回回、答失蛮、木速蛮（谋速鲁蛮、没速鲁蛮、铺速满）、也里可温、术忽（或主吾、主鹘、珠赫）等。明清时期，中国本土商人兴起，形成了十大商帮：徽商、洞庭商、宁波商、龙游商、江右商、晋商、陕西商、山东商、福建商、广东商（广府帮、潮州帮），并且拥有了大量的资本。明代万历时，徽州商人"藏镪有至百万者，其他二三十万，则中贾耳""山右商人，其富甚于新安"。徽州歙县的"盐策祭酒而甲天下者，初则黄氏，后则汪氏、吴氏相递而起，皆以数十万以达百万者""严世藩……尝与所厚旨天下富豪居首等者，凡十七家。……所谓十七家者，已与蜀王、黔公；太监黄忠、黄锦；及成公、魏公、陆都督炳；又京师有张二锦衣者，太监永之侄也；山西三姓、徽州二姓与土官贵州安宣慰；积赀满五十万以上，方居首等。"

四、从重农抑商到通商宽农：中国传统社会中国家经济政策的变化

重农抑商的思想由来已久，《管子》一书中所说的"欲杀（限制）商贾之民以益四郊之民"，即是抑商思想的开始。战国初期李悝主持魏国政务，进行改革，倡行"平籴法"，即由国家参与粮食买卖，限制商人抑价收籴、抬价出粜的投机活动，形成一种抑商措施正式推出。但抑商政策实行得最彻底的是信奉李悝学说的后起者商鞅。他在秦国变法时制定了重农与抑商相结合的一套完整的政策，雷厉风行地实行。

他的重农抑商政策主要内容有：（1）禁止农民弃农经商，不许商贾技巧之人增加，不经批准而从事"末利"者罚做奴隶。并加重商贾家庭的劳役负担，而农民生产好的可免除徭役，以示优待；（2）"重关市之赋""不农之征必多，市利之租必重"，以限制商人的赢利；大幅度提高酒、肉的税率，使高额利润由商人之手转归国家掌握；（3）国家统制山泽之利，实行盐铁专卖；（4）管制粮食贸易，不准商人插足，农民也必须自己生产口粮，不得从集市购粮食用；（5）提高粮食收购价格，从经济上使商人感到无利可图而放弃经营，但对农民的增产粮食则是一种有力的刺激。从此，重农抑商，"崇本抑末"，成为一种基本国策。重农抑商，重农是目的，抑商是手段，这一政策的实质是抑商人而存商业，退私商而进官商。

西汉初期，对商业的管制较为宽松，但到了汉武帝时期，对商业的抑制又变得严厉。政治上抑制商人，商人不得"仕宦为吏"，商人被编入市籍（一种特殊的户籍）；社会地位上贬低商人，商人不得"衣丝乘车"；从生产、流通、价格、市场、税收等方面限制商人活动（盐铁国营，均输平准，五均六管），国家控制市场；禁止商人购买土地，"贾人有市籍，及家属皆勿得名田，以便农。敢犯令，没入田货"；开展打击商人的政治运动，实施"告缗"，没收逃税和不如实申报资产的商人财产，"财物以亿计，奴婢以千万数，田大县数百顷，小县百余顷，宅亦如是"，商人"中家以上大抵破（产）"。

以后历代政府也在不同程度上实施歧视商人的政策，商人被列入"商籍"（或"市籍"），在出仕等方面受到歧视。晋朝规定："非命士以上，不得乘车马于都城百里之内。金银锦绣，工商、皂隶、妇女不得服之，犯者弃市。""市侩卖者"必须在额头上贴着写有自己姓名的标志及"一足着白履，一足着黑履"这样带有侮辱性的公示方法。一直到明代初年，这种"贱商"的传统还可以看到。明太祖朱元璋规定："农家许着绸纱绢布，商贾之家，止许着绢布。如农民之家，但有一人为商贾者、亦不许穿细纱。"到了明武宗正德元年，还重申"禁商贩、吏典、仆役、倡优、下贱皆不许服用貂裘"。

历代统治者一般都打出"重农抑商"的旗帜，也有一些史学研究者因此认为"重农抑商"是封建社会的重要经济政策。其实这是误解。中国封建社会各个朝代的统治者确实重农，但并没有全面和彻底地"抑商"。如果"抑商"，那么中国历史上商业的繁盛以及富埒王侯的大商人的出现，便是不可思议的了。历史上出现的"重农抑商"口号，只是在商人财富威胁了统治，或因战争急需浩大军费，统治者需要把商人的财富夺为己用时，才加以推行。目的一旦达到，统治者又会鼓励商人的活动。至于商业昌盛与否，当然是受制于社会生产的水平。在唐代刘晏改革之前，政府一直有意识地打压商人。这是因为买贱卖贵的盈利模式会破坏政权的基础——农业、农村、农民。因此自汉武帝开始政府实行"官山海"政策，直接从事关系国计民生的工商业，但长期官营工商业的实践也使政府看到了官营经济低效率的弱点和民营经济高效率的优点。因此，就明清时期的工商业政策看，基本是促进社会发展的，这也是明清时期之所以能出现十大商帮的原因。

明朝前期，政府大力扶植农业，鼓励经济作物生产，使得桑麻棉等发展较快。在工业方面，手工业者由地位低下、被列入特殊户籍的工匠，恢复了平民身份，劳动积极性得以提高。他们在轮班为官府服役且役期不太长的条件下，可以有较多的时间从事商品生产。明朝政府还逐渐解除矿禁，准民间开矿冶铁，使民矿事业蓬勃发展。

在商业方面，明统治者为纠正元朝的失误，采取了许多抚商的措施，诸如减轻商税，增加免税品名，设立官营库房，供外来商人储存货物等。另外，对政府需要之物，除少数官办工厂制造外，一律采用市场采购之法，并规范采购制度，禁止向商人低价购买，对许多涉及国计民生的工程（现在称作"公共物品"），如军需、漕政、盐政、边疆贸易、对外贸易等，政府放弃过去那种官营制度，转向招商承办。

张居正改革时，进一步反对权利，反对官、商（特许商人）分利的垄断性的商品专卖制度，提出"省征发以厚农而资商，轻关市以厚商而利农"的口号，以厚商代替抑商。但张居正同时又痛诋"富民豪侈，莫肯事农，农夫藜藿不饱，而大贾持其盈余役使贫民"。他所要厚待的商人不是兼并土地盘剥农民的奸商富贾，而是当时新兴的城市工商业者，因此其思想不同于为豪民巨室张目的经济放任论。

进入清代，抑商思想在国家最高决策层已不占位置。乾隆帝明确地说："大概市井之事，当听民间自为流通，一经官办，本求有益于民，而奉行未协，转多扞格。"清朝初期，曾一度实行海禁和限制工商业发展的措施。但到康熙年间平定台湾后，清政府开海禁，止迁界；为铸钱需要，开云南铜矿。其后免除了织机数目不得超过百张的限制，并减轻税额，又宣布"滋生人丁，永不加赋"。雍正时普遍扩大摊丁入亩，索性把尚存的、已固定化的丁银转入田赋中，一起按亩征收。乾隆时更进一步放宽政策：基本上完全解除矿禁；缩小官营手工业规模和经营范围，因此使得民间丝织业，制瓷业中的民窑及其他手工业发展很快；继续减轻商税，鼓励各省之间的粮食贸易，有时且可免税。

种种有利政策，促使商业在康雍乾时期迅速发展。商人的地位也进一步提高。康熙帝说"商人为四民之一"，明确确立了商人在社会上应有的地位。

五、结语

商人逐利的本性，若从道义、中世纪基督教教义或原始儒家的角度来看，都受到鄙夷。但恩格斯说："文明时代以这种基本制度完成了古代氏族社会完全做不到的事情。但是，它是用激起人们最卑劣的冲动和情欲，并且以损害人们的其他一切禀赋为代价而使之变本加厉的办法来完成这些事情的。鄙俗的贪欲是文明时代从它存在的第一日起直至今日起推动作用的灵魂：财富，财富，第三还是财富，不是社会的财富，而是这个微不足道的单个的个人的财富，这就是文明时代唯一的、具有决定意义的目的。我们在这个世界上称之为恶的东西，不论道德上的恶，还是身体上的恶，都是使我们成为社会生物的伟大原则，是毫无例外的一切职业和事业的牢固基础、生命力和支柱；我们应该在这里寻找一切艺术和科学的真正源泉；一旦不再有恶，社会即使不完全毁灭，也一定要衰落。"由此来看，这种原始的、逐利的欲望正是推动社会进步发展的动力，但这种欲望需要得到约束，要与社会普遍的道德价值观相协调，这样"私欲"才会转化成"公义"。

中国的儒商就是这样的代表。对于"儒商"并无严格的界定，有些并非儒士出身却能以"儒意"经商的人，也可以"儒商"称之。"儒商"，简言之就是具有儒德的商人，他们是怀抱儒家理念和价值观的商人或企业家，是具有仁爱之心，有道德、有社会责任感的商人。他们本身是知识分子，但在经济上善于经营，是儒与商兼于一身的"知识分子商人"。"儒商"与一般商人最大的区别是儒商非常重视商业道德，不取不义之财。当代儒商是具有较高道德修养、文化素养并富有科学创新精神的优秀企业家。如今，我们广泛倡导的儒商理念不仅是为了传播儒学，也是对当代企业家商人的自我培养，在经营的同时也能更好地为社会作出贡献。

《清明上河图》（局部）北宋·张择端

宋代经济的发展及历史地位

李华瑞

浙江大学敦和讲席教授，教育部长江学者特聘教授。兼任全国哲学社会科学规划中国历史组成员，中国宋史研究会副会长，中国人民大学《复印报刊资料·宋辽金元史》编委会主任（2015-2021）、执行编委等。

主要从事宋史、西夏史、中国古代经济史的教学与科研，已出版专书、编著20多种，发表论文230多篇。

宋代是一个充满争议的朝代，宋朝在政治、军事与外交上的孱弱历来为人所诟病，但宋朝在经济和文化上所达到的高度却令世人叹为观止。本文就以下三个问题展开论述并予以回应：一是国内外学界对宋代经济发展的评议，以及该如何看待学者们评价宋朝的"积贫积弱"论与"宋代 GDP 的全球占比"论；二是宋代社会生产力发展与中国古代经济发展中的"两个马鞍形"论；三是从宋代夜间经济的兴盛看宋代经济发展汉唐不能企及、明清亦不能超过的历史原因。

一、国内外学界对宋代经济发展的评议——兼论"积贫积弱"论与"宋代GDP占比"论

20 世纪 20 年代以来，宋代历史的研究迄今已走过百年，其间对宋史历史地位的评价褒贬落差之大，在中国古代史研究中属于仅见。

（一）西方学界对宋代经济的评价

西方学界自 18 世纪至第二次世界大战以前长期秉持

黑格尔对中国历史的主流看法即长期延缓、停滞的观点，该观点对国内学界也产生了很大影响。20世纪三四十年代在全国掀起了关于"中国社会长期停滞"问题的大讨论，新中国成立之后的五六十年代和改革开放初期的1978年至1983年也有两次关于中国封建社会长期延续问题的讨论，白钢先生专门撰有《中国封建社会长期延续问题论战的由来与发展》一书对这三次大讨论进行总结。

第二次世界大战以后，西方学术界反思传统的关于东西方文明的看法，开始调整以往关于中国文明长期停滞不变之说，影响较大的有两种观点：

一是20世纪初日本学者内藤湖南的"宋朝是中国近世开端"的假说，经他的后继者和学生宫崎市定等人发展为"唐宋变革"论，在国际唐宋史学界产生深远影响。

二是美国学界费正清认为中国内部不是停滞的，而是有变化的，并在日本唐宋变革论的影响下，渐次在20世纪50年代提出中国文明"传统内变迁"说。

到1973年，英国学者伊懋可出版了一本归纳性的专著《中国过去的模式》（The Pattern of the Chinese Past），提出宋代发生了一场中世纪的"经济革命"（主要包括农业革命、铁煤革命和商业革命）。在这一系列学术进展中，宋代经济一直是西方学界观察讨论的一个核心议题。日美欧对宋代经济发展有着很高的评价。

（二）中国学界对宋代经济的定位

在改革开放以前囿于当时东西方冷战的对立，西方学界对中国古代社会经济认识的转变对国内产生的影响有限，与日美欧学界对宋代历史高度评价相反的是，国内学者对宋代历史的评价自 50 年代至改革开放呈现批评为主的态势。主要表现在两方面：

一是认为宋朝"积贫积弱"。民国后期，钱穆在《国史大纲》中讲宋代的财经和军政时用了"积贫"和"积弱"来概括。漆侠先生在《王安石变法》（1959 年）一书中第一次将"积贫积弱"连用，来概括宋神宗实施变法的主要社会原因，1962 年邓广铭先生将这一概括引入《中国史纲要》宋代历史部分的书写。由于《国史大纲》和《中国史纲要》是大、中学教材，因而影响极大，遂使"积贫积弱"成为 20 世纪后半叶评价宋代历史的代名词。

二是新中国成立以后所确立的封建社会内部分期研究范式，把宋代作为中国封建社会走向衰亡的开始，即唐宋时期处在封建社会由前期向后期转变的时代，为大多数学者及教科书所认同。国内学界一般提到宋朝历史总是与政治上腐朽、学术上反动、经济上积贫、军事上积弱画等号。

关于宋朝的"积贫积弱"，在改革开放以后逐渐被国内学界所质疑，根据目前的研究，关于宋朝"积贫"的观点应该在一定程度上予以更正。从"财匮"角度说宋朝"积贫"是有充分根据的。从"民穷"的角度来说，宋代社会最底层的客户，与魏晋隋唐以来的部曲相比，不论是法律身份地位、迁徙自由以及谋生手段，都有较大的改善和提高，而宋代大中城市里拥有三五万贯家财的富户人数众多，如果"积贫"是指社会经济领域，则完全失实。因此需要辩证地看待宋朝的"积贫"。

（三）近年来关于"宋代 GDP 占比"的热议

值得注意的是，近年来，随着中国经济的快速增长及在全球经济总量占比的上升，至新世纪之交上升为第六位，2010 年超越日本成为第二经济大国，使追溯中国历史上经济发展的轨迹也日益成为研究热点。由于此前西方学界对宋代在中国经济史上有高度评价，所以宋代再一次成为这场讨论的中心。

一些学者试图估算宋代的经济总量，集中体现的就是所谓"宋代 GDP 的全球占比"论。目前已出现占 1/4、1/2，更有所谓的占世界总量 80% 的说法，使得宋代经济之辉煌似乎到了令人瞠目的程度。这些估算所依据的，主要是英国经济史学家麦迪逊在其《中国经济的长期表现：960—2030》一书所提出的数据。麦迪逊认为，在公元元年至公元 960 年的近千年时间里，中国人均 GDP 达到 450 美元（国际元，1990 年美元），进入宋代人均 GDP 则达到 600 美元。

该如何冷静理性地看待"宋代 GDP 的全球占比"论？

首先，核算方法是否科学规范。根据1968年联合国通过《国民经济核算体系》（新SNA），GDP核算有三种方法，即生产法、收入法、支出法，理论上三种方法的核算结果相同或相近，其结论的可信度才高。

显然GDP的核算需要严格、科学、系统的统计数据。虽然中国古代传世文献甚多，但是除了一些赋税财政资料外，作为现代经济学统计所需资料甚少，可供GDP统计所需的年度数据则更是微乎其微，著名经济史学家梁方仲先生的《中国历代户口、土地、田赋统计》也只能提供一个大概。虽然宋代的财政资料相对多一点，但是在各类史料中却几乎找不到可以比照规范GDP核算的年度数据。也就是说近些年频繁见诸媒体的各类宋代GDP的估算，从人口、平均亩产、粮食价格到产品总值、劳动报酬、固定资产等数据和方法，实际与1968年联合国通过《国民经济核算体系》（新SNA），GDP计算体系有天壤之别。

其次，比较条件是否得以满足。国与国的GDP要实现国际比较，通常应满足三个条件：一是指标的概念定义、计算方法应一致；二是用同一货币单位来表示；三是用相同的价格来衡量，剔除各国之间价格水平的差异。

但是既没有统一货币，也没有可以参照的相同价格，更没有统一的货币兑换汇率，而环球航海还没有开始。在《世界经济千年史》中，麦迪森对1820年之前世界主要国家的GDP、人口等数据，主要来自他本人的"猜想"，能得到的统计数据主要来自1500年以后西欧国家的资料，有的资料甚至是 19 世纪的统计数。

可见麦迪森面对缺乏最基本数据的历史时期，关于 GDP 核算的规范统计、GDP 国际间比较复杂的统计都被轻率地抛弃了，以至于直到目前，他到底用了哪种 GDP 核算方法、具体运算方式为何，竟然没有明确结论。由此不难看出，宋代 GDP 全球占比的神话背离了 GDP 研究的基本原则和方法，与既有宋代社会经济研究相去甚远。[1]

二、宋代社会生产力发展与中国古代经济发展过程中的"两个马鞍形"论

宋代"积贫"论和"宋代 GDP 的全球占比"论都受到学界的反驳和否定，那么针对二战以后日美欧学界提出的宋代"经济革命"说，国内宋史学界和中国古代经济史学界是如何作出回应的？20 世纪 80 年代中期漆侠先生在《宋代的社会生产力发展及其在中国古代经济发展中的地位》（《中国经济史研究》1986 年创刊号）一文中，提出了著名的"两个马鞍形"的观点，可以说是国内学者重新认识宋代经济发展及其历史地位的代表性论断。

所谓"两个马鞍形"是指，从总的方面考察，中国封建时代的社会生产的发展，大体上经历了两个类似于马鞍形的一个过程。自春秋战国之交进入封建制后，社会

生产力由于基本上摆脱了奴隶制的桎梏，因而获得了显著的发展，到秦汉时期便发展到了第一个高峰。魏晋以下，社会生产力低落下来，到隋唐有所恢复、回升，从而形成第一个马鞍形。在唐代经济发展的基础上，宋代社会生产力以前所未有的速度迅猛发展，从而达到了一个更高的高峰。元代生产急剧下降，直到明中叶才恢复到宋代的发展水平，这样便又形成了第二个马鞍形。从明中叶到清初，社会生产虽有所发展，但在一定程度上显现了迟缓和停滞，从而展现了中国封建制的式微和衰落。

漆侠先生从冶铁技术和铁制生产工具的发展、人口的增长、垦田面积的扩大和单位面积产量的提高等四个方面进行了论证。

（一）生产工具的改进

按照马克思主义的观点，劳动生产资料，或者说生产工具，在社会生产总过程中具有重大的意义和作用，亦即"更能显示一个社会生产时代具有决定意义的特征"。中国古代经济"两个马鞍形"的形成正是从冶铁技术和铁制生产工具的进步、变革开始。

众所周知，春秋战国秦汉时期，我国冶铁技术持续发展，用铸铁锻制成功的各种器物，比欧美约早两千多年，为大批量制作农具创造了重要条件。

继战国秦汉之后，唐宋之际特别是两宋三百年间是我国古代冶铁技术和铁制工具第二次变革的重要时期，变革的主要内容是：灌钢法、百炼钢法的广泛使用，铁犁进一步改进，钢刃农具的创制和推广等，特别是由于铁产量的激增使这次变革具有了更坚实的基础。宋代铁产量在当时世界上是首屈一指的。五十年前，美国郝若贝教授以宋代武器制作、铁钱铸造和农具使用等方面消耗的铁为依据，估计宋神宗元丰元年（1078）的铁产量在七万五千吨至十五万吨之间，而这一产量则为 1640 年英国工业革命时的二倍半到五倍，同时还可与 18 世纪欧洲（包括俄国欧洲部分）诸国十四万吨到十八万吨的总产量相比。（Industrial Developments: The Iron and Coal Industries.《亚洲问题研究》，1962 年）漆侠先生以为，如果把这个估计的最低产量七万五千吨改为十五万吨，可能更接近于当时的产量。

（二）人口的增长及统计

自西汉平帝元始二年，我国开始有了全国性的户口数字，而中国历史上人口曲线的变化恰好表现了"两个马鞍形"的演进趋势。

战国秦汉为人口增长的第一个高峰，西汉平帝时期（公元 1—5 年）政府统计在册的人口就有近 6000 万。魏晋六朝时期，由于战乱等诸多原因，人口数量总体呈下降趋势。隋唐时代人口回升，到唐玄宗时代"安史之乱"之前（755），政府所掌握的人口也达 5000 多万，这还不包括门阀世家所隐匿的人口。到宋代，中国又迎来了第二个更高的人口高峰，宋徽宗时期（1101—1125）全国人口约 1 亿之多。

元代人口数下降，到明代又反弹回升，据明代官方的统计，当时的人口数为 7000 多万，而现代学界估计明朝的人口可能高达 1.5 亿—2 亿。至清代，中国又形成了史无前例的新的人口高峰，清宣宗时中国人口就已近 4 亿。

人口增长过程中的"两个马鞍形"，与封建时代社会生产力发展总过程中的"两个马鞍形"是非常的契合、一致的，深刻地反映了这两者之间内在的本质的联系。

（三）垦田面积的增长变化

战国秦汉时期的垦田，以西汉平帝元始二年为最高峰，达 5.6 亿亩，东汉一代的垦田均低于此，反映了东汉社会生产力的发展没有超过西汉。到唐玄宗天宝年间垦田又回升到 5 亿亩以上，宋神宗时候达到 7—7.5 亿亩，形成第二个高峰。明中叶垦田数回升并超过宋代，直到清初才又形成高峰。因此在历代垦田方面，也形成了"两个马鞍形"。

在历代垦田中，宋代垦田又是极为突出的，从宋太祖开宝末年的 2.95 亿亩，经过一百多年的时间，发展到宋神宗元丰年间的 7 亿至 7.5 亿亩，比此前的汉唐固然要快得多，比后来的明清的发展也快得多。与清初相比，垦田数虽不及，但清自康熙、雍正以后人口激增，在人均土地方面，清初亦不及北宋。

（四）土地单位面积产量增长的变化

自秦汉迄隋唐，传世的亩产量记录不多，有的记录也难以凭信。宋的亩产量却有一批确切的记录，大致是北方 1 宋亩产粟麦 1 宋石，南方发达地区 1 宋亩产米二三宋石。宋人谈论亩产量只是以一次收种为准，并无现代按每年每亩收获总量估算亩产量之习惯，在有复种制的地区，两种亩产量的计算标准自然有明显差异。

按一宋尺约为 31 厘米，一宋亩为 6000 平方宋尺计，一宋亩约相当于 0.8649 市亩。又一宋石约折合 2/3 市石，一市石米为 150 市斤，小麦为 140 市斤，粟为 135 市斤。依此折算，宋代北方亩产量，约相当于一市亩产粟 104 市斤、小麦 108 市斤。南方发达地区亩产量，相当于一市亩产米 230 市斤至 345 市斤，依稻谷 70% 折米率，折合稻谷 329 市斤至 493 市斤。

据最新研究明代亩产比宋代有较大提高。宋朝北方亩产平均值大致是 1 石，南方大致为 2 石。[1]明代浙江地区"田中之获,卒岁之收不过亩四石"，松江府膏腴田"每岁收米可得三石"，瘠田"常破一石"。[2]

对于漆侠先生的"两个马鞍形"著名论断，当时在宋史学界"得到相当广泛的认同"。[3]同时，学界也存在不同意见，异议主要来自于明清经济史学界。

20 世纪 90 年代以后，中国社会科学院经济研究所、

①漆侠主编：《辽宋西夏金代通史三·社会经济卷》（上），人民出版社，2011 年版，第 214—215 页。
②王毓铨主编：《中国经济通史·明代经济卷》（上），经济日报出版社，2000 年版，第 161 页。
③朱瑞熙、程郁《宋史研究》，福建人民出版社，2006 年版，第 141 页。

美国加州学派反对"宋代高峰论"，认为清代超过宋代是中国古代经济发展的最高峰。主要反对意见是明清经济总量大大高于宋代，人口、垦田和亩产量都比宋代高。譬如单位亩产，有学者认为，按保守的估计，明代后期江南的亩产量，比宋代大约增加了 50% 以上。[1]

这些论断基本符合历史事实，然而北宋国土只有 260 万平方公里，南宋更少只有 150 多万平方公里，明清国土要比宋朝大几倍，总产量高于宋代理所应当。而且，宋朝有两个指标明、清均不能超越：一是在 20 世纪 60 年代台湾地区、香港地区、海外华人学者们在讨论宋代经济的进步时，一致认为宋代在经济上、生产技术上，为当时全人类农业社会中最繁荣的，[2]而明清在世界经济发展格局中已从先进逐渐落后。二是就传统经济来说，宋朝在工商业管理制度及其财经政策方面，明清也没有超越。

三、宋代夜间经济的兴盛——汉唐不能企及、明清亦不能超越

"夜间经济"是 20 世纪 70 年代以后提出的经济学名词，又称"夜经济"，是第三产业的重要组成部分，大致包括购物、餐饮、娱乐、休闲、旅游等类的经营和消费。在我国古代与这个名词相对应的是"夜市"。夜市一般是

---

[1] 高寿仙：《明代农业经济与农村社会》，黄山书社，2006 年版，第 2、78 页。
[2] 全汉昇：《略论宋代经济的进步》，《大陆杂志》，1964 年第 28 卷第 2 期。

指"夜间交易市场或夜间商业活动"。虽然现今不少学者把中国古代夜市的起源追溯至汉代，有的甚至追溯到殷周之际，但是严格意义地讲，具有现代夜间经济诸特征的夜市，则起自中晚唐，"夜市千灯照碧云，高楼红袖客纷纷。如今不似时平日，犹自笙歌彻晓闻"（王建《夜看扬州市》），到宋代才兴盛起来，并日臻成熟。

（一）宋朝夜间经济的兴盛

1. 宋朝的都市夜间经济

大都市夜间经济的繁盛，不仅汉唐不能企及，明清也不能超越。

北宋首都开封，南宋行在临安（杭州）都是具有百万以上人口的大都。"夜市直至三更尽，才五更又复开张。如要闹去处，通晓不绝。"（孟元老《东京梦华录》）"大抵诸酒肆、瓦市（集娱乐、游玩、交易为一体的场所），不以风雨寒暑，白昼通夜，骈阗如此。"（《东京梦华录》）南宋都城临安的夜市与东京开封相比有过之而无不及："杭城（即临安）大街，买卖昼夜不绝，夜交三四鼓，游人始稀。五鼓钟鸣，卖早市者又开店矣。"（吴自牧《梦粱录》卷一三《夜市》）东京的主要街区都有夜市，店铺林立。东京和临安遍布商品交易、娱乐、服务性场所或机构，其中在夜间经济扮演重要角色的是酒楼、茶肆、邸店（客店）、塌坊（仓库）、瓦舍（瓦子）、妓馆。经营项目是餐饮、住宿、百货、批发商的仓库。

2. 定期、定点的夜市遍及全国城乡

关于夜市的类型，定期集市夜间经济有三类：一是在都市固定的地区有定期市。如汴京大相国寺，"每月五次开放，万姓交易"，通宵达旦。二是专门性商品的定期集市，如有灯市、药市、蚕市、花市，往往形成较为长久的传统，延续数十年、百年不变。每次都能汇集四面八方的商贾、客旅，交易、游玩，夜以继日，甚为兴盛。三是有许多伴随着村落共同体的土地神和佛教、道教等寺庙的祭礼而举办的庙市。庙会、庙市交易时间长，往往延及深夜，交易的商品多是特产品，由长途贩运而来。

宋代的时候还出现了众多的节日夜市。宋代节日很多，据庞元英的记载，"祠部休假，岁凡七十有六日"（庞元英《文昌杂录》卷一）。重要节庆日一般都有庆典、商贸、娱乐、休闲活动，往往延续至夜晚。

3. 夜市的分布

宋朝南北方都城州县夜市多分布在水陆交通线和商业型城镇。如杭州"其富家於水次起造塌坊十数所，每所为屋千余间，小者亦数百间，以寄藏都城店铺，及客旅物货"（耐得翁《都城纪胜·坊院》）。而在州县城、镇市和草市等市场街、村市和虚市等农村场地，以及村落内，还有州县城之间约二三十里的地方，虽然塌坊、邸店的规模不及大城市的那么大，但也确实都分布有兼营住宿和仓库的客店、邸店或仓库业、停塌家。客店、邸店、

店户、牙铺（中介）是来往于乡村、州县城客商与乡村、州县城生产者、消费者之间的服务桥梁。

4. 夜市的财政贡献

宋朝发达繁荣的夜间经济为国家财政提供了巨大的利源。譬如宋朝的酒茶课额一般可达 2000 多万贯，其中来自夜间经营收入的份额可能不低于 30%。夜间经济整体在国家财政货币收入总额中所占比重，保守估算应在 5% 至 10% 之间。

（二）唐宋之际市籍制、市制的演变

宋以前夜间经济不能有大的发展是与汉唐市籍制和市制的束缚分不开的。汉代市籍制是限制城市居民特别是工商业者的一种身份制度，一方面录在市籍的工商业者身份低贱，另一方面限制没有录在市籍之外的行商、坐贾、逆旅以及从事副业的农户经营商贸活动。

市籍制与市、坊的隔离制是唐代城市发展中特定时期封闭的市场体制的伴生现象。但是这种封闭的市场体制自唐中叶开始渐趋松动走向衰落。首先是坊、市隔离制度在唐末五代的崩溃。20 世纪 30 年代，日本学者加藤繁归纳宋代城市市场形态说："到了宋代，作为商业区域的市的制度已经破除，无论在场所上，无论在时间上，都没有受到限制。商店各个独立地随处设立于都城内外。以前存在于市的内部的同业商店的街区，到处看到超越了它的旧的限界。定期市在同业商店的街区以及交通便利的河畔、桥畔等处繁盛地举行。利用寺观或其他地方一旬举行几次或一年举行几次的定期市也时常举行。仓库也随着方便，自由设置。"（《中国经济史考证》）

坊、市分离制度的崩溃又加速了唐末五代市籍制退出历史舞台，城市居民有了"坊郭户"的新名称，宋朝城镇坊郭户分为主户客户，包括经营大小商铺的坐贾、手工业作坊、各种服务性行业中有产业的民户和无产业的民户。划分主户及区分户等的标准是根据房廊、邸店、停塌、质库、店铺的房产和营运钱的情况，城镇坊郭户分为十等。他们取得了在街市自由开设店铺的权利。

随着市籍制、坊、市隔离制度的破坏和衰落，唐朝"京夜市，宜令禁断"（王溥《唐会要》卷八六）。宋朝建立之初执行唐朝的制度，凡闭门鼓响后及开门鼓响前，行人皆为犯夜。"笞二十，有故者不坐。"（窦仪等《宋刑统》卷二六）宋代中期之后有了根本性的改变，政府允许民众夜晚出行购物、娱乐，宋太祖乾德三年（965）就颁敕令"夜漏未及三鼓，不得禁止行人"（李焘《续资治通鉴长编》）。宵禁时间延长也至三更。宋真宗朝以后夜间营业，不关坊门，警示坊门的街鼓之声已不再敲响，"不闻街鼓之声，金吾之职废矣"（宋敏求《春明退朝录》卷上）。宋徽宗时期，随着侵街建筑的合法化，夜市的范围更加扩大。从此，东京城内普遍出现了"夜市"与"早市"，居民生活更加丰富了。

（三）宋朝商品经济和消费市场的大发展

夜间经济通常是在物流发达、商品交易频繁的条件下，才能既补充白昼经营之不足，又满足对夜间消费生活的持续需求，宋朝商品经济的大发展为消费市场提供了强有力的支持。

1. 商品经济与商业的发展

唐中叶以来，商品经济有了长足的发展，至宋代随着政局的安定，农业、手工业的发达和进步，宋代商品经济进入一个快速发展的阶段。

宋代商品基本上是由生活资料性质的和生产资料性质的两类商品构成的。生产资料性质的商品诸如铁制和木制的各种农具犁、耙、镬、锄、镰刀、耘荡、锄柄、辘轴等等，以及刀、剪、针、水车、舟、船、车和耕牛之类，大都使用于生产上，因而构成为生产资料的商品。生活资料性质的商品：一食二衣，这是人类的两大基本需要。米面和布帛，是宋代商品构成最重要的两大组成，在整个贸易交换中占很大比重。此外，在宋代，珠、玉、犀、瑁、盐、茶、酒、木材、高级丝织品等商品产销较唐代有较大增长，且多是长途贩运的重要商品。

随着市场和长途贩运的发展，各种产业日趋显现出向地方性集中。宋代商品的流通和交换已经形成为四个大的区域市场：以开封为中心的北方区域市场、江南区域市场、川峡诸路区域市场和西北区域市场。四个市场

261

除在本域互通有无之外，北宋时商品多流向汴京，因而表现了商品从南向北流向这一特点。

大的区域市场的形成和城乡贸易、海外贸易的发达，促进了全国性商品流通和社会分工的新发展，加上官僚迁转赴任、军队轮守换防、公文邮递驿传、士人赴考旅行等数量的增加，极大地刺激了陆路、内河、海运等交通运输业的大发展，这是京城、州县城镇、交通线、商品集散地以旅店、仓储、酒楼、茶肆为主要经营内容的夜间经济兴盛的又一重要原因。

2. 大众消费的多样化

在宋朝无论城市还是农村，都把米、盐、茶、油、酢、豉、菜、薪炭视为生活之必需品，宋以前亦然，但是除了必需品外，宋朝人也列入酒、姜、胡椒、羹、汤和砂糖等嗜好品，尤其是米、茶、胡椒，大致是宋代以后才普及的食品。所以大众消费内容的丰富多彩，是从宋朝才开始出现的。

奢侈消费下移。在宋代以都城和州县城为生活居地的权贵、士大夫、富民的奢侈消费增大并很快地向庶民中间浸透，大众的消费不管城市、农村基本的日常必需品的扩大和多样化，清晰地表明物流的增加，从而大大提升了市场购买力。

（四）宋朝施行的财经政策是夜市兴盛的重要原因

中国古代财政政策一般都是奉行量入为出为原则，

只有宋朝是量出为入。这与唐中叶以后的兵制变革密不可分。

1. 专卖制度

自唐中叶均田制瓦解，建立在均田制基础上的府兵制也随之失去了赖以存在的根基，因而从唐中叶开始渐次实行募兵制，到了宋朝募兵制完全取代征兵制。由招募而来的国家常备军数量从宋初的二十余万到北宋中期以后超过百万，养兵费用常占国家财政支出的七八成，达四五千万贯之巨。为了增加财政收入，宋廷差不多是中国历代王朝自始至终唯一一个对绝大多数重要商品施行专卖制度的政府。尤其是盐、茶、酒、香料、醋、矾等大宗事关民生的商品专卖力度更大。

宋朝的专卖制度有三个特点：

一是经营方式自北宋中期以后主要采取官商结合。利用市场机制推行专卖，出现了类似于现今的招投标制度即买扑制。买扑制实际上是一种包税制，买扑制广泛存在于宋代经济的各个领域，如买扑墟市、买扑税场税铺、买扑江河津渡、买扑祠庙、买扑陂塘、官营田地、官卖户绝田、盐、酒、醋、坑冶。由官府核计应征数额，招商承包。包商（即买扑人）缴保证金于官，取得征税之权。后由承包商自行申报税额，以出价最高者取得包税权。

二是以最大化攫取专卖利润为原则，采用赏格法、磨勘法等奖励机制鼓励产销。宋政府为增加专卖收入，采取一切可以利用的市场竞争方式，如设法卖酒，就是利用妓女襄助经营，刺激消费而达到增加税收的一种方法。"今用女倡卖酒，名曰设法。"这种方法至迟在宋仁宗时就已出现。宋神宗熙丰以后至南宋广为流行。

三是放开零售批发市场，鼓励多产多销。譬如对酒的专卖就是"惟恐人不饮酒"（吕祖谦《历代制度详说》卷六）。官酒务（酒库、酒楼）各有指定的拍户，拍户也称"泊户""脚店"，主要是私商小贩或特许的酒户。拍户各有指定销售地界，如汴京城内的白矾楼就有三十家拍户。

2. 对外贸易利润

从唐朝玄宗开元二年（714）开始设市舶使，到宋太祖开宝四年（971）设置市舶司，是中西交通史上带有重大变革意义的历史事件。市舶使和市舶司的设置既是国家逐渐垄断海外贸易的表现，也是海外贸易开始纳入国家财政一部分的举措，从而结束汉唐陆路朝贡贸易不计入财政的历史。

宋朝海路对外贸易在国家货币收入中所占比重，北宋中叶至北宋末从50多万增加到120万（贯匹两），北宋中期以后国家货币收入达5000万至6000万，大致占1%至2%。南宋初期市舶司收入估计在150万缗，占建炎末绍兴初3000万的5%左右，这是宋代市舶司收入占国家财政货币收入的最高峰值，其后大约不超过3%。虽然市舶司收入在国家财政所占比重不高，但是按照宋人所谓的"抽解""抽分"，税率大致在二十分之一至十分之二之间的平均值来计算其交易规模，却是另一番情景。从北宋中期到北宋后期、南宋初期海外贸易交易额大致在 600 万贯至 1400 万贯，南宋中后期则在 2000 万贯以上，这在仍以自然经济占主导地位的宋代来说其规模是相当可观的。明朝前中期，清朝大部分时间实行海禁，即使民间局部开放海禁，对外贸易也不是国家行为，明清时期对外贸易仍实行的是朝贡贸易，大致贸易利润不会计入国家财政收入。

总之，在宋朝财经政策引导下，社会的营利思想有了很大改变，蔡襄说："凡人情莫不欲富，至于农人、商贾、百工之家，莫不昼夜营度，以求其利。"（《蔡忠惠公文集》卷二九，《福州五戒文》）司马光也说"无问市井田野之人，田中及外，自朝至暮，惟钱是求。"（李焘《续资治通鉴长编》卷二五二）孙升更是形象地说"城郭之人日夜经营不息，流通财货，以售百物，以养乡村"（李焘《续资治通鉴长编》卷三九四）。

《三顾草庐图》（局部）明·戴进

大业凭众人智慧而完成——曾国藩用人六法

林乾

曾用名史林，中国政法大学法律史研究院副院长，教授、博士生导师。兼任中国法律史学会理事，国家清史编纂委员会典志组专家，作家协会会员，曾国藩研究会常务理事等。

曾为中央电视台《百家讲坛》节目主讲人，录播《雍正十三年》。出版有《曾国藩大传》《挺经》《曾国藩成大事的九九方略》等。

近二百多年来，尽管对曾国藩的评价不尽一致，甚至"誉之为圣相""毁之为元凶"，但就他用人这一点上而言，几乎没有不同看法。薛福成总结他成功有两大方面：克己为体，荐贤为用。前者讲他修身成功，后者讲他用人成功。

一、练就鉴识人才的本领

曾国藩有一套很高明的鉴识人才的本领。《清史稿》记载他知人善用：

> 国藩为人威重，美须髯，目三角有棱。每对客，注视移时不语，见者竦然，退则记其优劣，无或爽者。俸入悉以养士，老儒宿学，群归依之。尤知人，善任使，所成就荐拔者，不可胜数。一见辄品目其材，悉当。

知人，包括最核心的三个方面：第一，对人的本质一定要把握。人的本质不把握，这是用人中的大忌，往往会出现原则性的错误。第二，一个人的才能、优点、缺点一定要把握。第三，所谓"面由心生"，要看这个人值不值得培养，就要对其相貌进行观察，由此曾国藩形成了一套自己的识人之法：邪正看眼鼻，真假看嘴唇。功名看气概，富贵看精神。主意看指爪，风波看脚筋。若要看条理，全在语言中。

具体来说，比如头面，他说：面快然而大无清气者，谓之颠顸，颧骨森耸，地角方阔者，主有岁权；色黄黑而润泽者吉，哑白而枯涩者凶。头如山者贵重，偏颇好动者败。

眼目：瞭则胸中正，眊则不正，黑珠黄者有胆，淡黄深黄数道分明者胆大而多智。视上者傲，视下者骄，忧倾则奸。神定而目如流星闪电者大贵，神荡而目动言肆者可恶。

鼻、口、手、足：梁正者心正，歪者心不正。準隆而圆美如珠者贵，準削而歪者人心不正，伏犀贯顶者贵(若比他人迥长者尤贵)，中如蜂腰细断者贱。口唇太薄而颤动者靠不住，口角方者贵。说话闪烁游移者靠不住。指甲坚者心计定，指长者聪明，掌纹细而浅者秀，多者心杂，粗而深者定，少者心专。行路稳重者贵，轻佻者贱。

举一个例子，江忠源是湖南新宁的一个举人，到京城考进士，没有考中，想对家里人有一个交代，决定拜访一下在京城中湖南人做官最有名的曾国藩。于是他找了曾国藩在岳麓书院结识的好朋友郭嵩焘引见。

到了曾家，曾国藩听说是老乡，十分高兴，但一听是江忠源，曾国藩不高兴了，说此人吃喝嫖赌无所不好，到京城来也不好好考进士，往八大胡同里转，莫非是到我这里讨钱粮来了，这样的人我不愿意见。

江忠源一听就明白了，在外面就喊，我是做了不符合你儒家理法的事情，但是我现在重新做人，你还把我拒之于千里之外？说完之后，很气愤。曾国藩一看，不得了，赶紧开门，迎如座上宾。聊天的时候，江忠源慷慨激昂，以天下为己任。曾国藩一言不发，一直聊到天亮。送走江忠源后，曾国藩把郭嵩焘拉过来，说此人刚烈，但是这个人，最后一定会死在沙场上。据《清史稿》记载，湖南的文人中第一个死在战场上的，就是江忠源。所以曾国藩这个人，能识人于发迹之时，在邂逅之时就能看到一个人的人生终点。

二、知人之明，体察入微

与他经常因战略而争得不可开交的左宗棠，后来上疏清廷，请皇帝发谕旨，让全国的封疆大吏学曾国藩"知人之明"。曾国藩去世后，左送的挽联上联是"谋国之忠，知人之明，自愧不如元辅"，可以说是盖棺论定之语。方宗诚说他"爱贤出于天性"。蒋介石在为《曾胡治兵语录》写的序言中说："吾姑不问其当时应变之手段、思想之新旧、成败之过程如何，而其苦心毅力、自立立人、自达达人之道，盖已足为吾人之师资矣！"

曾国藩晚年总结说：我阅历世变，只是觉得除了得人之外，没有一事可恃。

他办团练之始，就发布《招某绅耆书》招人相助：我奉命协助帮办团练，接受任务以来，日夜忧心忡忡，担心自己见识不广，考虑不周。因此孜孜以求，希望家乡的贤人不嫌弃我，肯慷慨前来相助，借此广泛采取众议，周密听取意见，以补救我的疏漏。我经常或是寄信请人出山，或是热情欢迎来客，广招豪杰，咨询高见，这一片耿耿之心，想来能得到大家的体谅。我打算将点滴而微弱的力量聚集起来。大厦非一木所能支撑，大业凭众人智慧而完成。如果能使众多的贤士都汇集而来，肝胆相照，那么，即使是坚固的金石也能穿透，又有什么艰难不可以克服呢？

曾国藩出任直隶总督后，写了一篇非常有名的长文《劝学篇示直隶士子》，于人才、风气、先贤等，娓娓道来，如长者与人谈话，不觉其烦，真有"诲人不倦"之精神。文尾称：我忝官斯土，自愧学无本源，不足作你们的表率，而这片土地有刚方质实之资，乡贤多艰苦卓绝之行，希望通才硕彦，告我昌言，上下交相劝勉，仰希古昔与人为善、取人为善之轨。

他以自己切身的体会，忠告他的弟弟说：成大事者，以多选助手为第一要义。满意的人选不到，姑且选差一点，慢慢教育就可以了。就是说要时时注意网罗人，不能因为没有十分可意的就不去用人。

对于那些才华出众的人，他千方百计网罗过来，为己所用。后来成为曾国藩心腹幕僚的赵烈文，最初在曾国藩身边的人中刚有点名气，又因为赵的四妹夫周腾虎的一席话，曾国藩就派人带白银二百两前去探访，赵烈文说："这种举动不能说没有气魂啊。"曾国藩说："因为周腾虎夸奖你，并且我也听到人们有关你的议论，所以就派人前去拜访邀请了。"

曾国藩有"存心不自满"的用人秘诀，这或许是他真正有知人之明的奥秘所在。他自己很谦虚，与他接触多的人，特别是身边人，对他知人之明几乎众口一词，交口称赞。

据方宗诚观察，曾国藩对人才有特殊的好感，"凡属士求见者，无不立见，退则记其人言语气象如何，皆笔之日记。凡生平所见人物、书籍，大致皆能记忆，而外貌浑然不露，真伟人也。"这是说曾国藩留心观察人才的特点。在曾国藩的日记里，收录最多的是他每天召见哪些人，与谁谈话，谈话内容是什么，他从不以人废言，更不论职位、威望、出身，凡有一言可采，皆书诸笔记，他的日记中，这是他最用心的。

同治元年四月十日日记：本日见许仙屏与沅弟信中，多见到语，如云为治首务爱民，爱民必先察吏，察吏要在知人，知人必慎于听言。观人当就行事上勘察，不在虚声与言论；当以精己识为先，访人言为后。

同治二年二月初一日日记：细思处人处事之所以不当者，以其知之不明也。若巨细周知，表里洞彻，则处之自有方术矣。

这仅是他善于从他人中学习的万千例证中的一个，也即他所说的"取人为善"。

咸丰九年十月二十六日，他向刚刚独领一面的李榕传授经验说：

> 前曾语阁下以"取人为善、与人为善"。阁下默记，近数日内取诸人者若干事，与人者若干事。大抵取诸人者当在小处、实处，与人者当在大处、空处，号手悠扬可听，亲兵驱使愈喜，或亦取诸人者乎？抑有独得于心者乎？以后望将取诸人者何事、与人者何事，随时开一清单见示，每月汇总账销算一次，或即本人所云"日知、月无忘者"乎！

稍早时，曾国藩的同年吴子序上禀帖请求办理江、闽交界团练，曾国藩对这位同年太了解了，知道他不是这方面的人才，遂在禀帖上予以否定，但拿出他一贯的滑稽手法，戏批道："该员著书是好手，办事是外行；著书多而且精，办事偏而且蠢。"见到这个"戏批"，合营鼓掌，子序也笑不可仰，该事遂寝。

方宗诚在《柏堂师友言行录》里记载：王子怀曾言

曾公真有知人之识：咸丰初年，予上振兴人才疏，公见之，即再三称赏，但劝予不要保举徐仲绅制军、周敬修侍郎办兵事，说仲绅前办夷事甚得体，然实无才，留广东使夷人有所敬畏可以，若办兵事，底蕴尽露，岂不可惜！敬修之才，但能办土匪，不能办贼，其后果如其言。

三、忠义血性是上上之选

曾国藩选将用人，将"忠义血性"放在第一位。所谓"忠义血性"，就是有激情，敢担当，不怕死。他说：带勇之人，第一要才堪治民，第二要不怕死，第三要不急名利，第四要耐受辛苦。治民之才，不外公、明、勤三字。不公不明，则诸勇必不悦服；不勤则营务巨细，皆废弛不治。故第一要务在此。不怕死则临阵当先，士卒乃可效命，故次之。身体羸弱者，过劳则疾；精神乏短者，久用则散，故又次之。四者似过于求备，而苟阙其一，万不可带勇，大抵有忠义血性，则四者相从以俱至，无忠义血性，则貌似四者，终不可恃。他具体阐发说：

> 弁勇之于本营将领，他事尚不深求，惟银钱之洁否，保举之当否，则众目眈眈，以此相伺，众口啧啧，以此相讥。惟自处于廉，公私出入款项，使阖营共见共闻，清洁之行，已早有以服弁勇之心，而小款小赏，又常常从宽，使在下者恒

得沾润膏泽，则惠足使人矣。明之一字，第一在临阵之际，看明某弁系冲锋陷阵，某弁系随后助势，某弁回力合堵，某弁见危先避，一一看明，而又证之以平日办事之勤惰虚实，逐细考核，久之，虽一勇一夫之长短贤否，皆有以识其大略，则渐几于明矣。

他特别选拔"简默朴实"的人。他说："国家养绿营兵五十余万，二百年来所费何可胜计。今大难之起，无一兵足供一战之用，实以官气太重，心窍太多，漓朴散淳，其意荡然"，即使"岳王复生，或可换屠兵之筋骨；孔子复生，难遽变营伍之习气"。

咸丰十年四月十五日，他写给好友吴廷栋一封信，请吴将其幕府中的安徽桐城诸生方宗诚引荐过来，其中谈到将官任用。他说：

皖北古多质行之士，欲请方君归来，代弟物色，不必遽责以御侮之才。团练之事，但得一二朴诚之士，加意敬礼，树之风声以药浮伪之风，而惩猜忌之习，亦自有益于地方，有裨于敝军。敬求阁下代送途费四十金，俾存之兄（方宗诚之字）得以束装南旋。五月间折差进京，即行带银奉赵，无任感荷。

方宗诚观察到，曾国藩"平日取人，皆诚朴厚重一流，而不喜才华浮薄者。若德行文学之儒，则奉为上宾，出入谈论而不肯烦以吏事"。

吴坤修是江西新建人，最早在曾国藩那里管水师军械，后来随刘腾鸿赴援江西。咸丰十年闰三月一日，曾国藩给他写信，告诫说：张副宪和平纯厚，备历艰险，在诸帅中独为其难。阁下既隶其麾下，又新被光复之泽，尚祈忠于所事，无存歧异之见。古人有言："行衢路者不至，事两君者不容。""锲而舍之，朽木不折，锲而不舍，金石可镂。""其仪一兮，心如结兮。"窃愿以《尸鸠》之诗奉勖也。嘱咐吴坤修向张学习。

咸丰十年二月廿九日日记称：楚军水陆师之好处，全在无官气而有血性。若官气增一分，血性必减一分。

同治元年二月初三：若打仗能出则向前，入则殿后，此一端已有可为统领之质。又有血性而不忘本，有诚意而不扰民，若加意培养磨练，将来或可成大器也。

咸丰十年七月二日，他在复方翊元信中明确表达朴实廉介的可贵：

以后阁下鉴衡所及，如有文可为牧令、武可为将领者，望无惜时时汲引，冀收拔茅连茹之效。若无实在出色之处，介乎有用无用之间，则可不必多荐；以不收则空劳往返，收之则渐成冗员也。大抵观人之道，以朴实廉介为质，以其质而更傅以他长，斯为可贵；无其质则长处亦不足恃。甘受和白受采，古人所谓无本不立，义或在此。阁下以为何如？

四、有操守而无官气，多条理而少大言

曾国藩用人，重视品德操守，他的用人四诀，即有操守而无官气，多条理而少大言，除"多条理"外，其余三条，均属于道德品质之列。

咸丰十年七月一日，他给李桓、李瀚章写信，详细阐发他的用人四诀：

> 顷意城（郭崐焘）寄函润帅（胡林翼），亦以二君子专驻省垣，恐耳目不能周遍，劝令参用绅士，互相查察。国藩于江西绅士熟识无多，闻见亦不甚广。即于湖南绅士，亦不似润帅之博采广询，左右逢源。仍求阁下就近悉心搜罗，或函商意城，于湖南厘卡最得力之员，借用一二人，将来即可保作江西之官。如尚未在厘局当差者，亦可仿湖北之例，楚材晋用，但当礼罗江西贤绅，兼进并收，不宜过示偏重，使豫章才俊，有向隅之感。其自湘来者，先给薪水，优加礼貌，不必遽授以事。收之欲其广，用之欲其慎。大约有操守而无官气，多条理而少大言，本此四者以衡人，

则于抽厘之道，思过半矣。务求及时罗致，鄙人亦当帮同采访。

半个月后，曾国藩觉得意犹未尽，将他的用人四诀向各处推广的同时，再给二李写一信，不但宣扬他的用人四诀，并发挥到用人的各方面：

前寄一函，道及求人之法，须有操守而无官气，多条理而少大言。日来以此广告各处，求荐才以辅我不逮，尚无应者。两君物色得人否？求人之道，须如白圭之治生，如鹰隼之击物，不得不休。又如蚨之有母，雉之有媒，以类相求，以气相引，庶几得一而可及其馀。大抵人才约有两种：一种官气较多，一种乡气较多。官气多者好讲资格，好问样子，办事无惊世骇俗之象，言语无此妨彼碍之弊。其失也，奄奄无气，凡遇一事，但凭书办、家人之口说出，凭文书写出，不能身到、心到、口到、眼到，尤不能苦下身段，去事上体察一番。乡气多者好逞才能，好出新样，行事则知己不知人，语言则顾前不顾后。其失也，一事未成，物议先腾。两者之失，厥咎惟均。人非大贤，亦断难出此两失之外。吾欲以劳、苦、忍、辱四字教人，故且戒官气而姑用乡气之人，必取遇事体察、身到、心到、口到、眼到者。赵广汉好用新进少年，刘晏好用士人理财，窃愿师之。请两君仿此格式，各荐两三人。

他还将所有人才划分为两类，即官气和乡气。他认为，官气重的人实属不可救药，因此他用人，只要是官气之人，一个也不用。乡气虽然为人所笑，也即不成熟，不圆通，但有锐气，敢担当，因此曾国藩用人崇尚乡气之人，这种人不会整天想自己的乌纱帽，没有心窍，锐意用世，积极进取。

八月二十一日，曾国藩在写给李瀚章的信中，又将乡气之人归纳为两类：

来示所陈各情，实为切中要害，鄙人无以易之。大抵人才约有两种：高明者好顾体面，耻居人后。奖之以忠，则勉而为忠，许之以廉，则勉而为廉。若是者，当以吾前信之法行之，即薪水稍优，夸许稍过，冀有一二人才出乎其间，不妨累示假借。卑琐者，本无远志，但计锱铢。驭之以严则生惮，防之稍宽则日肆。若是者，当以两君此信之法行之，俾得循循于规矩之中。以官阶论，州县以上类多自爱，佐杂以下类多算细。以厘务论，大卡、总局必求自爱之士，宜用鄙信之说。小卡、分员不乏算细人员，宜用来信之说。邵位西之意，亦与两君相同。而鄙说要不可尽废，祈参用之。

他不喜欢夸夸其谈者，劝李元度改掉"喜大言"的弱点。咸丰十年七月初八日，他给李的好友沈葆桢写信说：

> 次青（李元度之字）擅长过人之处极多，惟弟与阁下知之最深，而短处则患在无知人之明。于在高位者，犹或留心察看，分别贞邪。至于位卑职小，出己之下者，则一概"援善善从长"之义，无复觉有奸邪情伪。凡有请托，无不曲从。即有诡状发露，亦必多方徇容。此次青之短。将来位望愈高，终不免为其所累。阁下知人之明，远胜侪辈。务求台驾迅出，且先在信州小驻，将次青所用文武各员，一一经法眼甄别，位置得宜，优劣得所。次青去此一短，则众长毕露，幸甚。敝处用人，间有不当，亦望阁下时时惠锡箴言，以资质证，至祷至祷。

至于"多条理"，不但是工作方法，也是一种能力。咸丰九年十月二十八日，他对李榕说：骄气、惰气等语，却不宜与人说及，此等默察之而默救之可耳。凡与诸将语，理不宜深，令不宜烦，愈易愈简愈妙也。不特与诸将语为然，即吾辈治心、治身，理亦不可太多，知亦不可太杂，切身日日用得着的不过一、两句，所谓守约也。

曾国藩提炼出武官的四项标准是：一是才堪治民。在才堪治民当中，又要足以服众，要具备三个字："公、明、勤"。他说：

> 治民之才，不外公、明、勤三字。不公不明，则诸勇必不悦服；不勤，则营务细巨，皆废弛不治，故第一要务在此。不怕死，则临阵当先，士卒乃可效命，故次之。为名利而出者，保举稍迟则怨，稍不如意则怨，与同辈争薪水，与士卒争毫厘，故又次之。身体羸弱者，过劳则病，精神乏短者，久用则散，故又次之。四者似过于求备，而苟阙其一，则万不可以带兵。

二是不怕死，身先士卒。他说：楚军水、陆师之好处，全在无官气而有血性。若官气增一分，血性必减一分。若打仗能出则向前，入则殿后，此一端已有可为统领之质。又有血性而不忘本，有诚意而不扰民，若加意培养磨炼，将来或可成大器也。

三是不亟名利。武官特别讲究在战场中见分晓，但是曾国藩特别讲要有大局观，武官如果没有大局观，仅看自己的小天地，会出很大的问题。急功近利的人绝对不能提拔，功利心太强，这种人不能用。

四是耐受辛苦。曾国藩倡导寒门出宰相，寒门出将帅，所以他提拔的人更多的是基层的人，这些人耐受辛苦。

五、用人不率冗，存心不自满

在曾国藩的用人之道中，还有一个重要的原则，就是他多次申明的"用人不率冗，存心不自满"。不率冗包含两层意思，一是指不轻率、不草率，二是指不能出现冗员，即没有事情做，或因人设事。核心是人尽其才，人尽其用。

曾国藩出任两江总督后，感到人才匮乏，各处托人向他推荐人才，也向他的九弟曾国荃、曾国葆要人才。两位老弟果真推荐了几位，但阿兄仍嫌不够，又讨人才，同时提出他的用人标准：

> 辅卿而外，又荐意卿、柳南二人，甚好。柳南之笃慎，余深知之。意卿谅亦不凡。余告筱辅观人之法，以有操守而无官气、多条理而少大言为主。又嘱其求润帅（胡林翼）、左（宗棠）、郭（崑焘）及沅（曾国荃）荐人。以后两弟如有所见，随时推荐，将其人长处、短处一一告知阿兄，或告筱荃，尤以习劳苦为办事之本。引用一班能耐劳苦之正人，日久自有大效，无以"不敢冒奏"四字塞责。季弟言"出色之人断非有心所能做得"，此语确不可易。

曾国荃出任湖北巡抚，这是老九第一次正式出任封疆大吏。曾国藩给他这位九弟写了很多次信，谈的无非是怎样做官、做督抚，而核心仍是用人。并用亲身说法，勉励九弟。同治五年三月二十六日，曾国荃刚到任，曾国藩就写信阐述他的"用人不率冗,存心不自满"的原则：

> 沅弟定于十七接印，此时已履任数日矣。督抚本不易做，近则多事之秋，必须筹兵筹饷。筹兵，则恐以败挫而致谤；筹饷，则恐以搜括而致怨。二者皆易坏声名。而其物议沸腾，被人参劾者，每在于用人之不当。沅弟爱博而面软，向来用人失之于率，失之于冗。以后宜慎选贤员，以救率字之弊；少用数员，以救冗字之弊。位高而资浅，貌贵温恭，心贵谦下。天下之事理人才，为吾辈所不深知、不及料者多矣，切弗存一自是之见。用人不率冗，存心不自满，二者本末俱到，必可免于咎戾，不坠令名。至嘱至嘱，幸勿以为泛常之语而忽视之。

这封信将"用人不率冗，存心不自满"解释得非常清晰，他提出督抚被人弹劾而丢官的，主要是用人不当，而鉴于曾国荃以往用人中被人诟病的"率、冗"等问题，提出力戒"率、冗"的原则，就是反其道而行之。后来又写信说"用人太滥，用财太侈，是余所切戒阿弟之大端。李、黄、金本属拟不于伦，黄君心地宽厚，好处甚多。而此二者，弟亦当爱而知其恶也"。

曾国藩所说的"存心不自满"，也即用人不要自以为是，主观甚多，更不要自视甚高。曾国藩有知人之明，但从不自满。同治三年，他的幕僚方宗诚应召在安庆忠义局修志，曾向曾国藩问起塔、罗、李、彭、杨、鲍何以知其能成大功？曾回答道：此皆幸而遇者，与诸人共事，不过识其忠勇勤朴，各任以事，稍能成就，人遂谓吾能知人，实则知人甚难，予未敢自信也。

曾国藩为九弟曾国荃物色倪豹举做他的幕僚，可见他的用人。曾国藩向他的弟弟详细介绍倪的情况，认为"若请到弟署，令作奏折，必有可观。若写公事信函，则写作俱佳，几与意城相近。其人和平敦厚，相处最好"。

没想到，此人并非好手，通过这件事，阿兄对"心存不自满"有了更深一层的体会。五月十一日，他写信说：

请倪豹举赴鄂幕，系余见其毫无脾气，又耐劳苦，极好相处，笔下圆妥，善写公事信缄。因弟属函请余荐人，余去年四月本订聘豹岑（文蔚）入幕，旋以北征而止，遂于四月五日函致雨亭，嘱其代请豹岑赴鄂。今得弟书，湖北州县多疑豹者，兄又甚悔，未得弟回信而遽函聘，太涉孟浪也。兹将余寄雨亭信抄付弟阅。事已难于食言，请弟将就用之，为我弥缝其失。若豹不肯应聘入鄂，甚妙甚妙。如其翩然应命，驾舟武昌，请弟迎入署中，礼貌相待。豹之短处，则在无定识定力，好以疏野不应酬自命，而讥人之有官气。雨亭、申夫、眉生、存之等至好，均言其长处多而短处少。弟信言豹知官将弹劾严而不以告。余近细询申、存二人，均何有此事。申曾面责之，豹言系司道公见时所说，并非对渠一人说。外间见渠为渭春所保，故咎渠耳。至州县疑豹，却系影响，并无实际。牧令怨渭之参劾，并怨渭幕刘植之招摇，又以豹为渭所敬重而并疑之，豹实无过也。豹若抵鄂，弟延之署中，毫不与外交际，则断无风声矣。至弟不能添延重金之友，弟只出五十金包火食，兄亦代出五十金，另寄豹家。数月之后，如不相安，婉为辞退，或荐一书院，则兄无食言之迹矣。

六、用威不如用礼，用恩不如用仁

曾国藩用人，秉承儒家的自立立人、自达达人之道，并引申为用礼、用仁。咸丰九年六月初四日，在江西建昌加入曾国藩幕府的何应祺，经过在秘书处的历练后，将赴营务处任职。这一天，曾国藩与何应祺交谈带勇之法。他说：

用恩莫如仁，用威莫如礼。仁者，即所谓欲立立人，欲达达人也，待弁勇如待子弟，尝望其成立，望其发达，则人知恩矣。礼者，即所谓无众寡，无小大，无敢慢，泰而不骄也。正其衣冠，尊其瞻视，俨然人望而畏之，威而不猛也。持之以敬，临之以庄，无形无声之际，常有凛然难犯之象，则人知威矣。孟子曰："君子以仁存心，以礼存心。"守斯二者，虽蛮貊之邦行矣，何兵勇之不可治哉。

在一个组织中，总有一些令人头痛的人。这类人有个突出的特点，即有本事，不为礼法所束缚，修养差。这样的人才怎样驾驭、使用，曾国藩给出的答案是收鹰犬之效，名利要让，礼义要严。

湘军解散后，曾国藩北上平捻，遇到了骁勇善战但桀骜不驯而清廷又十分倚重的著名将领陈国瑞。陈国瑞恃功桀骜，自僧格林沁外，罕听节制。曾国藩奉命督师，由于要与陈国瑞打交道，遂带悍将刘铭传北上，也算以悍制悍。

刘铭传生长在民风强悍的淮北平原，自小养成了一种天不怕地不怕的豪霸之气。李鸿章奉曾国藩之命回原籍招募淮军时，第一个就看中了他，"铭军"此后名扬远近，为李鸿章建立功业出了不少力。曾国藩用淮军剿捻时，指名要"铭军"随征。

陈国瑞带兵至济宁，与刘铭传部下交恶，杀伤甚多，踞长沟相持不下，清廷下诏虽严厉申斥，但并未治罪。曾国藩知道问题主要出在陈国瑞这里。在同治四年六月六日陈国瑞的禀帖上，写了多达二千余言的长篇批复，先以凛然不可侵犯的正气挫其嚣张气焰，继而历数他的劣迹暴行，使他知道自己的过错和别人的评价，当陈灰心丧气、准备打退堂鼓时，曾国藩话锋一转，又表扬了他的勇敢、不好色、不贪财等优点，告诉他是个大有前途的将才，切不可以莽撞自毁前程，使陈国瑞又振奋起来，紧接着，曾国藩又给他定下了不扰民、不私斗、不梗令三条规矩。

对不扰民，曾国藩说：

"昔杨素百战百胜，官至宰相。朱温百战百胜，位至天子。然二人皆惨杀军士，残害百姓，千古骂之，如猪如犬。关帝（关羽）、岳王（岳飞），争城夺地之功甚少，然二人皆忠主爱民，千古敬之，如天如神。愿该镇以此为法，以彼为戒。"

对不私斗，曾国藩说："至于私相斗争，乃匹夫之小忿，岂有大将而屑为之……昔韩信受胯下之辱，厥后功成身贵，召辱己者而官之，是豪杰之举动也；郭汾阳（郭子仪）之祖坟被人发掘，引咎自责而不追究，是名臣之度量也。该镇受软禁之辱，远不如胯下及掘坟之甚。宜效韩公郭公之所为，坦然处之。"

曾国藩对陈国瑞的劝解，就像是劝解自己的家人子弟，可以说是苦口婆心，让陈国瑞口服心服，无言可辩。后来，陈国瑞因纵恣不法，被遣戍黑龙江。在戍所慨叹说："吾早从曾文正公之言，不及此矣！"光绪八年死于戍所，年仅 46 岁。

曾国藩驾驭李世忠也是如此。他在写给其九弟的信中袒露心迹，说李世忠其人"最难处置，其部下诡计霸道，颇善战守。弟现与之逼处，常相交涉，宜十分以礼让自处。若不得已而动干戈，则当谋定后战，不可轻视"，并说"嫉妒倾轧，从古以来共事者，皆所不免，吾辈当躬自厚而薄责于人耳"。后来李世忠穷困之时，向曾国荃求救，乃兄写信给他，提出"宽严并济"之策：

李世忠穷困如此，既呼吁于弟处，当有以应之。三千石米、五千斤火药，余即日设法分两次解弟处，由弟转交李世忠手。此辈暴戾险诈，最难驯驭。投诚六年，官至一品，而其党众尚不脱盗贼行径。吾辈待之之法，有应宽者二，有应严者二。应宽者：一则银钱慷慨大方，绝不计较。当充裕时，则数十百万掷如粪土，当穷窘时，则解囊分润，自甘困苦；一则不与争功，遇有胜仗，以全功归之，遇有保案，以优奖笼之。应严者：

一则礼义疏淡，往还宜稀，书牍宜简，话不可多，情不可密；一则剖明是非，凡渠部弁勇有与百姓争讼，而适在吾辈辖境及来诉告者，必当剖决曲直，毫不假借，请其严加惩治。应宽者，利也，名也；应严者，礼也，义也。四者兼全，而手下又有强兵，则无不可相处之悍将矣。

曾国藩长期担任地方封疆大吏，又处于实务工作的最前线。用兵打仗，办洋务，处处要讲究实处。他又善于观察、总结、提炼，因此成为用人大师。这也成就了他的事业。

《雪堂客话图》（局部）南宋·夏圭

一代商圣范蠡的经商之道

孙立群

孙立群（1950年4月15日—2020年2月10日），南开大学历史学院教授，博士生导师。

代表著作有《中国古代的士人生活》《解读大秦政坛双星——吕不韦、李斯》《从司马到司马——西晋的历程》等。曾为中央电视台《百家讲坛》节目主讲人，录播吕不韦、李斯、范蠡、司马懿等历史人物系列讲座，广受欢迎。

范蠡作为中国古代一名成功的政治家、商人，给中国历史留下了极为深刻的记忆。近年来，随着范蠡故事的广泛传播，人们对范蠡的了解在不断地增多的同时，对范蠡其人其事的真实性也时有质疑。历史的关键是真实，如果流传的历史存在太多伪造的、不实的成分，那么势必使得历史的生命力大打折扣，这样的历史无疑是悲哀的。无论从宏观上把握中国的历史的脉络与影响，还是从微观上了解历史的细节与人物，都需要"真实"二字。

那么范蠡的故事的真实性到底有几分？通过查证史书可以得知确有此人，范蠡的许多重要历史故事和环节都是有史书证据的。但是，范蠡的部分故事却还没有经过史书的证明，比如范蠡与西施最后泛舟归隐，一起生活，这样的故事仅流传于民间传说之中，人们之所以喜爱这样的故事是因为中国人自古就有一种英雄配美女的审美情怀和对大团圆故事结局的美好期待。可是很遗憾，目前还尚未找到有力的材料证明其真实性。所以，历史真实性决定了范蠡故事的可靠性。因此，我们今天要探讨的范蠡是历史上真实的范蠡，而不是一种文学意象或神话人物。

　　当年范蠡在我国很多地方都留有遗迹，也可以证明范蠡存在的真实性。第一个地区是范蠡的出生地河南南阳，当地有范蠡研究会，专门研究范蠡早期的事迹。第二个地区是浙江绍兴，绍兴古称会稽，是当时古越国的都城，这是范蠡生平活动的一个至关重要的场所，范蠡从 25 岁离开南阳来到绍兴，直到 68 岁离开，在这里生活了 43 年，范蠡在此地扶越灭吴，建功立业。因此，绍兴可谓是范蠡的第二故乡，在这里留下的遗迹也最多。当地有一个范蠡祠，里面就有对当年范蠡的事迹的记载。第三个地区是山东，现在有两个地方都说是范蠡晚年的居住地：一个是山东定陶，此地原属宋国，后宋国为齐国所灭，因此定陶也归属齐国。据史籍记载，范蠡助越灭吴，后来离开越国到齐地，在此改名换姓，带领全家人不辞辛苦劳动经营，遂至巨富。另一个是今天山东泰安肥城，在此也有许多范蠡的遗迹，当地人也确信范蠡来过。这些年，我沿着范蠡的足迹行走，就是为了印证关于范蠡的历史记载。前不久我去到了浙江，除了绍兴，还去了西施的故乡诸暨，当地人对善良美丽的西施可谓情有独钟。西施的故事虽然经过了历代文学的演绎，略失真实，但通过研究把历史的真实写照从这些文学的创作中挖掘出来也是难能可贵的。虽然尚未发现大量可以用于佐证的史料，但从一些只言片语中还是能够知晓，西施和范蠡是当时该地区最为著名的人物。

一、真实的范蠡是时代的产物

时势造英雄，伟大的时代往往造就伟大的英雄，一个真实的历史人物所取得的历史成就是不可能脱离他所处的时代的。范蠡生活的春秋战国时代，是中国历史上变动最大、影响最深远的时代，也是一个英雄辈出的时代。公元前770年，周平王东迁洛邑，开启了东周也就是春秋战国的历史。在这个大变动的时代，社会结构由过去的贵族社会开始转变为平民社会，贵族在政治上和文化上的特权被打破，平民通过社会变动提供的契机和舞台施展着自己的才华。这样的时代为许多重要人物尤其是生活在社会中下层的名不见经传的小人物的成功提供了历史契机，范蠡就是在这个大变动的时代演绎了不平凡的人生。而春秋末期又是这个时代的巅峰，许多大师级的人物如老子、孔子都活跃于这一时期，而且和范蠡是同时代的。因此，无论是思想内容还是思想脉络，范蠡既继承了老子的道家思想，又吸收了孔子的儒家思想，正是在这样的文化氛围中，范蠡的思想和实践才得以展现得淋漓尽致，比一般人更有特色。

此外，成就范蠡的另一个重要原因就是春秋战国时代人的自由化。通观中国历史，人的自由程度是衡量社会文明和社会进步的重要尺度。春秋战国时代的人比以往拥有了更多的自由，主要表现在三个方面：一、流动自由。人的自由迁徙对于发挥人的潜能和作用至关重要，这个时期，人到各个地区发展创业已然成为一种时尚，甚至有"士而怀居，不足以为士矣"的说法。二、选择自由。这个时代，人们可以自己选择和决定自己从事的职业和献身的事业。三、思考自由。纵观中国历史，春秋战国时代是人们最能够无拘束地展现自己想法和理念的时代，这个时代没有思想禁区和敏感话题，人们可以自由地问天、问地、问社会，因此思考和言论的自由就成为产生伟大人物的重要前提。

春秋战国时期的社会可以被称为是一个"官退私进"的社会，范蠡的思想便根植于当时的社会土壤。在春秋战国以前，中国可谓是一个不折不扣的官家社会，国家几乎控制着整个社会的经济、文化和政治，所谓"普天之下莫非王土，率土之滨莫非王臣"。而这种社会生态在春秋时期发生了变化，国有的垄断色彩渐渐消退，个人意识开始觉醒，个人权利也开始拓展。例如宗法制逐渐松动，血缘关系已不再成为维系社会的主要纽带，人们获得了更多的自由，个人权利得到了更多的保障。另一方面井田制逐步瓦解，公田逐渐废弛，私田大量开垦，个人的利益也开始凸显。因此，从整体上看，国家对社会的控制逐渐松弛，社会活力开始迸发，人们也可以自由地作出选择，找寻道路。

正是在这样的大背景下，国家对于工商业的控制也有所减弱。在春秋战国之前，工商业是由国家直接控制的，因此称之为"工商食官"。而在这一时期，个人逐渐获得了对于工商业的独立的经营权。范蠡晚年就是充分利用了这一契机，作出了经商这一职业选择，为他施展才能创造了巨大的空间。虽然经商在范蠡的生命中只占了很小一部分，但其意义却十分重大。一方面，范蠡成为中国商人的鼻祖，后世说富，言必及"陶朱公"；另一方面，范蠡还提出了许多经商的理念，为后世所尊崇效法。

所以，春秋战国这一时代为范蠡大展宏图提供了广阔的舞台，范蠡也利用这一历史契机最大程度地释放着自己的能量，取得了非凡的历史成就。因此，历史上的范蠡形象与事迹是可信的。

二、司马迁对范蠡形象的塑造功不可没

真实的范蠡形象的呈现还应该归功于司马迁。司马迁在审视当时的历史社会的时候注意到了当时社会上出现了一批可以自由行走和贸易的商人，已然成为社会的一股重要力量，因此司马迁在撰写《史记》的时候便将当时的富商巨贾记录在了《货殖列传》中，这在以前的史书中从未有过，而《货殖列传》可谓是中国最早的"富豪排行榜"，范蠡在其中位列榜首，另外还有如子贡、白圭、猗顿等人都是这个时代经商致富的佼佼者。因此，中国商人形象呈现的历史是从范蠡开始的，范蠡可谓是中国商人第一人。

《货殖列传》的意义还远远不止于塑造了范蠡的历史形象，其中蕴含着司马迁对商人群体认知和对人生财富的价值观。《货殖列传》有曰："布衣匹夫之人，不害于政，不妨百姓，取与以时而息财富，智者有采焉。"司马迁认为，商人没有违法乱纪，也没有干扰百姓的生活，就是通过自己的劳动，与时俱进来增长财富，而在上位的"智者"应当去吸取商人的成功经验。而且在《货殖列传》中，司马迁还表达了他的财富观和社会价值观，曰："富者，人之情性，所不学而俱欲者也。"又说："夫用贫求富，农不如工，工不如商，刺绣文不如倚市门。"司马迁认为求富是人的天性所致，是人欲的正常表现，而在社会分工中，最能得富者就是经商。

那么政府对经商者应该采取什么态度呢？司马迁说："善者因之，其次利道之，其次教诲之，其次整齐之，最下者与之争。"政府最上佳的选择就是让人们自由地发展经营，其次是对商业活动进行一定的引导干预，再次是政府对商人采用训诫的态度，又次是政府用制度规定来约束商业活动，最次是与商人争夺财富利益，这就违背了商业的发展规律。司马迁的这些言论矛头实际上就是针对当时汉武帝的经济政策，因为从汉武帝时代开始出现了官商勾结的现象，这对正常的商业活动是一个极大的打击。因此司马迁用这五种理财价值观影射了汉武帝的作为。通过《货殖列传》可以看出，不同于传统的重农抑商的观念，司马迁对通过诚实的劳动和经营而致富的商人采取了肯定的态度，对待财富的认知也是比较公正和客观的。因此，著名国学大师南怀瑾在一次给 MBA 学员的讲座中，特别推荐了《货殖列传》，强调《货殖列传》可以为治理国家和管理企业提供很多的经验与道理，甚至说读懂了《货殖列传》你就差不多读懂了人生。

三、范蠡的生命旅程

范蠡的故乡在今天河南南阳的三户村，据一些遗迹和史料记载，范蠡早年个性张扬，我行我素，不合群不从众，因此与乡亲们的关系并不十分密切和谐，而且经常一个人自言自语，因此人们都认为范蠡是个疯子。当时宛县县令文种听说了范蠡，就派人去打探，而打探的人回报也说范蠡有神经病，而文种却认为："吾闻士有贤俊之姿，必有佯狂之讥；内怀独见之明，外有不知之毁，此固非二三子之所知也。"坚信范蠡有非凡的才能，因此要亲自去见范蠡。文种与范蠡第一次见面，范蠡竟然和路边的狗在一起学狗叫，文种见后也不气不恼，一笑置之。第二次见面，范蠡穿戴整洁，恭敬礼貌地与文种交谈，两人志同道合，一见如故，成为忘年之交。二人都心怀大志，胸怀天下，关注社会时事，决心辅佐某位君主参与春秋争霸，范蠡指向东南，两人遂毅然决然奔赴吴越，辅佐越王。

公元前 494 年，吴越会稽山之战，是吴越争霸中一场具有划时代意义的战争。这场战争吴国战胜越国，越国几近亡国。文种、范蠡劝越王接受败局和吴国提出的条件，忍耐待时。越王勾践遂答应了到吴国做人质奴隶的条件，范蠡也追随越王勾践去了吴国。经过三年的忍辱负重，范蠡帮助越王勾践渡过了难关，消除了吴王夫差对越国的怀疑，夫差也同意释放勾践回国。勾践回国后，关注民生，整顿军队，打造武器，越国逐渐强大。范蠡在越国都城会稽主持修造了一座小城，其城三面有城墙，单单面对吴国的那一面没有城墙，即是表明对吴国不设防之意，借以迷惑吴国。

公元前473年，越国一举灭吴，结束了吴越长达20余年的争霸战争，范蠡、文种也帮助越王勾践立下不世之功。

灭吴之后，范蠡功成身退，离开了越国，来到齐地务农。首先，范蠡改名换姓，自谓鸱夷子皮，通俗的意思就是大皮囊。范蠡之所以改叫这个名字，可能与西施有关，这也是了解推测范蠡与西施关系的一条重要证据，其中曲折，待后文详述。范蠡来到齐国后，据《史记》载："耕于海畔，苦身戮力，居无几何，致产数十万。"这时的范蠡已年近七旬，带领全家人苦心经营。但在海滨这样的盐碱贫瘠之地，范蠡竟然靠耕种发财，这显然不合常理。其中的关键在于如何理解"耕"字。若把"耕"仅仅当作种地理解显然是不准确的，应该还有"经营、生产"的意思，也就是范蠡带领全家做起了海边的生计，包括海盐、海上捕捞、海上养殖等，不几年便发家致富。因此范蠡很可能是中国历史上最早的"沿海经济特区"的创建人。正是这些成就，才让人们知道了这个在海边劳作的老农民原来就是曾经的越国上将军范蠡。齐王知晓后，请范蠡来到朝堂，要拜范蠡为相，范蠡也不好推辞便应承了下来。可范蠡总感觉"久受尊名，不祥"，于是"乃归相印，尽散其财，以分与知友乡党"。又带着全家人离开了齐地，来到了陶经商。仔细推敲分析可知，应该是范蠡在齐国遇到了麻烦。为此，我专门请教了河南大学的朱绍侯教授，他指点我应该结合范蠡在齐国期间的历史材料进行比较分析。按照朱先生的思路，我查阅了史料，果然发现，范蠡来到齐国的时候，恰逢齐国内乱，也就是历史上著名的"田氏代齐"。齐国原为西周功臣姜子牙封国，国君一直是在姜氏族内传承。田氏原是齐国的大夫，后田氏势力壮大，以至于可以威胁国君。公元前481年，田氏大夫田常弑杀齐简公，这个事件可以被看作是中国历史由春秋时期进入战国时代的开端，而此事恰逢范蠡入齐之前，因此让范蠡感到不安，范蠡也说："居家则致千金，居官则至卿相，此布衣之极也。"显然，范蠡在感慨自己的人生都到了顶峰，因此思前想后还是决定归还齐国相印，散尽家中财产，选择离开。从这件事可以看出，范蠡实际上也是普通人，他没有高超的境界，可以将万事万物都应对自如，只是能在巅峰时选择急流勇退，跳出旋涡。

离开齐国之后，范蠡来到了陶。据《史记》载："陶为天下之中，诸侯四通，货物所贸易也。"可见陶是当时的交通枢纽，非常适宜经商。范蠡"乃治产积居，与时逐而不责于人，故善治生者能择人而任时"。这非常能反映范蠡的经商之道，就是能与时俱进，于是"十九年之中，三致千金"。范蠡发财之后"再分散与贫交疏昆弟"。又把自己的财产分了，因此司马迁由衷赞叹："此所谓富好行其德者也。""后年衰老而听子孙，子孙修业而息之，遂至巨万。"可见，范蠡晚年虽不直接参与经营，但范氏家族的财产还在不断增值，"故言富者皆称陶朱公"。

范蠡与西施的故事广为流传，早已深入人心。那么这些故事到底有几分真实几分演绎呢？其实，范蠡和西施虽是同一代人，但二人年龄差距甚远。越王勾践立志复仇，便抓住了吴王夫差的好色的弱点，派当时已年过五旬的范蠡去寻访美女，以献给吴王夫差，用女色麻痹销蚀其斗志。范蠡来到了诸暨，发现了西施，将其送给吴王夫差。这件事在正史如《史记》《左传》《国语》都无记载，而民间的书籍史料则对西施记载甚多，如《庄子》《韩非子》等等。所以关于西施存在的真实性又成为一个问题。我认为，西施是确有其人的，与范蠡生活的时期离得最近的人是墨子，而《墨子》里就记载了西施。《墨子·亲士篇》中列举了四个因自身特质而死的人：比干、孟贲、西施、吴起。比干因忤逆商纣王而死，孟贲因自恃其勇力，举重物失手而死，吴起因变法得罪楚国权贵而死，唯一一个女性就是西施，曰："西施之沈，其美也。"就是西施是因其美貌而被沉入水里而死。西施用美色迷惑了吴王夫差，助越灭吴，西施的使命完成之后，越王勾践认为西施没有了利用价值，就将西施沉入水底杀死。《东周列国志》中也记载，越王勾践的夫人在回国途中，把西施拉到了甲板上，说："亡国之物，留之何用？"就将其装入鸱夷子皮也就是一个大皮囊中推入水中，西施就这样死去了。当然这固然是野史，但也不排除勾践杀功臣的手段。所以西施之死，就是越王勾践杀功臣系列中的一个缩影。而范蠡当时正准备离开越国，得到了西施之死的消息，心中十分怅然，为善良美丽的西施失去生命感到惋惜，因此索性将自己名字改作"鸱夷子皮"，暗含着对西施的同情与怀念，甚至是对西施的暗恋。这应该就是范蠡与西施故事的原委曲折。

四、范蠡的价值与意义

范蠡活了80多岁，现在对他的评价是：杰出的政治家、军事家、中国古代商人鼻祖、中国最早的慈善家。自古以来，历史上对范蠡的评价也甚高，在班固《汉书·古今人表》中，将1000多位有名的人物根据其品德、档次分为九等，而范蠡在第三等"智人"之中。在刘邵的《人物志》中评价范蠡曰："思通道化，策谋奇妙，是谓术家，范蠡、张良是也。"

唐代碑文更誉之曰："忠以为国、智以保身、商以致富、成名天下。"忠君爱国，是中国古代正统的价值观，是儒家的传统，支配了千百年来中国人的行为方式。春秋末期，全国争霸的焦点从北方转移到了南方，吴越争霸最引人注目，范蠡从25岁离开故乡南阳来到浙江会稽，辅佐越王勾践40余年，终于帮助勾践雪耻灭吴，可谓"忠以为国"。而在古代，"忠"和"智"实际上存在一定的矛盾，臣子选择了忠于君主就不能有自己的小心思，可范蠡却明白，越王勾践并不是他最终的依靠，因此在灭吴之后即向越王勾践请辞，远走高飞。而在离开之前，范蠡在给大夫文种的信中写道："飞鸟尽，良弓藏；狡兔死，走狗烹。"这成为中国最早看清帝王心态的一句话，帝王是可与患难而不可与同乐的，因此范蠡急流勇退，用自己的智慧使自己能够全身而退，免遭杀身之祸，此可谓"智以保身"。范蠡离开越王勾践之后又实现了华丽转身，先务农后经商，"十九年之中，三致千金"，可谓"商以致富"。范蠡先从政后经商，从政则建功立业，经商则聚财千金，故司马迁也赞曰："范蠡三迁，皆有荣名。"因此"成名天下"。

然而有趣的是，为什么历代帝王对范蠡似乎没有过多的褒奖，却十分推崇如诸葛亮、岳飞这样的人物呢？因为在君主眼里，范蠡并不是一个合格的臣子，合格的臣子应该如诸葛亮、岳飞一样，从一而终，即便付出生命的代价也要忠于君主，显然范蠡并不是这样的人物。

但我认为，衡量范蠡的标准不应如此刻板，范蠡能够在那个时代充分发挥自己的能量，实现自己人生价值的多元性，最大限度实现人生意义，才是范蠡的价值所在。

五、范蠡的思想与精神

范蠡的经商秘诀和营商之道也应综合多种材料总结得出。一方面来自正史，也就是《史记·货殖列传》中的记载，另一方面则来自范蠡的老师计然。计然是一个具有道家风骨的人，是老子的学生，也就是说范蠡应该是老子的再传弟子。因此，范蠡的思想倾向是道家的，其特点就是做人低调，做事稳重有把握。而儒家孔子的思想也对范蠡产生了影响，就是从政认真尽心。所以范蠡是一个儒道互补的人物。《国语》中有句话很好地反映了范蠡的思想，曰：“夫国家之事，有持盈，有定倾，有节事。”“持盈”就是保持盈满的干劲，“定倾”就是解决问题，使国家恢复常态，“节事”就是脚踏实地地干事，不好高骛远，也不垂头丧气。

范蠡与我们今天的时代并非渐行渐远，大凡成功的有时效性的历史都是可以为今天所借鉴的。从范蠡的思想和实践中，可以总结五种精神：第一，不断进取，艰苦奋斗。范蠡从来不坐享其成，即使到了80多岁还在奋斗创业，因此这种精神在今天也是难能可贵的。第二，儒道互补，健全人格。范蠡的成功与其儒道精神的互补有直接关系。儒家是入世的，强调要为国家做贡献，范蠡做到了；道家强调保持内心的平和淡定，范蠡在人生巅峰时急流勇退，在实践道家精神上也演绎得很成功。第三，脚踏实地，勤谨务实。范蠡从不说空话，不怨天不尤人，从自己做起，真诚经商，智慧经商。第四，富而好德，回报社会。虽然范蠡当年的经商与现代社会不同，范蠡在数度富裕之后分散家财也与当今慈善事业有很大的区别，但范蠡的经商理念和社会思维却对中国的商业社会产生了至关重要的作用，而且经过历代的不断完善已成为系统，我们今天看到后人总结出了许多范蠡经商的法则与概念并将其应用于社会实践中。

关于范蠡，还有很多的故事可以诉说。在我们对范蠡有了大致的了解之后，会觉得范蠡并不是空洞和抽象的，而是一个有血有肉的人。我们做事做人应该向范蠡学习，他治国有方，经商有道，为后人所称颂。

《文会图》（局部）北宋·赵佶

大 知
行 道

14

中国商政文化——经世济民的思想道场

单　纯

中国政法大学人权研究院荣休教授，国际儒学联合会副会长，澳大利亚《跨文化思想家》(The Cross-Cultural Thinkers英汉双语季刊）主编。

研究领域：人权法学，儒家思想，运用伦理学，宗教哲学，法哲学。美国艾尔文尼亚大学和哈姆林大学，澳大利亚邦德大学，德国波鸿大学和科隆大学兼职教授。

　　中国的学问是一个百科全书式的学问，用司马迁的话来讲就是"究天人之际，通古今之变，成一家之言"。与之相较，西方的学问则是"分门别类"的知识集成。当我们最早把亚里士多德讲授的古希腊知识体系（Aristotelian Disciplines）介绍进来的时候，把它翻译成科学，以为科学是一个很高尚的词。后来中国社科院的老院长李慎之告诉我，他父亲那一辈人讲"科学"一词时，认为是一个很有局限的词，是"分科之学"，有学科壁垒之嫌疑。杨振宁曾经在人民大会堂作过一个报告，讲了中国科学为什么落后，他认为是因为《易经》比较教条化思维的影响:《易经》里面讲的卦象有一点迷信的味道，所以就阻碍了科学发展。李慎之就此事对我说，他也认为《周易》不是科学，但不是科学并不表明它比科学低，它在某些方面比科学高就对了。过去的学人讲到科学的时候跟现在的概念不一样，是在与一个百科全书式的中国学问作比较，其意义如英国科学家约翰·泽曼说的，科学家对越来越少的东西知道得越来越多，而哲学家对越来越多的东西知道得越来越少（scientist knows everything about nothing, while philosopher knows nothing about everything)。《周易》讲"范围天地之化而不过，曲成万物而不遗"，是一种哲学家的使命，而非科学家的严谨。这是《周易》所代表的中国文化与西方科学文化的差异与特色，无所谓"高低是非"之分。

就中国司马迁所谓"天人之际"而言，我们说诸子百家，不管是六家也好，十家也好，还是百家也好，总是没有提到商家，而商家又是很重要的，但却一直被忽略了。我今天要把这个问题梳理一下，把我在国际上交流的经验和视野带进来，看看我们是不是有一个领域、一个很大的知识宝库被忽略了，或许将来有机会在实践和研究中把它发掘出来。

这个题目就是商政文化。正如我们要定义一个事物，物质是静止的还是运动的，先要选一个参照系。要传播一个思想，解释一个文化，先要确认一下你是跟什么人讲，是在什么环境里面讲，我们把它叫作道场，我们也要有这样的一个思想参照系来讲商政文化。为什么会选一个经世济民的标题？这也需要一个思想的参照系。西方经济学实际是资本、生产、商品、分配和消费整个过程。可是中国经典话语中讲经济不是这个意思，中国讲经济或"经世济民"是政治经济学。民就是人，要讲约束人在生产、分配和消费过程中的那些原则和规则的关系，所以中国人讲经世济民是从政治学这个层面来讲的。

一、政治伦理与经济的关系

现在我们说的经济学主要关心的是财富增长和计算的问题。实际上财富在中国文化里面，它有两个性质：一个是讲数理统计性，我们可以算一下 GDP 是几万亿还是几十万亿，收入增长是百分之几，这是一个数学定量的办法；还有一个是社会伦理的办法，它包含着谁拥有这些财富，用什么样的方式积累这些财富，用什么态度来评价这些财富。经世济民不仅仅是一个简单的数量增长的统计学概念，而且代表着对从事经济活动的人的态度。这是有社会伦理性的，所以才叫经世济民。我们经常会听到定量的数据性增长的报道，比如 GDP 增长几万亿，年增长百分之几，多少公司注册，带动投资多少，中国又是世界第二大经济体，很快要变成第一大经济体了等等，这些数量经济学的东西我们天天都在讲或听讲。

但是这种经济增长后面蕴含的伦理、蕴含的政治道德往往不被报道，也不加以讨论。我们认为那是政治学，跟经济学没有关系。实际上并非如此。

（一）诸子出自王官论

我们讲财富是什么？财富就是跟伦理、跟人的生命有关系的，我们以前把这个叫"治生学"，司马迁赞誉中国商人的祖师爷白圭为"治生之父"，中国人习惯称商人为"生意人"，或称治病的人为"医生"，其中折射出《周易》"天地之大德曰生"的生命伦理，所以是"治生"和"医生"，而在西方"商人（businessman）"和"治病者（doctor）"并不包含"生命"的伦理意义，这两个价值中立的概念，在中国就是治理、管理我们生命延续的这样一套带有伦理的学问。生命延续包含两个含义，一个是生物学的生命延续，还有一个就是伦理。比如一个家庭，不是在真空的生物机器里面把精子和卵子结合在一起然后产生生命，它是夫妻之间的一种生命情感、家庭伦理和社会责任。所以说到生命，中国人首先想到的是道德，而不是首先想到生物机器，这和西方不一样。西方直到启蒙运动、工业革命以后，还有专门的著作说人就是一架机器，如18世纪法国唯物主义哲学家拉梅特里写的《人是机器》。而中国从古代一直就是这样，思想家将人看成是一个道德的见证者，是"人者，天地之心也"，自然也发誓要"为天地立心"。

我们接着再讨论一下政治伦理和经济活动之间的关系和后果。近代一说经济学我们就有一个开宗立派的思想家，就是西方的亚当·斯密，他一方面在讲《国富论》，讲经济学的数量统计，另一方面他专门写了一本书叫《道德情操论》，讲经济学里面蕴含的伦理。里面也讲了很多政治伦理和社会伦理，其中还举了中国的例子，因为亚当·斯密时代的中国还是比较强盛的康乾盛世。他说，如果亿万中国人因为一场大地震而受难，一个英国商人在良知和道义方面的绝对命令之下，绝不会因此去发中国人的苦难之财，这是由人内心普遍存在的善良、道义、羞耻感和崇高人性所决定的。这就是商业中的利益与政治中的伦理之间的必然联系。因此，我们说春秋战国时代，最初形成的诸子百家思想实际上都是跟政治有关系的，诸子都是来自于王官，叫作"诸子出自王官论"。这个"王官"流落到民间之后形成的诸子百家的文化，孔子把它叫作"礼失而求诸野"，"王官"不是希腊的"僭主"，"礼"也不是僵死的法律制度，它们本身都蕴含人类的温情和"礼贤下士"的公平伦理。孔子的时代是周代。周代这个国家的政治治理、社会治理叫"礼乐之治"，我们古代理想的社会也叫"礼乐之邦"，到春秋这个时代就"礼坏乐崩"了，结果就是"天下大乱"，治理国家的这些人就流落到民间来了，所以叫"礼失而求诸野"。在国家层面王官没有了，但是这些人开始跑到民间来形成了自己的思想派系，司马迁的《史记》或班固的《汉书》都有这些记载。

现在我们知道某个大的思想模块都是出自于某一个官，比如说儒家出自司徒之官，道家出自史官，阴阳家出自羲、和之官等等，诸子都是出自一个王官的。研究诸子最早说是六家，如司马迁父司马谈《论六家要旨》，后来说六家不够全面；诸子百家，六家怎么能概括呢？《汉书·艺文志》说"诸子十家，其可观者，九家而已"，不管是百家也好，十家也好，还是六家也好，但是他们原来都有一个背景，即周代确立的"礼乐制度"，所谓"周公制礼作乐"，但是在周代礼坏乐崩后这些流落到民间的官员就成了开宗立派的思想家了。

（二）经济基础决定上层建筑

"诸子"思想成就了中国古代的思想辉煌,正所谓"诸子出自王官论"。在"诸子出自王官"里面有一家就是商家。当时即周代的政治有一句话叫"耕战之术"。要富国强兵用什么办法？那就是耕战之术。耕战都是跟商有关系，当时的农不光是种地，种地（有了剩余）之后，农就自然带有经商的地位。比如当时的井田制，井田划分出的九块地让八家人来种，每家占一块，中间这一块就是公田，给国家管理的。

"井"中最中间的"一块"田为"公田"，由八家人共同耕种，他们也可以用自己耕种地块剩余的产品进行交易，他们在完成了"公田"义务之后，有交易自己产品的权利和自由,这就是经商。所以我们把商人也叫"市井小人"。叫"市井小人"并不是贬低他们，而是说他们是自食其力的人且可以自由处理自己的产品。当然现在说"市井小人"有贬低的意思，那个时候不是，古代的制度市井小人就是替国家官员、君子大人在种中间这一块井田并允许有货物交易行为。井田制中间的第九块也是最核心的这一块。一个单独的井田通常为九百亩,即孟子说的"方里而井，井九百亩，其中为公田。八家皆私百亩，同养公田。公田事毕，然后敢治私事，所以别野人也"。八家各种一百亩私田，共同耕种中间的一百亩公田，以完成对国家的税收。在这个社会最小生产、交换和消费单元中，田是耕种，井是生产、交换和消费制度，即"市井"，这就将商业和农业组合到一个社会治理体制中了，"君子"和"小人"在这个治理体制中，而"野人"是这个体制之外的人，纳入这个治理体制也就转变成了"市井小人"。这是商人被称为"市井小人"的最初含义，显然有商政的内涵。后来管仲说"士农工商"，把商人看得很低，这个已经是井田制被破坏以后的情况了。社会环境变了，这是当时的社会管理者如管仲等人，在礼崩乐坏这个大的制度变换中的思考。这个思考并不是一个事实的描述，只是他决定要用一个规范，让士农成为一个稳定的、规范的一种价值导向，并不是描述一个基本事实。

（三）轴心文明时代

在诸子百家政商文化形成的时候，那个道场，即那个思想环境是什么呢？是德国哲人亚斯贝斯所谓的"轴心文明时代"。在那个时间段内人类文明在希腊、罗马、中国、印度、埃及、巴勒斯坦这些地方，各自出现了一种超越各种经验局限的文化，即思想和生活方式，把它周边的民族凝聚起来，延续发展。在"轴心文明时代"大家同时进入一个典型时期，有几个文明可以形成一种文化聚合力并且延续下去。比如印度文化和中国文化还在本土，希腊、罗马文化基本上就漂移了，而在犹太教、基督教和伊斯兰教发育的西亚巴勒斯坦地区，希伯来这个文化通过近代"犹太人复国运动"又回到了本土，但是这个西亚本土的巴勒斯坦是一个很小的经常打仗的地方，伊斯兰教和基督教、犹太教在那里打得不可开交。伊斯兰教扩展到北非和中东这一带，基督教扩展到北美和欧洲去，这都是漂移型的文明。像其他地方，比如埃及，那个古文明已经变成伊斯兰的文明了，这是一个很大的变化。只有中国、印度文明还在本土。印度曾经被伊斯兰教控制过，后来近三四百年又被英国殖民了，所以，严格意义上也不是原来的文明形态了。真正保留下来的一个比较稳定的轴心文明就是中国。中国比较稳定，两千多年都是在这个土地上。这叫作"亘古亘新"或者"民族的伟大复兴"。

轴心文明就是这些地区出现了一个思想，这个思想是比它周边的思想要超越一些，有统和力的，有一个最高概念，比如说神也好，中国的孔子、老子也好，形成道家、儒家，形成了中国文化的凝聚力，西方那边就有宗教信仰者心中的上帝，希腊有哲学，罗马有法律，中世纪的欧洲有基督教文化的凝聚力。印度就有印度教的一些核心概念。这些文明里面最典型的就是希腊文明和中国文明，一个是农业文明，一个是商业文明。希腊是一群小的城邦，在爱琴海和地中海那一带活动，所以这群小城邦之间来往就是靠海上的交流沟通去形成一个商业文明，跟北非和西亚，和西欧、中欧和北欧之间有地理上的便利和商业来往，形成了一个商业文明体系。相比之下，中国就是一个比较稳定的农业文明，这个文明既不容易向外扩展，也不容易被外面征服。轴心时代的这个环境，中国能走的地方只有一个方向就是西边，其他方向都不太容易。南边是热带雨林地区，这个地方很容易生病，我们叫作南蛮之地，或者是"瘴地"，即"乌烟瘴气"的恶劣环境，以前当官都不去南方，去南方都是被赶着去的，有瘴气的，热带雨林地区很难生存。东边是大海，当时没有海上交通工具跨洋出海，也没有办法和外面沟通。北边是沙漠，相对比较容易走出去，但是北边碰到一个生活方式跟中原地区不同的游牧民族。游牧民族骑着马，有草就放牧，没草的时候就抢劫。中国人很怕他们，中原人跟北方的匈奴总是没有很好的解决办法，干脆就修长城吧，挡住算了。他们（游牧民族）后来就向罗马帝国迁徙了。

当时唯一能走的就是西边，所以中国形成一个向西的概念，我们丝绸之路也是向西走的，然后印度来传播佛教，中国人要去"西天取经"也是要到那个地方去。所以中国人养成一个习惯，我们凡是要向外学习，就叫"西化运动"，或者向西学习。汉代的时候把这个地方叫作西域。西域是很强势的地方，周朝是从西域来的，秦朝也是从西域来的，所以西周、西秦和西汉，这三个概念都是中国人可以往外走动的地理概念，也是文化概念，所以我们说中国很早就有一个"西化"过程。当时，西周占了三分之二的天下，还要"以服事殷商"，最后商纣王太残暴了，周武王推翻了他，取而代之，所以叫"岐周"治天下。如果商代实行比较好的政治的话，起源于西部岐山的周还是愿意帮助它的。即便岐周代商之后，周公对商代的人都很好，包括建国之后，仍然给商代的后裔封一些地盘。如封商王室的贤人箕子去朝鲜。箕子是商代的贵族，当时周也不忍心灭他，还是给他一个领地。就是说如果你愿意待在中国可以给你封一个地，如果不愿意待在中国，请你选一个最好的地方，我们护送你去，他就选了一个他认为最好的地方朝鲜，选了一个"朝日而鲜明"的地方，所以箕子就到了朝鲜半岛。孔子后来说"道不行，乘桴浮于海"，意思是如果我在中国还行不通我的理想，我也像箕子一样，就从山东出海到韩国去算了。所以韩国对儒家有一种感情，就认为孔子是他们先祖的后裔，因为孔子的祖上是殷商王室的贵族，跟箕子是比较近的王室宗亲。

中国西部的秦和晋都是古代对外交流的通道。我们说西秦，在某种意义上，晋也是这样都是地理的方向，是对外交往的必经之路，争夺这个通道的冲突也比较明显，所以"结秦晋之好"表示古代陕西与山西是西部的近邻，希望那里安全与和平，以便于对外交往。从西边的秦出去就是陕西秦岭，再出去就是印度。印度再远的地方怎么办？丝绸之路我们通达的罗马古代叫什么，叫作大秦，"大"的意思就是比秦还远的意思，古代汉语中的大、太、泰、远都是近义词。所以丝绸之路说罗马在什么地方？罗马就是大秦，比秦还远的地方，到了严复这个时代，就称为"泰西"了；他已经看见整个世界了，还是用西边指遥远广大的概念，所以就叫"泰西"了。地理上我们这个农业文明有一个局限，古代与外面交往十分不容易，西边的秦岭是唯一可能交往的地方。这个地理与历史的障碍使我们交流很困难，海边没有交通工具走不了，南边有热带雨林的瘴气活不下来，然后北边有匈奴打不过它，这是草原民族带给农业文明的挑战。所以唯一能走的、相对和平的就是西边，西边克服一些自然障碍还是可以出去的，所以我们一直就有一个向西开放的概念。

凡是开放走动，实际上打前沿的总是商人，是为政治家去探路的人。因为经商可以减少一些政治敏感和军事敏感度，就要用"耕战之术"。这个耕里面就有商的意思，有一个商战的意义在里面。那时候在西方的海洋文明与商业文明并存，当时的商业文明中，商人的地位是很高的，但是不如哲学家和宗教学家。比如中国人说毕达哥拉斯是一个科学家，因为我们耳熟能详的"毕达哥拉斯定理"。但西方人不这样认为，西方人认为他首先是一个宗教家、神学家。比如参加奥林匹克运动会的这些人，最赚钱的、最有积极性的当然是商人，因为他把这个搞热了，就可以牟利。运动会的时候也可以艺术欣赏，表演诗歌戏剧，那么哲学家、诗人、政治家、军事家都在这个场合来表达交流自己的思想，他们也借了商人的利。所以那个时候希腊人对商人还是比较崇拜的。毕达哥拉斯从宗教学来讲，说你不能崇拜商人，因为他们都是逐利之徒，宗教家都是讲上帝的道义的，不能讲简单的利益，他对商人有一个批判的态度。但事实上商人确实和我们井田制下的农民一样，都是很有影响力的，是这个国家的基础。

二、关于必然性与应然性

汉朝以后，中国就形成了重本抑末或者说重农抑商的政策，有一个本末置变。认为农才是本，商就是末，本就是树的根本，商人只是这棵树长到最后的枝枝叶叶的东西，并不重要。如果我们对一个历史事实的描述，比如商人和农民，包括井田制下的农商结合，就是说生活在这个环境里面一定是这个样子，我们把它叫作必然性。宗教家和哲学家来看这个问题的时候，如果都是这样的必然性，就是农民和商人在这个地方做实业，我们这些观察的人还有什么意义呢？宗教家和哲学家对这个必然性进行总结，这个必然性今天是一个事实，但是你知道它明天怎么发展吗？他们生产物质产品，我们生活必须要用的，他们做我们口腹的生意，就是食货，汉代把这个学说叫"食货志"。农民和商人提供人们肉体生命所需的食品和衣服这些东西，宗教家哲学家则来指导人们的精神生命，给他们的思想开一个方向，让他们知道将来怎么样发展，所以把这些宗教学家哲学家比如毕达哥拉斯，包括我们的孔子，他们研究的问题就叫应然性。

这些做实际事情的人将来应该怎么发展就有一个应然性和一个必然性之间的调和问题。回答这个问题则是哲学家或者神学家的事，中国古代写书回答这个问题叫"应帝王"。古代人像庄子写"应帝王"，孔子做帝王之师，孟子去教育这些诸侯国的国君"与民同乐"，孔子周游列国，都是"应帝王"，这个应帝王不是我答应帮帝王做一点事情，而是我告诉帝王你们应该做什么，将来怎么做。你们看冯友兰写"新理学"体系，就是把儒家的理学更新成一个与时俱进的新体系，由六本相互关联的著作构成，名为"贞元六书"，其中《新世训》也有一章叫"应帝王"。哲学家讲这些绝不是吹捧帝王，而是将"应然性"超越于"必然性"之上，皇帝、商人也好，职业的"百工"也罢，你做的东西都是"必然"这样子的，如我要活着当然要吃饭穿衣了，我要管理一个国家当然有军队，有警察，有法律，这些都是必然性的问题。但是你基于什么目的来管？管了之后大家服不服你管？最后这个解决办法是看被管理者的心里面是什么感受？即"民心向背"问题，社会治理的目的与民心感受问题，都属于"应然性"的价值取向问题，不是一个政治家的权力所能"必然"解决的，也不是商人的"食货"所"必然"解决的，这样靠哲学家或圣贤提出一个治理或维系社会生存的价值取向，在西方就把这种"应然性"对必然性的操纵叫作"哲学家—王（philosopher-king）"，一如儒家宣扬的"贤者为帝王师"。

　　你要做一个王，但是我在前面给你加一个哲学家，让他来告诉你应该怎么样。那么在中国就叫作圣王，或者圣贤。每一个皇帝或者王我们都要给他加一个称号，应该是个圣人，如果不是圣人就要请一个圣人做他的老师。我是个当国王的人，谁来向我汇报工作，你到我办公室来，因为我是大官，你必须得来，皇帝下诏书就必须来。但是有一种人可以不来的，他也不是你的臣，那就是老师，就是人格独立的学者。所以孟子说"王者有不召之臣"，他是当你的老师，你作为学生要去向他学习的，这就是"应然"和"必然"。西方人把这个叫作哲学王，中国叫作"圣人为帝王之师"。"应然性"这是一个很哲学和逻辑的讲法，在商政关系中就是"义"，它作为"利"的价值取向，叫作"见利思义"。在实际生活中，一个人在我们的社会生活中必须有必然的部分，比如衣食住行；还有一个应然的部分，就是在我们的脑袋里面确立我们的志向，我们的价值诉求的这一部分，这一部分实际上就是人的内在良知，由它支配外在生命的必然，两者的关系就是"内圣外王"，也可以叫"圣人意识"。所以正统儒家人说每一个人都是圣人，"满街都是圣人""人皆可以为尧舜"，因为这些圣人在每一个人的心里面，我们每一个人除了一个生物学的构造以外都还有一个道德意识构造，这个道德意识构造可以超越生物学的构造，然后指挥生物学这个必然性朝什么地方发展。

如果两者产生冲突怎么办？那你就用你的应然性超越必然性。现在说起来都觉得不可思议，可是他们那个时代就是那样说的。所以孔子才有"杀身成仁"，孟子才有"舍生取义"。在中国这种"杀身成仁，舍生取义"例子太多了，明代的朱棣在北京做燕王的时候，他的谋士、精通儒释道三教的军师姚广孝劝他"轻骑挺进，直取南京"，夺取朝廷政权后千万不要杀建文帝的忠臣方孝孺，如果杀了方孝孺，就绝了天下读书人的种子。方孝孺是儒家谱系中一个很了不起的人，他就实践了"杀身成仁，舍生取义"。朱棣篡取南京朝廷政权时，把这个事情忘了。他的侄儿即建文帝已经烧死了，然后他就准备登基了，要写继承大统的诏书，谁写得好呢？帝王师肯定写得最好，就把方孝孺叫来。方孝孺不仅不写诏书，还骂朱棣是篡位、逆贼。朱棣就很生气，当时在气头上就说，你还敢骂我，你知道最严重的刑罚是什么吗？方孝孺说我不知道，你说来听听看？他其实就是藐视朱棣。朱棣说诛灭九族是最残酷的惩罚，把你父亲、母亲，你妻子上下三代这边算九个族，相关联的亲属找来，要杀成千上万的人，全杀掉。方孝孺说你诛十族又怎么样？朱棣也较真了，只听说诛九族的，还没听说诛十族的，这个知识分子，这个哲学家就敢跟我说，他用第十族来挑战我。你看这个讲"应然性"的儒生方孝孺有多了不起。朱棣就真给他来一个诛十族。朱棣后来一想，历史上没有过，哪有十族啊。有人说他是老师，是知识分子，肯定有很多学生，把他的学生加起来算一族。结果朱棣就派人把他的学生大概847人搜集起来，算成方孝孺老师的学生这一族全杀了。

这就是我们说的"应然性"和"必然性"的问题，每个人实际上都有这种"应然性"，满街都可以是圣人，以他们心中的"应然性"良知，藐视外在的权力帝王。希腊人说只有闲暇的人才真正认识到这一点，但是因为你太忙了，你没有这个意识，没有人去告诉你，或者没有一个环境、一个道场来激发你。据一个美国人讲，讲到这一点的时候有西方人就很不理解，说每一个人除了必然性以外还有应然性，我们很难理解。因为西方科学就是讲实验和观察，我现在看到才知道"必然性"是什么，"应然性"像是讲明天可能发生的事，我们怎么能"未卜先知"呢？冯友兰说心学讲的就是这样的"应然性"，是"先验的"，是人心对于"必然性"的价值取舍和判断；假设每个人都有一个必然的生物性的心脏以外，还有一个应然的道德心和良心，叫天良。再坏的人，他只要是一个生物学的人，他同时就是一个良心没有泯灭的人，就是一个道德的人，只不过你要给他一种启发，要有一个道场。他给美国人讲了一个故事，说宋明时代的儒家知识分子做官也碰到很多棘手的问题。比如王阳明的门人做县官，抓到了小偷，这个小偷就笑儒家的说法：你们说满街都是圣人，那我小偷也是圣人吗？小偷是圣人为什么还偷东西？儒家的这个县官就说天气很热，咱们先不讨论这个问题，你先把衣服脱了，让你凉快一下，我们再讨论这个问题。这个小偷就把衣服脱掉了，县官说我看你还是热，干脆把裤子也脱了。这个小偷就说，当着那么多人脱裤子不好吧，就不脱。然后这个县官就朝着他喊一声：你就是圣人！你不脱裤子就是有"羞耻之心"，那就是你的良知，只不过没有人告诉你，所以你才去偷窃，如果有人告诉你，你就不会这样子。佛教也说"放下屠刀立地成佛"。人都有一个应然性在里面，这个可以超越外在的东西，所以圣人的良心是超越生物的必然生命和帝王的至尊权位的。

（一）已然、应然与实然

刚才我们讲自然科学、社会科学、人文，在西方的分科之学里面是有一点不同的。自然科学实际上是强调实然性：我看到一个经验事实，然后我观察它有没有重复性，这个叫自然科学的实然性，也是一种概率论上的"必然性"。社会科学就是我们把社会关系中的条件当作一个自然环境中的条件，比方说生产资料是多少，生产成本是多少，贷款的利率是多少，交通运输的距离是多少，税收是多少，都把它当作一个像自然现象的模块然后进行计算，这是社会科学，研究的也是一种必然性，一定会这样子的，多少产出多少投入你能算得到的，没有产出的投入自然是不可重复或持续的。但是最后经济学发现有一点问题，因为任何一个经济活动，事先都是按照数学模型算好了，一定要产生利润你才会去经商，才会去办一个实业，没有利润你不会去做，没有哪个人计算着我要亏本了，然后申请成立一家公司，没有这样的。但是实际运作的时候，即使按照模型计算好了，往往都是有很大的概率不成功的。为什么？因为参与社会经济活动的人还不完全是一个自然科学计算的过程。在参与这个社会经济过程中，人的心理是波动变化的。人文的因素比如消费者也好、设计者也好、生产者也好，相关的政策也好，在这个过程中有时候是朝向应然性的方向走的。

（二）历史上的商政文化

汉代以后有一个"重农抑商"的政策，农业国家农民比较容易管理。我们文献记载的都是官方的体系，这些史官都是政府官员，所以他记载的东西一定要跟政府的政策相适应，不能违背。那么政府"重农抑商"这样大的一个主导，就形成一个风气，所以商人真正的贡献，商家的思想成果往往就不被记录了。

先秦一定是有商家记录的，后来一直就没有记录，就是跟后面的政治政策有关系。在《史记》里面还可以看到记载，春秋战国时代一个国家的繁荣，一个国家被征服或被拯救，往往都是在商人帮助下进行的，如范蠡的"西施沼吴"，商人玄高"献牛救郑"等。商人有很多的政治经验和理论，有一些资源运作政治，积累资金，雇佣军队，也有安抚百姓这样的一些谋略。像卫国的商人吕不韦见秦国在赵国的人质子楚，认为是"奇货可居"，最终运作自己的私生子以子楚嫡子的身份变现为"千古一帝"的秦始皇，而自己则最终成了强秦的丞相。范蠡是民间传说中的"商人鼻祖"，他帮助越国的亡国之君勾践通过"卧薪尝胆""十年生聚""十年教训"，再利用西施迷惑吴国国君夫差，最终消灭了吴国。老百姓的八卦会说，越国起死复生，灭了强吴，主要是"西施美人计"之功，哪是政治经济学的安排啊！所以我们叫"西施沼吴"，这其实是很表象、很片面的。

实际上，照《史记》记录当时的情况，一个国家的强盛都是和商人的管理经验，跟自身的治军、治政的治理经验结合在一起之后才发生的。更早的如齐国的姜子牙，大家知道所谓"姜太公钓鱼，愿者上钩"，实际上他是做鱼贩子生意的。后来他用做生意的办法来管理这个国家，把西周也建得很好。他在管理自己的封地齐国的时候，也把齐国做得最强，无论是"春秋五霸"还是"战国七雄"都有"姜齐"。后面管仲把齐国管得也很好很强大。管仲大家都知道"管鲍之交"，鲍叔牙和管仲为什么会有这个交情呢？是因为他俩一块儿做生意，做生意的时候管仲总是要多拿一点，鲍叔牙理解他多拿一点背后的家庭和社会伦理，也蛮欣赏他的。

不过，后来我们的史学著作里面，包括民间的、学者著作里面对商政研究很少，资料很少，这是后来"重农抑商"政策实施的结果。如果你要是相信商人一直没有什么贡献，那你完全没有办法解释"春秋五霸"和"战国七雄"盛衰的演变，你也就很难理解在汉代"重农抑商"后，商人连穿衣服、坐车子都受到严格限制的时候，司马迁为什么要专门来列一个传记把《货殖列传》写出来。所以钱钟书这些前一辈的学者都说《史记》了不起的地方就在于写了《货殖列传》，把"市井小人"也列为一个传里写，等同于公卿贵族。当然这个写法我们现在是有一点不满意了，他是放在《史记》的最后一章来写的。但是无论如何开了一个风气，把商人也冠冕堂皇记录进入跟帝王世家同样的体系里面来。所以说，在我们的史官的书里面应该有商人文化。商人智慧和我们的政治智慧是统一的，甚至和我们军事智慧也是统一的，因为我们当时的耕战之术，当时实践的结果也是商人雇佣军队，振兴国家。在《史记》的《货殖列传》中实际讲了七八个商人，有一些讲得很少，有一些讲少数民族，有一些讲女性。在汉代对女性是很贬低的一个态度，司马迁居然也写了一个女商人，她做得很成功，而且秦始皇对这个女商人推崇备至，秦始皇亲自给她树碑立传，这也是很了不起的。《货殖列传》里面讲了范蠡、子贡等这样的典型人物，讲了他们的两个层次：一个是讲他们经商的技术层次，讲他们做生意、经商、管理层面的数理必然性，可以用数字来统计的这样一个概念；还有一个就是影射了这个数理必然性中的社会伦理，属于应然性的范畴。一方面是必然做一件事情，另一方面又给后面的人树立一个样板，应该怎么做。

近代英国法学家哈特（H.L.A.Hart）有个概括性极高的思想，他说只要我告诉你三个词你就知道人类的学问和知识是什么东西了。已经发生过的事情在任何科学和知识体系用一个词叫"已然（used to be）"，已经过去的东西，你把它看到说出来，已经做了总结的。所有的历史学的东西，包括科学史、政治史、社会史，就用一个词叫已然。还有关于现代正在有效运行的所有的学问叫作"实然（is or has been）"，你现在看到它实事求是就是这个样子，"实然"这个样子。还有一种学问，这个学问全部加起来，它未来会朝什么方向发展就是"应然（should or ought to be）"。他说你就掌握三个词，已然、实然、应然，你就把人类所有的知识想清楚了，所有的思想包容了。

（三）"会计"一词的由来

我们现在说"会计"这个词就很有意思，不是讲一个数学和经济学简单的计算，首先是指它的伦理的意思。司马迁在《史记·夏本纪》末尾处讲："自虞、夏时，贡赋备矣。或言禹会诸侯江南，计功而崩，固葬焉。命曰会稽。会稽者，会计也。"我们都知道"大禹治水，三过家门而不入"，他也为舜帝讲"正德厚生"的政治伦理，即"善政"的应然标准就是"养民"，这是帝王权力所蕴含的道德义务和社会责任，所以中国人口中的"会计"是安葬圣王大禹的地方——会稽山，是通假字中的"地望"，有丰富的"应然"伦理，而非仅仅精确的"实然"计算。大禹为社会做贡献是不计较自己家里面回来过多少次，不计较自己疏通这个水让别人得利挣了多少钱，他不计较这个东西的。他计较的是为天下来治水，他也不计较他父亲治水没治好被别人杀掉了，他不计较个人恩怨。他不是用数理的办法计算得失和个人恩怨，完全是一个伦理的"应然性"象征符号。要知道我们以后算一个事情的利润，算一个事情的结果要学大禹治水一样，要勤政、爱民、为天下服务，这才是中国人把算账先生称为"会计"的奥义，是商业或实业的基本标准，是我们衡量计算一个企业、一个实业、一个行为有没有社会价值，它的价值怎么算，就用"会计"这个词。所以"会计"为什么要读成"会（kuai，绍兴当地读音）稽"，就是因为大禹埋在绍兴的会稽山里面。后来司马迁就说会计成为经商的一个概念，因为有大禹治水为民谋利、为天下谋利的这样一个道德伦理在里面。

（四）商人的商业智慧

从技术层面讲，商人要有相当高的智慧，要能计算，所以他说看到旱天的时候，就知道大旱之后一定有大水，有大水现在要未雨绸缪，商人要有预测能力，要做好安排。今年是大旱，你就要注意，搞不好明年后年，两三年以后就是大水，所以你现在投资的船在大水来的时候就可能会产生很大的经济效益。西方有一个关于哲学家泰勒斯的故事。有一次，他的仆人说，你这个哲学家整天就是想天上的事情，自己脚下的事情都解决不了，生死都掌握不住，没钱怎么办。泰勒斯说你小看我，那我就挣一次钱给你们看吧。泰勒斯说我看了天象，三年以后这个气候条件是最适宜橄榄生长的，那个时候一定会出现大量的橄榄，就需要大量榨橄榄油的机器，于是他提前两年就把地中海周边的榨油机全部租用了。人家说现在干旱得不得了，橄榄都没有了，你提前租榨油机干什么？他说现在干旱没有橄榄，三年以后就不一样了。他也不种橄榄，因为他知道三年以后气候条件一定是橄榄丰收的时候。到了第三年，橄榄果然丰收了，结果大家都没有榨橄榄油的机器，都被他垄断了，这个时候他就有议价能力了，因为你必须要租他的橄榄机来榨油，他就挣了很多钱。泰勒斯说我不是真想赚很多钱，我只是告诉你们，你们对哲学家只观天象，不观人事、不观地象这个判断、这种蔑视是不对的。所以从技术层面讲，这个技术层面就叫"物之理也"。水灾多的时候要考虑到旱的时候是一个什么样的经济状况，大旱的时候要考虑到发水的时候是一个什么样的经济状况，你要未雨绸缪先计算好。你根据物理变化来计算商业，这个是技术层面。

还有春秋时期范蠡和计然的故事。计然是个经济学家、商人，他无所不通，还不是简单地算，而是宏观地算，通过物理来计算。计然应该是山东人，他常游南越，然后越国的范蠡就向他学习。吴国是一个强大的国家，把越国征服了。当时越国惨到什么程度？越王勾践只能到厨房做工，这样吴国才不杀他。越王勾践说我把西施给你，条件就是你别杀我，我给你当厨师你还怀疑什么呢？他为了表示自己将来还要恢复这个国家，就睡在柴火堆上，每天还尝尝吊在厨房里的苦胆，以示不忘雪耻，立志复国，这就是卧薪尝胆。谁帮他做复国的事情呢？就是范蠡，范蠡学谁的理论？就是学计然的理论。有人说计然的理论有七条、十条还是一百条，范蠡说我只用了其中的五条就为这个国家积累了大量的财富，又组织了一支强大的雇佣军，然后就把强大的吴国给灭了。当时吴国是鱼米之乡，富饶强盛的一个大国，后来越人把它变成了一个沼泽地了。有个"西施沼吴"的典故，就是说越人复国用了美人计，也有人说中国伟大的朝代基本上都是被美人计毁了的。司马迁就不这样想，司马迁认为范蠡用了计然五条计策才取得了胜利，而不仅仅是西施的美人计。帮越王勾践打下天下以后，民间传说越王问范蠡想要什么，范蠡说我什么都不要，你把西施还我，后来越王就把西施还他，范蠡带着西施就走了。民间传说范蠡到山东去做生意，在山东淄博做陶器，那个地方红土比较多，所以就叫范蠡陶朱公，范蠡就成了商人的鼻祖。民间传说范蠡"三散三聚天下之财"。把天下的财产都挣到，然后又都散掉了，"三聚天下之财"依赖的是经商中的"必然性"规律,而"三散天下之财"则是"仗义疏财"的"应然性"伦理。

司马迁说范蠡只用了计然五条计策就让越国打败了吴国。如果用五条计策就能治理一个国家的话,那么用五条计策中的任何一条经商,岂不是可以把天下的财产都赚到手了?《史记》说范蠡的方法就是类比,看看计然那些计策中哪一条与当时情况最适配,就用那一个,比如,看看越国在战败的情况下怎样尽可能地保全,先生存下来,再谋取复兴。后来范蠡经商也是采取这个办法,他只用了两年的时间,越国就已经变得很富有了。有了稳定的财政资源,然后招募军队,把强大的吴国给灭了。计然的理论包括自然环境的预测和商品贸易以及囤货的技术,计然讲商品贸易一方面是做自然环境的预测,在买卖的时候是用什么样的技术规制经商的,这是技术层面讲它的必然性。所储存商品的价值会根据市场上的多少有一个价值的波动,少的时候储存它市场的价值就上来了,这是"物以稀为贵";多的时候储存它,就会形成库存积压,市场价值就下去了,所以经商要"相时而动",才会有效益。比如大蒜大葱价格高,大家都去种,那么很快价格就下来了;有时候猪肉贵得不得了,大家都去养猪了,猪价马上跌下来,这就是市场规律。猪肉太贵了,贵到极限之后就会很便宜,便宜到极限之后大家觉得猪肉那么多,都把养猪场扔掉不养猪了,第二年都没有猪肉了,国家的储存库也用完了,价格马上涨上去了,结果哪一家能留下来就赚钱了。这些都是商业技术层面的事。范蠡学计然的思路是这样的：出货的时候，用钱的时候，一个商人要有这个本事：把东西（商品）卖出去的时候要当成粪土一样，不要舍不得。某种商品到一个很高的价格的时候，不要希望它再有更高的价格。当某种商品不值钱的时候，比如大蒜2分钱一斤，像不要钱一样，有人认为千万不能搞。其实不是的，当一个市场滞销或者贱卖的时候，你要考虑它可能会翻转过来，所以要当成珠宝一样。这个时候你的钱不要存银行，不要买股票，要跟着这个市场走，就像流水一样。你的钱放在一个池塘里面就腐朽了，生锈了，你让它流动起来钱才能升值。技术层面是对自然、对市场、对货币这些因素的辩证看法。

（五）商人的道德伦理

另外一个层面不是技术层面，我们叫作"应然性"层面，也叫作道德层面或者价值层面，中国人叫道义层面。所谓"贱取贵卖"，是经济学的技术层面会计性的计算，如果进入道义性的计算，就不能按经济学的算法。要如孔子说的"不义而富且贵，于我如浮云"，财产的计算还应该有一个道德的伦理学的算法。你什么时候愿意把这个财散出去呢？要看是不是符合道义，如果符合道义就叫"仗义疏财"。一个人挣了很多的钱，说明经济学的规律掌握得很好；如果这个财是不义之财，发国难财，这

333

个就有很大的问题。灾害来的时候货品就短缺，这时候你把货物囤积起来然后再卖高价，可能会挣很多钱，也符合市场短缺、流通产生效益的市场规则，但是违反了应然性的道义规则，就变成"不义之财"了。《史记》里面记载的这些商人都不是站在纯粹经济学或者商业学的角度，都是站在政治学的角度来记录他们的。我们一般读《论语》就会讲一个问题，说孔子应该比司马迁更方便观察商家，因为司马迁是记录以前发生的事情的，孔子就是生活在这个环境里面的，他应该比司马迁对这些人物有更高的评价，有一个比较准确的判断。

《史记》里面把商家放在最后讲，别人再写书就按照《史记》这个办法，都放在最后写，商人地位相对就要弱一点，因为它是跟汉代"重农抑商"的思想相匹配的。汉代之前没有提倡"重农抑商"的思想，不能因为汉以后这个情况就判断春秋战国时期孔子以及诸子百家中商家的政治贡献是可以忽略不计的，我们不要受汉以后重农抑商这个政策影响。认真去读先秦诸子百家，你会发现大量商家文化的东西散落在里面。《论语》是大家很熟悉的，《论语》里面孔子跟学生谈问题谈得最多的是哪个学生？就是子贡，最重要的一些问题全是跟子贡谈的。关于仁，关于怎么样为政，关于怎么样为士，怎么样做一个官，什么叫人，怎么样为人等等，都是跟子贡谈的。而且孔子周游列国碰到的一些重大问题、生死攸关的问题都是子贡出面去谈的。而子贡谈这个东西大部分都是用他的政治技巧，而不是用商业，所以孔子在《论语》里面只说子贡是超过他的人。在当时，很多人当孔子去世之后就跟子贡讲，你已经超过你的老师了，你的水平在你的老师之上。《论语》最后一章有一段，别人把这个话告诉子贡的时候，子贡说：不对，那是你们的看法，因为你们只是站在墙外看墙这边。你们只看到墙里面这几个人，而孔子这个高度是在泰山顶上，你看不到的。孔子对子贡讲过几句话，认为他的才干、口才、处事能力都比自己强。而且孔子对仁、对政的解释，子贡都能举一反三。经商要有子贡这个风格：我喜欢发财，但是我更看重道义，不取"不义之财"。孔子说子贡是"赐不受命，而货殖焉"。这句话很重要，意思是说别人都要顺应天命，但是子贡这个人他了不起的地方是他不顺应天命，不受命，而自己掌握自己的命运。所谓天命把我安排成一个农民，一个老百姓，一个商人，我却要来处理诸侯之间的大事情。当时诸侯国的关系处理不好，晋国、楚国、齐国打得不可开交。而这些诸侯国之间穿梭谈判，协调它们之间的紧张关系的人就是子贡。子贡使楚国、晋国、齐国，后来这些诸侯国都安定下来了。

其实，先秦典籍对商家的评价很高，对商家参与春秋天下大乱的治理，商家的政治贡献和政治道德，政治技巧有很多的描述。现在中国强调经济建设，"两个一百年"目标，需要从春秋战国时代商家的政治文化汲取经验。春秋战国时期说经商并不是简单的货物买卖，当时叫"治生"，这与《周易》里面讲的"生生之德"有关，就是关乎人类生命延续的，就是最大的政治道德。所以商人当时做的事情并不只是货物买卖，他们是在履行这个最大的政治道德的人。所以他们才去帮助一个国家从灭国到复兴，从弱小的国家变成强大的国家，通过去跟孔子学习，通过《论语》里子贡与孔子的对话，把商家的政治贡献说出来。司马迁讲子贡在《货殖列传》里面只有94个字，其中说"所至，国君无不分庭与之抗礼；夫使孔子名布扬天下者，子贡先后之也"，商人在封建社会能与"分封建侯"的国君"分庭抗礼"，说明他的政治才干和地位可与当时的权贵们"平起平坐"；"使孔子名布扬天下"也是先有子贡的贡献，而后孔子之声名才广为流传。这两点就是古代商政文化的集中表现，照司马迁判断，子贡身上体现的商政文化与孔子代表的儒家思想是相得益彰的。"子贡先后之也"，其中有个历史的因果关系：先有子贡的贡献，对孔子思想的把握和提问，如关于仁义、圣贤、政治、为士、为官这些问题都是子贡请教孔子而得到的明确答复，以集中表达孔子的仁学思想；还有先有子贡在帮助孔子周游列国，处理各种艰难险阻的事故，使孔子在政治、军事和外交窘境中化险为夷，之后孔子之学才得以发扬光大。《论语》里面没有记载子贡对孔子周游列国所做的经济贡献，而主要是记载通过他的各种提问而记录下的孔子最核心的思想，这些都是"子贡先后之也"的例证。

孔子思想以"仁"为关键，其论述和解释都是因子贡所问而发，指涉的就是当时的政治问题。孔子生活的那个时代礼崩乐坏，政治出了很大的问题。孔子指明，礼崩乐坏不是出在政治管理的技巧上，不是政治体制上，而是政治的指导原则上出了问题，叫作"人而不仁如礼何？人而不仁如乐何？"我们这个人类社会的管理不是简单的用礼乐制度，而是指导礼乐制度的政治道德，那个道德就是"仁"。为了解决"礼乐"制度的"坏崩"问题，孔子开创了仁义之学，这就是中国特色的政治哲学。这里面可以看出子贡的贡献太大了，他是"治生"的样板和孔子仁义思想的见证。经商要选择好经理，选择职业经理人，然后选择好时机什么时候出货，什么时候囤货。我们这个政治管理是任人唯贤，这是古代文官制的一个基本原则。还有政治是什么？政治就是"与时俱进"，破除"分封建侯"的制度局限，要讲求实效、择人而任势，它的作用在经商里面反而小，在为政从政里面、管理社会、治理国家中它的意义更大。例如，我们可以有很多方面的技术性的专才，但是孟子说这些专才并不十分重要，要有一个人，他一定要能够把多方面的技术性的好处总结出来，而不仅仅是局限在一个技术方面，不是数学或化学一个方面，而是在综合这些科学方面。孟子说孔子了不起就在于他能够做到这点，"出乎其类而拔乎其萃"，是各种专才的"集大成者"。一个人管理国家很清廉，这叫圣之清者；一个人管理国家很有能力，是圣之任者，他是技术能力方面管得最好的；孔子是什么人？孔子是"圣之时者"，他把这个时代最好的东西全部集中到他一个人身上了。体现在孔子与子贡对话中的与时俱进和择人任势，这两条是当时商政文化的精髓：政治原则上是与时俱进，经济上是与时逐利。

三、古代商人的义利之辩

也别说逐利不好，如果这个利是见到义的那就好，如果见利忘义就不行，那就违反了商政文化的原则，因为商政就是商的义利原则，一定要受政治的道义和正义原则支配的，这叫"见利思义""义而后取"。"君子爱财，取之有道"，你得有道义。所以孟子说不是看到利就要取，而是符合道义我才去取。儒家文化是"仁者爱人"，你看有老者讹人，路人也不敢帮人，这还叫什么儒家文化？我说恰巧相反，就是因为你这个世俗的文化里面有很多堕落的因素，所以经典文化才值得复兴，才有意义。我们说的商政文化不能只看到什么"美人计""西施沼吴"，不能说我们儒家的"道之以德，齐之以礼"，如果司法腐败了，还讲什么法制啊，儒家还讲什么德治啊？恰巧是因为这个，才要提倡经典文化，让它来矫正这些制度和文化弊端。比如技术性的东西，如果我们不给它一个道义的应然性或者政治道德、政治伦理的引导，那个技术"实然"趋势会朝相反的方向发展，对这个社会，对这个行业本身造成很大的破坏。所以经商和从政的技术一定要有一个政治道义的引导，一定要讲政治道德。

（一）伊尹之志

现在我们知道西方用技术性的"实然性"来解释一个学问体系，来解释商业的规则，是有很大问题的，那样会把学识，甚至是人彻底地工具化，即马克思讲的人的"自我异化"。战国时的白圭说，经商是一个综合性的学问，其中政治道德是关键性的原则，而其他的只是作为它的规则。原则和规则是有区别的，规则在小范围里面有效，而原则是你不能违反的，是要管住规则的，规则是受原则支配。经商不仅仅是学许多的规则，更重要的是学原则。我们经商或者思考商政文化像管理政治一样，要有先见之明。我们与时俱进去把握机会，计算机会成本的时候，要像打仗一样有打仗之勇，要像从政一样有政治之明，要"与时俱进"和"见利思义"。

简言之，经商的人要有"伊尹之志"，要能在"利益"与"道义"之间做出明智的取舍。伊尹和吕尚是两个大政治家，这两个政治家为什么后来成为商人学习的样板？春秋战国时候的商人可以一两年积累天下财富，他们学的对象都是政治家，而那些政治家本身也是商人。比如伊尹是商人，帮助殷商建立了强盛的国家；像姜太公，他是钓鱼做鱼贩子生意的，帮助周武王建立了西周。伊尹、吕尚是儒家的圣人，也是商家圣人。儒商的圣人有一个共同的历史和思想渊源，商政在他们身上是统一的，即"于义合者为利，于义背者为害"，知道义利之间的平衡与取舍。在这个意义上讲，诸葛亮也是这样的人，他是把商家的政治智慧用到了军事上。还有像白圭、范蠡、子贡、计然这些人成为商家的鼻祖，也有人把他们叫儒商，也有人说他们是政商，他们学习的对象都是一些很成功的政治家，他们实际上就代表了一个商政文化趋势，他们有一种体系就是商政学。后来汉代"重农抑商"的政策把这个商政文化资源完全遮盖住了。

现在我们搞文化振兴也是精神资源振兴。中国的思想文化市场是巨大的，你怎么样开发起来为国家之用，为民族之用？其中白圭总结的商政原则仍然具有超越时空的价值："吾治生产，犹伊尹、吕尚之谋，孙吴用兵，商鞅行法是也。是故其智不足与权变，勇不足以决断，仁不能以取予，僵不能有所守，虽欲学吾术，终不告之矣。"他对商政文化的原则性总结包括四个方面，前两个方面是"实然的"或技术性的，后两个方面则是"应然的"或原则性的；按照德国社会学家韦伯的分类法，足智多谋和勇猛精进是具有实效的工具理性，而仁义和坚守——如孔子的"杀身成仁""刚毅木讷"与孟子的"舍生取义""大丈夫之守"——则是具有原则的价值理性。

（二）政治道义高于商业利益

我们现在说的商帮，主要是指近代形成的徽商和晋商系统。因为范蠡、计然、白圭他们都是在吴国和越国这一带活动，地理位置与当今的安徽比较接近，是近代徽商的历史和地理渊源，他们的特点是既强调货殖牟利，又坚守政治道义。与吴越商帮不同的是秦晋一带的商人，最典型的就是吕不韦，他就没被司马迁放在《货殖列传》中，因为他完全不把商业和政治结合而是分离，而反过来用商业的物质利益去控制政治的道义。司马迁那样的安排，和春秋战国时代法家分为"齐鲁法家"和"秦晋法家"一样，前者有伦理价值倾向，而后者侧重工具理性的"法、术、势"。当时政治上有两个制度，是一种习俗礼制：一个是"质子制度"，把对方的王子放到另外一个敌对国家邻邦去，这样你就投鼠忌器不敢攻击对方；还有一个是"和亲制度"，我打不过你怎么办呢？我把女儿嫁给你，像王昭君出塞，避免了战争的发生，用人情世故把政治上的矛盾化解，使中原王室与周边的民族形成姻亲。所以和亲制度和质子制度是春秋战国时候政治上的发明。

卫国商人吕不韦到赵国邯郸经商，商业成功之后还梦想做一笔更大的买卖，制造一种"富可敌国"的"奇货"控制天下政权。吕不韦找了一个美女并先让她怀上自己的孩子，再找一个机会用美人计把她转让给秦国在赵国的王子，即秦国质子秦异人。异人和这个女子后来生下的孩子实际上是吕不韦的孩子。在吕不韦的运作之下，这个孩子最终继承了秦国的王位并统一了天下，他就是秦始皇,吕不韦自然就成了皇帝的"仲父"和"相国"。吕不韦很得意,我们有一本书叫《吕氏春秋》,就是他召天下门客来帮自己写的,立意是"兼儒墨、合名法",总结"百家"思想,成为政治和思想上的"太上皇"。后来秦始皇发现自己居然是一个商人的私生子,那他秦始皇还怎么管这个国家?当然也不能杀自己的父亲,就想了一些办法,你别在这里了,你到四川去当个官。吕不韦觉得秦始皇不给自己面子,都知道这个国家的领袖是我的儿子,你把我搞到武汉去还不行,又要把我搞到四川,再搞到云南、搞到缅甸去怎么办?所以他最终被逼自杀了。吕不韦就是这样一种情况,他考虑政治完全是从效益立场出发,就是"见利忘义",最终被自己的"奇货"逼上了绝路。

而收入《货殖列传》的商家恰巧相反,政治道义永远是在商业利益之上的。后来一个日本人涩泽荣一,他看到这一段,他就说商政这个关系,简单点讲就是个算盘,商人的算盘不能用自己的指头来拨,因为算出来的尽管很精细,但是会没有人相信这个算盘的。这个算盘要用《论语》来拨,所以他有一本书叫《论语与算盘》,总结自己从政和经商的经验就是既以算盘象征"精打细算"的经商之术,又恪守儒家在政治生活中的"仁爱忠恕"伦理原则。

现在社会中存在的某些政治腐败,就类似吕不韦钟爱的商政关系,只要经济利益,而不顾政治道德、社会道德，他没有理解商政文化的道德因素。吕不韦式的商政文化对现在的政治权力腐败也有很多影响，这些腐败的政治人物对商业财富的计算是单向度痴迷。而范蠡是怎么做呢？范蠡是学计然的"经世济民"思想，从国家政治稳定的角度做事，是市场效益与社会正义之间的平衡，而吕不韦把国家当作发财的工具是政商文化的败笔。

　　现在经济学就是这样，总说 GDP 增长多少，积累多少数目的财富，总是这个话。美国有个调侃统计经济数量模型的笑话：说现在西方经济的发展有片面追求规模和速度的隐患，就像家里面有冰箱，同时有烤箱，现在冰箱和烤箱都是为人服务的。如果我告诉你一个统计经济数量指标，等于我要把我的一条腿塞到烤箱里面，另一条腿塞到冰箱里面，人在这样的经济环境中舒服吗？经济学不能只是从技术层面把人两条腿同时放进冰箱和烤箱来维系人的生命，而要看这个人在实际生活中是不是幸福。也就是在经济数量之外还有社会的福利，社会的心态问题，不仅仅是社会财富的单向度积累；社会和谐不能完全指望经济的统计数字，还有很大一部分是靠政治道德，对其进行规制和引导，所以我们今天在讲经济社会发展时，要特别关注商政文化。

大
知
行道
道

中国商政文化——经世济民的思想道场

知大
行道

15

中国传统的家教文化

杨朝明

历史学博士。山东大学特聘教授。全国政协委员。任国际儒学联合会副理事长、中华孔子学会副会长等。历任《齐鲁学刊》编辑、曲阜师范大学孔子文化学院院长、历史文化学院院长、尼山世界儒学中心副主任、孔子研究院院长。

主张正本清源系统研究中国传统文化，在古代文明整体背景中抉发孔子儒学真精髓，强调在学理精透的基础上弘扬孔子儒学真精神。

我们每一个家庭都有自己的教育传统，形成了形式多样、各具特色的家教习惯。自成一体的中国传统家教文化，其实就是历史上缓慢形成、相沿已久的文化现象，它对于中华民族的"过去"和"当下"都发挥了作用，具有非常重要的意义。

一、国无德不兴，人无德不立

"国无德不兴，人无德不立"，这句话的重要性在于中华文化的根本就在"德"的问题上，这句话具有很大的包容性。如果大家都牢记这句话，并以此为遵循，那将会如何呢？

在国家和个人之间，其实还可以加上很多东西，比如"企无德不盛，家无德不旺"，可以说这是题中应有之义。如果一个企业是百年兴盛的企业，那么它的企业文化底色一定是"道德的"；历史上也有很多的家族，不随着政治、社会的变化而变化，族中人物英才辈出，那么他们的家风、族训、家规等家族文化或者是家教文化的底色也一定是"道德的"。"国无德不兴，企无德不盛，家无德不旺，人无德不立"就是中国为人处世的要求。一个人有了道德以后，在家庭中体现家庭美德，在单位里面自觉遵循职业道德，在整个社会中遵守社会公德。所以，好家风的底色是道德，所谓"家无德不旺"，对于家族文化是非常根本的，也是非常重要的。由此，我们看到中国家教文化有一个总体上的方向规定性，即从个人到家庭，到单位，再到国家。实际上，这里面都有一个道德的问题，家庭到社会是统一的。所以，中国的家教文化首先确定了一个方向，就是说我们每一个家庭都是一个家教文化。但是我们的家教要往哪个方向走？其实这就是"道"的追求。

二、家国一体：中国家教文化中的方向规定性

1. 兴家道、振家风

有一个方向的规定性，这是十分重要的。我们每一个家族、家庭，无不希望自己家道兴旺，那么如何兴家道？如何振家风？这是所有人都在思考的问题。如果家道不正、家风不正，那么这个家庭可能盛极一时，但是说不定哪一天就会土崩瓦解，忽然就出了大问题，这样的例子很多！其实，这里面就有一个如何规范自己的家道和家风的问题，这也是一个非常关键的问题。由此我们看到，家道、家风就是个"道"的问题。

中国早期思想家无一不谈"道"的问题，比如《大学》《中庸》《论语》《孟子》等书中谈了很多。"天下之达道五，……曰：君臣也，父子也，夫妇也，昆弟也，朋友之

交也,五者天下之达道也。"①"达道"就是最根本的"道"。在工作上,古有君臣关系,现有上下级关系;家庭中有父子相处之道,有夫妻相处之道,有兄弟相处之道;在社会上有长幼关系,有朋友关系。一个人不处在家庭中,就处在单位里;不处在单位里,就处在社会上。所以,"四德"教育都以个人品德为基础,有了个人品德,那么就会在家庭里面遵守家庭美德,在岗位上遵守职业道德,在社会上遵守社会公德。一个人在单位里有好的表现,在社会上能够立得住,那么他一定是受到了家庭的影响。这个"家道"和"做人之道""与人相处之道""君臣之道""朋友之道"等都是相互联系的,所以,"五达道"里面的父子、夫妻、兄弟都处在家庭关系之中。由此看来,兴家道、振家风最重要的就是如何处理好家庭中的父子、夫妻和兄弟关系。具有良好家教的人,到了社会上工作,若遇到困难也会迎刃而解。这足以看出为人之道,最根本的是家庭里面的"家道""家风"。

2. 养不教,父之过

中国人重视家庭,是基于研究"人""人性"的特点总结出来的。人生活于世,首先属于一个家庭。父母无微不至的关心和教育,是一种自然而然的情感表露、舐犊之爱,因而我们要孝敬他们。此外,还要对哥哥姐姐"敬"。由此,我们常讲的"孝悌"就产生了。它是为人弟、

---

① （汉）郑玄注，（唐）孔颖达疏：《礼记注疏》，清嘉庆二十年南昌府学重刊宋本十三经注疏本。

为人子最根本的东西。由于父母对于我们的爱程度不同、方式不同，那么效果也是不一样的。如果这个爱是溺爱，这个爱过了头，那么这种爱可能效果就不好。所以，《三字经》里面朗朗上口的"养不教，父之过"①这句话其实就给"父""兄"提出了一个要求，那就是如何"教"的问题。这个"教"说到底，其实就是家教。我们为什么要尊重自己的"父"和"兄"，是因为他们爱我们，反过来我们也爱他们。如果父母的教育方向是正确的，那么子女的人生方向也就没问题了。《颜氏家训》是中国最早的一部以"家训"命名的正规家训，它产生于社会动荡的南北朝时期，颜之推作此家训的目的在于"提撕子孙"②，而不是给社会提供一个标准。那为什么历代都很重视《颜氏家训》？在我看来它虽然不是为了"轨物范世"③，但在客观上还是起到了"轨物范世"的作用。这其实彰显了家庭教育的方向性，若家庭教育仅仅适合一家，不适合他家，那么，这一家训就不会具有普遍的指导性。也就是说，中国的家训意在使孩子健康成长，踏踏实实地立足于世。

儒家典籍中对"父之道"的阐释比比皆是。"养不教，父之过"④"子曰：'父在，观其志；父没，观其行；三年无改于父之道，可谓孝矣。'"⑤这里所说的仍然是子女要

①（元）王应麟撰，（清）王相注：《三字经训诂》，清道光三十年歙西徐士业校刻本。
②（北齐）颜之推撰，易孟醇、夏光弘注译：《颜氏家训》，岳麓书院，1999年，第1页。
③（北齐）颜之推撰，易孟醇、夏光弘注译：《颜氏家训》，岳麓书院，1999年，第1页。
④（元）王应麟撰，（清）王相注：《三字经训诂》，清道光三十年歙西徐士业校刻本。
⑤（三国）何晏集解，（宋）邢昺疏：《论语注疏》解经卷第一，清嘉庆二十年南昌府学重刊宋本十三经注疏本。

沿着父母指明的方向前进，这样才能避免陷入不利之境。此外，儒家讲"孝"，实际上强调的就是如何遵守"父之道"的问题。"父之道""家道""达道"从本质上说就是一种"大道"。国家的理想、民族的价值取向，与我们追寻的儒家理想是不谋而合的，同时它也是家教的方向。

3. 中华纲常中的"正"

事实上，在《颜氏家训》出现前的中国历史上，周文王、周武王、周公、孔子、孟子都涉及父母对子女的教育问题。在这些教育理念的影响下，培养出了无数优秀的人才，所以这样的价值观实际上就具备了普遍的适用性，这其实也就是中国的家教文化的一种特点。这种普遍的适用性，其实最根本的就一个"正"字。中华伦理纲常之所以成为"纲常"，其实反映的也就是这个"正"。儒家讲的"三纲"，"纲"是纲领、引领、担纲，它分别强调了父亲对儿子的引领、君主对臣下的引领、丈夫对妻子的扶持等。那如何引领？这里强调的首先是义务、担当而不是权利，前提是你要做得好，才能引领"正"。也就是说，孩子教育的好坏，父亲起到很重要的作用。可见，所谓"养不教，父之过"，强调的就是父亲的"正"。

（1）"为政"与"为正"

我们也能理解孔子在讲"为政"的时候，往往提及"正"，"为政以德"的人一定是"正"的。很多人在向孔子请教"为政"时，孔子往往脱口而出："政者，正也。

子帅以正,孰敢不正？"①"其身正,不令而行；其身不正,虽令不从。"②其实,在家庭中,"父兄"的"正"十分重要。我们常说的"身教重于言教",就是父兄以自己的勤劳、朴实、真诚影响子弟。现代社会中,我们在进行教育时首先需要审视自己是否起到了"垂范"作用,这就是"正"。反观中国传统教育,其实它就是关于"正"的教育。我们可以把《学而》篇看成是《论语》全书的"总括"或是"绪论",《为政》篇中就讲了"子曰：为政以德,譬如北辰,居其所而众星拱之"③。

（2）诗三百,"思无邪"

《孔子家语》中记载,孔子施教时"先之以诗书"④。孔子的教育是大人之教,八岁入小学,十五岁入大学,以《诗经·关雎》教授为先,实际上就是抓住了孩子开始思考人生、认识社会的关键节点。他以"礼"为约束,讲求的是"发乎情,止乎礼义"⑤,君子不欺暗室,不欺于心,更不欺于人。什么是"诗"？它是情感的一种表现,它言"志",就是"心之所之",就是心的方向。心中所想是否符合社会规范,当人性与社会性相冲突时,思想

---

①（三国）何晏集解,（宋）刑昺疏：《论语注疏》解经卷第十二,清嘉庆二十年南昌府学重刊宋本十三经注疏本。

②（三国）何晏集解,（宋）刑昺疏：《论语注疏》解经卷第十三,清嘉庆二十年南昌府学重刊宋本十三经注疏本。

③（三国）何晏集解,（宋）刑昺疏：《论语注疏》解经卷第一,清嘉庆二十年南昌府学重刊宋本十三经注疏本。

④（魏）王肃注：《孔子家语》卷三,四部丛刊景明翻宋本。

⑤（汉）毛亨传,（汉）郑玄笺,（唐）孔颖达疏：《毛诗注疏》卷一,清嘉庆二十年南昌府学重刊宋本十三经注疏本。

斗争的结果要归于"正"，也就是"思无邪"。因而，无论是"为政以德"还是"思无邪"，谈的都是"正"的问题，反映的都是中国传统儒家教育的核心理念。"正"的是人心，人心正了才能做好事，进而才能在社会上立足。

（3）传统的保、傅之教

《大戴礼记·保傅篇》中的"保"和"傅"强调了为政管理、生活管理等多方面能力的教育，而这种教育也意在突出"正"。《大戴礼记》说："于是比选天下端士孝悌闲博有道术者，以辅翼之，使之与太子居处出入；故太子乃目见正事，闻正言，行正道，左视右视，前后皆正人。夫习与正人居，不能不正也；犹生长于楚，不能不楚言也。"①此处强调了环境对人的营造作用，表现在家庭中是由父兄营造的，在单位里是领导人来营造的。所以，纲常中强调了人的引领作用，即父子关系中由父来引领，君臣关系中由君来引领，夫妻关系中由夫来引领。汉代的文献中解释"夫妻"时说"夫者，扶也"②"妻者，齐也"③，也强调了"夫"的关键意义、引领作用，妻与夫同心同德，才能其利断金，但前提仍是丈夫的"正"。

4. 思治："家"与"国"的有机统一体

我们回到《大学》："大学之道，在明明德，在亲民，

---

① （汉）戴德撰：《大戴礼记》卷二，四部丛刊景明袁氏嘉趣堂本。
② 宗福邦等主编：《故训汇纂》，商务印书馆，2003年版，第481页。
③ 宗福邦等主编：《故训汇纂》，商务印书馆，2003年版，第513页。

在止于至善。"①要实现整个社会"止于至善"，就必须从个人的修身开始。要平天下，首先要国治，"欲治其国者，先齐其家""家齐而后国治"，这个方向是明确的，也对我们的家教作了一个方向的规定性。"国"与"家"是统一的，如果家庭教育不注重和国家利益的整体一致性，那就说明方向出了问题。一个懂得家庭教育的人，必须"识其大体"。《论语》中即说"贤者识其大者，不贤者识其小者，莫不有文武之道焉"②。这里的"大"指的就是家国一体，也就是我们常说的家国情怀，即爱国如爱家。有学者说"不入主流，难成一流"，说的也是家教文化能入"主流"或者能"识大体"的话，那就必须做到家与国是统一的。我们思考国家的发展，同时也关系着个人的发展；我们思考社会风尚，同时也与家庭中的风尚息息相关。我们的社会风气出了问题，其实也就是我们的家庭教育出了问题。如果家庭教育缺失，或者是有问题的，那么会引发整个社会风尚问题的出现。所以，家国的有机统一这一点显得异常重要。

《孟子》中也说："先立乎其大者，则其小者弗能夺也。"③这里说的也是要抓住"大"的，抓住根本的东西，把方向问题解决了，把价值观的问题先处理了，其他的问题便能

---

①（汉）郑玄注，（唐）孔颖达疏：《礼记疏》卷五十九，清嘉庆二十年南昌府学重刊宋本十三经注疏本。

②（三国）何晏集解，（宋）邢昺疏：《论语注疏》解经卷第十九，清嘉庆二十年南昌府学重刊宋本十三经注疏本。

③（汉）赵岐注，（宋）孙奭疏：《孟子注疏》卷十一，清嘉庆二十年南昌府学重刊宋本十三经注疏本。

迎刃而解。所以，要注重家国的有机统一。这也是历史选择儒家文化，使儒家文化成为中华文化主干的原因所在。正如《史记》中所言说的那样，"'天下一致而百虑，同归而殊途。'夫阴阳、儒、墨、名、法、道德，此务为治者也，直所从言之异路，有省不省耳。尝窃观阴阳之术，大祥而众忌讳，使人拘而多所畏；然其序四时之大顺，不可失也。儒者博而寡要，劳而少功，是以其事难尽从；然其序君臣父子之礼，列夫妇长幼之别，不可易也"①，儒家的大学之道、家国一体观念是最为优秀的观念，因而也是我们每个家庭、每个人都应该自觉遵守的"大"的道理。要"先立乎其大"，要"识其大"，就必须了解这个"大体"。这是十分关键的，也体现了中华文化的特色。

5. 大道之行，天下为公

孔子的"大道之行也，天下为公"②这句话很好地诠释了"大道"的含义。看似高大上的表述，其实只不过是对"公"的一种呼唤。这个"公"所指的就是公共意识、公德意识、一个人的社会性存在，也就是中国文化研究的"人"和"人性"的价值。家庭成员各安其位、各尽其责，那么家庭其乐融融；单位中每个人都尽好自己的岗位职责，那么职业道德就得到了遵守；同样，每一个人都遵守好社会公德，那么这个社会一定是和谐的。所以，孔

① （汉）司马迁撰，（刘宋）裴骃集解，（唐）司马贞索隐、张守节正义：《史记》卷一百三十，清乾隆四年武英殿校刻本。
② （汉）郑玄注，（唐）孔颖达疏：《礼记疏》卷二十一，清嘉庆二十年南昌府学重刊宋本十三经注疏本。

子"天下为公"的理想是要我们明白每个人都是一种社会的存在，这种理想与当下的"人类命运共同体"是相一致的，也可以成为中国贡献给世界的伟大"礼物"。它对于一个人、一个家庭都起到了"支点"的作用，对于涵养公共意识、公德意识、社会性意识等意义重大。家庭是个人走向社会、职场的地方，家庭教育方向的正确与否，直接影响着个人学习、事业的顺逆。因而，我们可以说家庭教育的意义在于让每一个人起好步，找准人生的方向。这也是"兴家道""振家风"的意义所在。

三、人之所以为人者：中国家教文化中人的 "类存在"思维

我们所说的这个"方向"就是儒家所指引的关于"人性"和"人的价值"研究。我们必须清楚人的"类存在"思维对于把握中国文化的重要意义。孟子谈"人禽之辨"，实际上也就是说要考虑人区别于禽兽，思考人的"类存在"这种特点。所以，《礼记》中说："人之所以为人者，礼义也。"孔子谈到养父母时说，要有"敬"，否则与养犬马无别。也就说，人只有思考社会性存在的时候才会不自私。若不以"天下为公"为出发点，而将自己圈于一隅，那么人就很难感受到社会的"温度"。因此，当一个人遵守社会规范时，这是一种美，是一个境界、一种格局。荀子又说："人，力不若牛，走不若马，而牛马为用，何也？

曰：人能群，彼不能群也。"他强调了人的社会性，与禽兽的区别。这与《礼记》所讲的"人之所以为人，礼义也"中凸显"礼义"，存在着本质上的一致性。

1. 未来世界的精神在中国

中国文化讲究修己的功夫，研究的是人的本身。人要活出生命的意义，修己的功夫很重要。有些学者认为中国很早就出现了"礼"，周礼是由对夏、商时代"礼"的损益而成。"礼"的形式不断发生变化，但内涵始终没变。因为"礼"作为规则，本身就具有一种普遍性，不能随意改变。《礼记》中就说："礼也者，理也；乐也者，节也。君子无理不动，无节不作。"又说："礼也者，合于天时，设于地财，顺于鬼神，合于人心，理万物者也。"可见，礼的仪式始终表达着内在的道理，而这种"礼"是社会的一种规范、规则、遵循。在遵守这个"礼"后，人就会实现自由。形成一个社会，就需要有"界限"，而"三纲五常"就是历史上缓慢形成的"礼"的一种规定、一种界限。关于"礼"的记述还有很多，如《左传》中说："礼，经国家，定社稷，序民人，利后嗣者也。"①《礼记》也说："坏国、丧家、亡人，必先去其礼。"②文献强调了遵守"礼"的规范，对于子孙后代、民族未来、国家兴衰都会产生重要影响。曾国藩也曾经有过类似的表达，而他的早起、做家务、

---

① （周）左丘明撰，（晋）杜预注，（唐）孔颖达疏：《春秋左传正义》卷四，清嘉庆二十年南昌府学重刊宋本十三经注疏本。
② （汉）郑玄注，（唐）孔颖达疏：《礼记疏》卷二十二，清嘉庆二十年南昌府学重刊宋本十三经注疏本。

读圣贤书三事恰好可以表现一个人的勤奋坚韧、孝敬感恩和方向意识，这些品性都将成为家族兴亡的必备条件。因此，"礼"对于个人、家庭、国家都起到非常关键的作用。前文中所提及的"五达道"中的父子关系、兄弟关系、夫妻关系，讲求的是"父慈子孝""兄良弟悌""夫义妇听"，所以家庭教育中最重要的莫过于处理好这些关系了。

2. 明礼与成人

家庭教育中，使明其道理（即"明礼"），即是成人、成才的核心要义。成人就是成为一个有内涵的人，成为一个社会性的人。因而，我们也可以说，人的成长是精神内核的一种饱满。古代社会，男子行冠礼，女子行笄礼，它的意义在于"戒"，也就是要使人"弃尔幼志，顺尔成德"①。冠礼是成人的标志，皮弁礼表达的是努力、打拼，爵弁礼表达的是承担家庭责任与社会义务，它以礼仪的形式告诫人要与善结交，才能"善进善，不善蔑由至矣。……人之有冠，犹宫室之有墙屋也，粪除而已，又何加焉？"②经过冠礼后，原来的孩童就有了成人意识，且能纠正自己的错误，使自己符合于"礼"。对此，《左传》对"成人"作了经典的阐发，言："人之能自曲直以赴礼者，谓之成人。③"因此，我们文化中对人的规范，其实就是"成

---

① （汉）郑玄注，（唐）贾公彦疏：《仪礼疏》卷三，清嘉庆二十年南昌府学重刊宋本十三经注疏本。

② （清）董增龄撰：《国语正义》卷十一，清光绪章氏训堂刻本。

③ （周）左丘明撰，（晋）杜预注，（唐）孔颖达疏：《春秋左传正义》卷五十一，清嘉庆二十年南昌府学重刊宋本十三经注疏本。

人"。君就要"仁"，臣就要"忠"，父就要"慈"，子就要"孝"，兄恭弟悌，夫义妇听等，清晰地把握自己的社会身份，承担好自己的责任，这就是"成人"。

柳诒徵先生面对着纷繁复杂的社会现实，在其《论中国近世之病源》一文中探讨了"成人"问题，他说："今日社会国家的重要问题，不在信孔子不信孔子，而在成人不成人，凡彼败坏社会国家者，皆不成人者之所为也。苟欲一反其所为，而建设新社会新国家焉，则必须先使人人知所以为人，而讲明为人之道，莫孔子之教若矣。"①他强调了"成人"的重要性，让每一个人知道如何做人，因此他主张重视能教人"成人"的儒学，他又说："孔子者，中国文化之中心也。无孔子，则无中国文化。"他还说孔子前的数千年文化，因为孔子才得以传承下来；孔子以后数千年文化，因为孔子而"开"。所以，孔子之教，其实也就是"成人"之教。我们在进行家庭教育时，要高度重视一个人内涵的饱满，也就是人要有"类存在"意识。在人生启航的地方，找准自己的立足点。

四、知远之近：中国家教文化强调修身正心

"知远之近"主要讲的是中国家教文化强调修身、正心。它是知方向而处于"远处的我"通向"当下的我"之间的

① 李帆主编：《民国思想文丛·学衡派》，长春出版社，2013年版，第196页。

一条路，只有了解了近处的自己，才能走向远方。这里讲的其实也就是"自知者明"，它是一个人成就自己的关键。"中庸"这两个字恰恰说明了我们修身的重点，东汉郑玄说："名曰《中庸》者，以其记中和之为用也。"①"中庸"即是"用中"，能否把握这个"中"，就需要我们能"知远之近"。在了解自己的基础上，还要修养自己，从正心、诚意上下功夫。只有每一个人做好了自己，家庭才会好起来。

1. 守一、知止、正心、用中

要有"知远之近"的信念，以"明礼"来通向它，以诚敬的品质推动它。信念说的就是"守一""知止"，"一"指的是父母疼爱子女，子女孝敬父母所构成的"整体性"。它还表现在君臣、兄弟、夫妻、朋友之间，也是相互构成的有机整体。身处整体中的"我"应该"知止"，如《大学》中所谓"为人君，止于仁；为人臣，止于敬；为人子，止于孝；为人父，止于慈"②，这些都是每个人守住的"方向"，只有这样才能"正心"，也才能把握住"中"。这也是孔子经常谈"一"的原因所在。孔子说"吾道一以贯之"③，曾子则以"夫子之道，忠恕而已"④解释之。"忠"就是修己，"恕"就是推己。将代表双方的、整体的"一"，推

①（汉）郑玄注，（唐）孔颖达疏：《礼记疏》卷五十一，清嘉庆二十年南昌府学重刊宋本十三经注疏本。

②（汉）郑玄注，（唐）孔颖达疏：《礼记疏》卷六十，清嘉庆二十年南昌府学重刊宋本十三经注疏本。

③（三国）何晏集解，（宋）邢昺疏：《论语注疏》解经卷第四，清嘉庆二十年南昌府学重刊宋本十三经注疏本。

④（三国）何晏集解，（宋）邢昺疏：《论语注疏》解经卷第四，清嘉庆二十年南昌府学重刊宋本十三经注疏本。

已及人。如果在家庭中能做到"守一"，方可"择其两端"。所以，一个人的修养须有"一"的思维，才能"知止"。"知止而后有定，定而后能静，静而后能安，安而后能虑，虑而后能得。"①如此才能有所得，即"德者得也"。

2. 孔子时代的教育体制

《孔子家语》中有这么一段话，言："夫损人自益，身之不祥；弃老而取幼，家之不祥；释贤而任不肖，国之不祥；老者不教，幼者不学，俗之不祥；圣人伏匿，愚者擅权，天下不祥也。"②其中，"弃老而取幼，家之不祥"一句点明了在教育中不能把孩子摆在"中心"，要"养正"，促使孩子走上正道。童蒙就要开始"养正"。"《易》曰：蒙以养正，圣功也。而养正莫先于礼。"③教育孩子一定要让他守规范，这样才能"正"。如果对小孩不进行"礼"的教育，那将会出现"则耳目手足，无所持循；作止语默，无所检束。及其既长，沿习偷安，徇情任气，如已决之水，不可堤防；已放之条，不可盘郁，何所不至哉！"④的局面。所以，古代社会中讲"小学"，"必先洒扫、应对之节"，就是要让小孩躬行实践，培养自己做事的习惯和能力，去理解父母的辛苦。如此，对于父母的爱就不再是空洞的东西了。

---

① （汉）郑玄注，（唐）孔颖达疏：《礼记疏》卷五十九，清嘉庆二十年南昌府学重刊宋本十三经注疏本。
② （三国）王肃注：《孔子家语》卷九，四部丛刊景明翻宋本。
③ （清）陈宏谋辑：《五种遗规》，清乾隆培远堂刻汇印本。
④ （清）陈宏谋辑：《五种遗规》，清乾隆培远堂刻汇印本。

古代社会，八岁入小学，十五岁入大学，先教"洒扫、应对"之事，然后才是"穷理""正心""修己安人之道"。了解自然、社会、人心，在"明礼"的基础上"正心"，这是一个修己的功夫。修己后才能管理好家庭，这个家庭才能"正"。正因为如此，我们要积极借鉴传统教育中"精华"，思考如何在细节上让孩子在成长道路上做好每一件事情。在"小艺"和"大艺"之间，以自然而然的方式实现转化，从小确立孩子的"方向"，最终才可能成为有气象的人。

3. 格物：探究事物客观属性的过程

"大学之道"里面的"格物"，简单说就是"正其不正，以归于正"①。经过冠礼后，成人、成正。我们现在常说的"正人君子"，实际上就是明白"正"，且按照"正"来做事的人。其实，阳明心学谈的也就是如何"正心"的问题。"四句教"中"无善无恶心之体，有善有恶意之动，知善知恶是良知，为善去恶是格物"②也意在强调明是非、知荣辱的功夫过程。这与上文《说文》中所谓"正，从止，一以止"③是一以贯之的。儒家谈"为政以德"，《老子》则说"以正治国，以奇用兵，以无事取天下"④他们都强调了"正"。

4. 先儒论诗教

"正心"的教育为儒家所重视，孔子施教，首先以《诗》

---

① （清）黄宗羲撰：《明儒学案》卷二十二，清文渊阁四库全书本。
② （明）顾宪成撰：《顾端文公遗书》卷二，清康熙刻本。
③ 柴剑虹、李肇翔主编：《说文解字》，九州出版社，2001年版，第94页。
④ （周）老聃撰，（三国）王弼注：《道德正经注》下篇，古逸丛书景唐写本。

教之，而以《关雎》篇为首就是为了"正天下""正邦国""正人心""思无邪""正夫妇"。男女结合为家庭，"夫妇正"家庭才有可能"正"。夫妇又是"情"和"礼"的关系，"发乎情，止乎礼"，是"情"与"礼"的冲突，本质上则是"人心"与"道心"的冲突。"人心惟危，道心惟微；惟精惟一，允执厥中"①说的是人心深不可测，道心十分精微。精确地用"一"的思维去理解社会，理解"义"与"利"，理解我想怎么样与我应该怎么样，然后才能恰当把握"中"（即"礼"）。在"人心"与"道心"之间，即在"人情"与"道义"之间，"人欲"与"天理"之间找到"中"。

5. 以礼制中、以刑教中

在面对人生道路中遇到的矛盾时，要善于纠偏。实际上，儒家所谈的"中庸"，或者说用"中"的过程，其实也就是纠偏的过程。每个人的一生，都在进行着"情"与"礼"的冲突，须"以礼制中"，即要考虑做事情的合理性。对于那些不能施加"礼"教的人，则要"以刑教中"，即要以一个"标准"的人来教育其他人，或以刑罚来教育之，而使之达到"中"。儒家所讲的"德主刑辅"，以德为主，以刑作为辅助，两者缺一不可，是二而一的关系。"以礼制中"的"礼"则是德和法的高度统一。如果"刑"不能辅"德"，那要"刑"干什么？如果"刑"不能辅"德"，那要"德"干什么？"刑"

---

① （汉）孔安国传，（唐）孔颖达疏：《尚书注疏》卷四，清嘉庆二十年南昌府学重刊宋本十三经注疏本。

存在的价值在于让有德的人，让公平正义在社会上顺利施行，让违背正义的人失去"市场"。在家庭教育中，对于孩子的管理要有适度的惩罚、处罚，要让他们知道问题的严重性，而不再重复犯错误。也就是说，在家庭教育中如何做到"中"，这是很重要的。

总之，儒家讲的"守一"，其实就是一种整体思维，即父子一体、君臣一体、兄弟一体、夫妻一体。处理各种关系，要有"一"的思维，然后"知止""正其心"，最后才能用"中"。这是一种在"理"和"欲"之间，在"人心"和"道心"之间，在"人情"和"仁义"之间的选择。正如孔子所言："富与贵，是人之所欲也；不以其道得之，不处也。贫与贱，是人之所恶也；不以其道得之，不去也。"①贫与贱、富与贵，都是两方的选择，人如何去"用中"，如何去"正心""守一"和"知止"就显得非常重要。

五、诗礼之教：中国家教文化与中华家风

1. 中华诗礼传统的形成

中国的家教文化和家风，本质上就是要成就这样的人生境界。它能使每一个人在成长中把握好人生的方向，能够走好自己的人生道路。孔氏家族以"诗礼传家"，即

---

① （三国）何晏集解，（宋）刑昺疏：《论语注疏》解经卷三，清嘉庆二十年南昌府学重刊宋本十三经注疏本。

出自于《论语》中的"不学诗，无以言"①"不学礼，无以立"②。其实，这里我们也就能看出孔子对诗、礼之教的重视。《孔子家语》中也说："吾闻孔子之施教也，先之以《诗》《书》，而道之以孝悌，说之以仁义，观之以礼乐，然后成之以文德。"③孔子的教育是"成德之教"，以《诗》《书》为先导，朗朗上口的《诗》《书》能涵养一个人的内心；以参加礼乐为重要环节，感受这一过程的神圣性，"洋洋乎如在其上，如在其左右"④。"成德之教"就是要"明明德"，能够成就"大人之学"，培养出有益于社会的人。这样的人越多，社会就会愈加和谐。传统社会中，官员之间以"大人"互称，实际上也就说明他们接受了"大学之教"，他们拥有大的格局。这些"大人"的特点是"知荣辱""能担当""敢引领""格局大""有气象"。

孔子"学诗""学礼"的过庭之训，不仅影响了孔子后裔，成就了孔氏家族深厚的"诗礼家风"，也影响了中华民族大家庭中的许多家庭和家族。诗礼传统的灵魂在于道德，在于社会和谐、人心和顺。因此，表达"诗礼之教"的对联也广泛存在于我们生活中，如"和谐传家训，诗书传家风""诗书继世长，忠厚传家远""诗书经

①（三国）何晏集解，（宋）邢昺疏：《论语注疏》解经卷十六，清嘉庆二十年南昌府学重刊宋本十三经注疏本。
②（三国）何晏集解，（宋）邢昺疏：《论语注疏》解经卷十六，清嘉庆二十年南昌府学重刊宋本十三经注疏本。
③（三国）王肃注：《孔子家语》卷三，四部丛刊景明翻宋本。
④（汉）郑玄注，（唐）孔颖达疏：《礼记疏》卷五十二，清嘉庆二十年南昌府学重刊宋本十三经注疏本。

世文章，孝弟传家根本""诗书足贯古今事，忠孝不迷天地心"，等等。这里有人生的方向、努力的途径、坚持的坚韧，实际上就是人成长道路上不可或缺的道德价值观。

2. 根基：人之初，性本善

中国讲社会风气时，往往谈及"孝悌"，以"孝悌"作为人的根本，即"道之以孝悌"①。《论语》中说："有子曰：'其为人也孝弟，而好犯上者，鲜矣；不好犯上，而好作乱者，未之有也。……孝弟也者，其为仁之本与！'"②所以，我们反观中国历史上的诸多家风、家训、族规，孝悌都是根本。《孝经》中说"孝"为"教之所由生也"③，所强调的就是人要有教养，得到合理的教育，而这些都是从"孝"开始的。孝悌为何如此重要呢？因为它是最根本的"善"，而"善"又是"方向"。《礼记》中说："人生而静，天之性也；感于物而动，性之欲也。物至知知，然后好恶形焉。"④这里说明了人生之初的"纯粹"，而历经世事而产生好恶的情感，如何保持本性的"真""善""纯粹"是重要的。又说："好恶无节于内，知诱于外，不能反躬，天理灭矣。"⑤这里则从反面说明了好恶如果没有约束、规

---

① （三国）王肃注：《孔子家语》卷三，四部丛刊景明翻宋本。
② （三国）何晏集解，（宋）邢昺疏：《论语注疏》解经卷第一，清嘉庆二十年南昌府学重刊宋本十三经注疏本。
③ （唐）玄宗注，（宋）邢昺疏：《孝经注疏》，清嘉庆二十年南昌府学重刊宋本十三经注疏本。
④ （汉）郑玄注，（唐）孔颖达疏：《礼记疏》卷三十七，清嘉庆二十年南昌府学重刊宋本十三经注疏本。
⑤ （汉）郑玄注，（唐）孔颖达疏：《礼记疏》卷三十七，清嘉庆二十年南昌府学重刊宋本十三经注疏本。

范，被外物所化，那么就会灭天理，也就是丧失了人的"本性""善性"。

3. 士志于学，士志于道

人之所以失去"本真"，原因是"好恶无节"。那么如何做到"节"呢？这就涉及"立志"的问题。"立志"就是人生的方向、追求和价值，孔子说："士志于道，而耻恶衣恶食者，未足与议也。"① 又说："志于道，据于德，依于仁，游于艺。"② 还说："吾十有五而志于学，三十而立，四十而不惑，五十而知天命，六十而耳顺，七十而从心所欲，不逾规。"③ 可见，孔子强调了人要抓好关键时期，要做好"志于学"的功夫。当然，这与孔子的成长历程息息相关，从小"陈俎豆""设礼容"，后"子入太庙，每事问"，说明他始终是好学的，是从小"志于学"的。正因为如此，孔子也才成就后来的孔子。《论语》的编排者有意将"志于学"放在《为政》篇前，就是为了让为政者明白孩子从小立志于学，才可能成就自己。《论语》中还记载道："子曰：年四十而见恶焉，其终也已！"④ 虽然说的是四十岁人生的基本定型，但深层次则仍在说"志于道""志于学"的重要性，起步阶段的重要性。孔子又说：

---

① （三国）何晏集解，（宋）刑昺疏：《论语注疏》解经卷第四，清嘉庆二十年南昌府学重刊宋本十三经注疏本。

② （三国）何晏集解，（宋）刑昺疏：《论语注疏》解经卷第七，清嘉庆二十年南昌府学重刊宋本十三经注疏本。

③ （三国）何晏集解，（宋）刑昺疏：《论语注疏》解经卷第二，清嘉庆二十年南昌府学重刊宋本十三经注疏本。

④ （三国）何晏集解，（宋）刑昺疏：《论语注疏》解经卷第十七，清嘉庆二十年南昌府学重刊宋本十三经注疏本。

"后生可畏，焉知来者之不如今也？四十、五十而无闻焉，斯亦不足畏也已。"①一个人到四五十岁无所成就，那么这一生也没有什么可怕的了。因此，看到一个人成长的过程外，起步阶段的"立志"就显得十分重要了。

"主忠信"就是要该做的去做，立志于做忠信的人。刘向《说苑·杂言第十七》中载："孔子观于吕梁，悬水四十仞，环流九十里，鱼鳖不能过，鼋鼍不敢居；有一丈夫，方将涉之。孔子使人并崖而止之曰：'此悬水四十仞，环流九十里，鱼鳖不敢过，鼋鼍不敢居，意者难可济也！'丈夫不以错意，遂渡而出。孔子问：'子巧乎？且有道术乎？所以能入而出者何也？'丈夫曰：'始吾入，先以忠信，吾之出也，又从以忠信；忠信错吾躯于波流，而吾不敢用私。吾所以能入而复出也。'孔子谓弟子曰：'水而尚可以忠信，义久而身亲之，况于人乎？'"其实，这里的"忠信"说的是要把握心中的"中道"，而非愚忠愚孝。上文中提到的"志于学""志于道"，与此处的"志于忠信之道"实际上是一回事。人只有以此为遵循，才能在不同的年龄达到不同的人生境界，成为优秀的人，甚至成为圣贤。因此，这是家教所要做到的，从细微处把握好的。

4. 衣锦尚绸，恶其文之著也

《中庸》："衣锦尚绸，恶其文之著也。"说的是衣服太过艳丽，往往会惹人眼目。就像孔子在《易传》中说"慢

---

① （三国）何晏集解，（宋）刑昺疏：《论语注疏》解经卷第九，清嘉庆二十年南昌府学重刊宋本十三经注疏本。

藏海盗，冶容诲淫"一样，因为漫不经心，可能就会遭遇盗窃；因为外表的妖艳，而让人想入非非。它在告诉世人，在为人处世时，要牢牢把握住"中"，要适度。所以，"君子之道，暗然而日章；小人之道，的然而日亡"。君子不注重响亮的口号，但是为人处世越来越棒；境界不高的人，整天喊口号，慢慢地销声匿迹了。其实，这里面就是"君子之道，淡而不厌，简而文，温而理，知远之近，知风之自，知微之显，可与人德矣"。家庭教育的道理，与此是一样的。

5. 诚敬：至诚无息，诚外无物

儒家说"至诚"，它强调的是内心的"诚敬"。我们看到了"方向"很重要，这是理想。因为"明礼"，我们迈开了脚步。然而，很多人往往虎头蛇尾，有始无终。《中庸》讲的"诚"很重要，说："诚者，天之道也；诚之者，人之道也。诚者不勉而中，不思而得，从容中道，圣人也。"[①]可见，天道至诚，日月星辰自东向西地流动，寒来暑往，这就是天道。效法天道，就应该刚健有为，这就是人道。效法地道，所以博大宽厚。做事，我刚健有为；做人，我博大宽厚。那么，一个人就能立于天地之间。"至诚无息，不息则久，久则征，征则悠远，悠远则博厚，博厚则高明。"[②]只有至诚无息的人，"择善而固执"的人，才能高明。

---

① （汉）郑玄注，（唐）孔颖达疏：《礼记疏》卷五十二，清嘉庆二十年南昌府学重刊宋本十三经注疏本。

② （汉）郑玄注，（唐）孔颖达疏：《礼记疏》卷五十三，清嘉庆二十年南昌府学重刊宋本十三经注疏本。

6. 至诚之道、择善固执

《中庸》中记载了孔子夸赞颜回的话，说："子曰：'回之为人也，择乎中庸。得一善，则拳拳服膺，而弗失之矣。'"[①] 颜回"不贰过"，选择了"善"就不再放手了。颜回作为榜样，可以让我们每一个人都能得到启迪。我们在进行家庭教育时，当孩子犯错误时以"不贰过""不三过"，甚至是"不五过"教育之，引导他们走向正确。实际上，这里讲的就是"择善而固执""至诚"。

大家知道"不偏不倚""过犹不及""择善而固之"，但是做到是很难的。孔子说："人皆曰予知，驱而纳诸罟攫陷阱之中，而莫之知辟（避）也。"[②] 又说："人皆曰予知，择乎中庸而不能期月守也。"[③] 基于此，孔子发出了"中庸其至矣乎！民鲜能久矣！"[④] 的感叹。我们在教育孩子的时候，严和宽是一对矛盾，它们是一个"一"，则其两端，能否"用中"，这还是一个方法的问题。但是，能否长期地做到"中"，才是最为关键的。

---

①（汉）郑玄注，（唐）孔颖达疏：《礼记疏》卷五十二，清嘉庆二十年南昌府学重刊宋本十三经注疏本。

②（汉）郑玄注，（唐）孔颖达疏：《礼记疏》卷五十二，清嘉庆二十年南昌府学重刊宋本十三经注疏本。

③（汉）郑玄注，（唐）孔颖达疏：《礼记疏》卷五十二，清嘉庆二十年南昌府学重刊宋本十三经注疏本。

④（汉）郑玄注，（唐）孔颖达疏：《礼记疏》卷五十二，清嘉庆二十年南昌府学重刊宋本十三经注疏本。

《踏歌图》（局部）南宋·马远

知大
行道

16

儒家思想与企业公共关系

张　践

中国人民大学教授，
中央统战部特聘专家，
国际儒学联合会副会长，
尼山圣源书院院长。

公共关系是兴起于 20 世纪初的一种管理哲学，指的是一个组织运用信息传播手段，处理自身社会环境关系的活动。公共关系主要通过组织与公众之间信息的双向沟通，达到协调关系、处理危机、塑造形象的目标，在满足公众利益的前提下实现组织的发展。兴起于西方的公共关系 50 年代传入港台地区，80 年代传入大陆，已经是中国企业管理中一门不可或缺的管理哲学。但是如同任何外来的思想、文化一样，公共关系传入中国也有一个和本土文化资源结合的问题。儒学作为中国传统文化的主体，其中蕴含的许多积极因素可以成为现代企业公共关系发展的必需营养。只有充分吸收这些积极因素，才能发展出健康、丰满的中国式的公共关系。

一、仁爱忠恕——公共关系的指导思想

"仁"是儒学的核心价值，不仅在儒家的思想体系内出现的频度高，而且可以贯穿儒学其他一切范畴，对儒学政治、经济、宗教、伦理思想具有指导意义。儒家的仁学经过几千年的传播，已经成为中国人为人处世的根本价值，当然也应当成为现在企业公共关系的指导思想。

许慎《说文解字》解释"仁"字，说"仁，从人从二"，即仁是讲解人与人之间的关系。那么人与人之间应当如何相处呢？孔子说"仁者爱人"（《论语·颜渊》），《中庸》说"仁者人也"，都是说"仁"的根本含义，就是要爱人，要像对待"人"一样对待他人。从公共关系的角度讲，最根本的公关意识就是尊重公众的意识。如果企业做公关心里没有公众，那么所有的活动不过都是一种营销手段，一种报刊宣传而已。

公共关系学的创始人伯纳斯于1923年发表了第一本公共关系学专著《公众舆论的形成》，提出开展公关工作一定要"投公众所好"；美国学者柯特利普在权威的公共关系学著作《有效的公共关系》一书中提出了"双向对称"的思想，认为市场经营必须做到企业与公众利益平衡。这些观念实际上就是从根本上树立的尊重公众的理念，从而使公共关系走出报刊宣传时代，把公共关系事业建立在满足公众利益的前提下。我们今天进行公关活动，如果没有尊重公众理念，那么各种名目繁多的公关行为并不能达到树立企业良好形象的目的。

古代社会没有企业，但是有国家，没有公众，但是有民众。儒家从"仁者爱人"的角度出发，认为一个有道的君王，应当爱护自己的子民。《尚书·五子之歌》说："民惟邦本，本固邦宁。"《管子·霸形》明确提出了"以民为本"。中国古代统治者已经认识到，民众是国家的根本，百姓是水，国君是舟，水可以载舟，亦可以覆舟。那么应当如何避免覆舟之险呢？孟子说："民为贵，社稷次之，君为轻。"（《孟子·尽心下》）也就是说一个执政者处理任何问题，首先要想到的是民众利益，其次是国家利益，最后才是国君一家的安危荣辱。如果把儒家这个思想用到公共关系上，那么我们是否可以说"公众为重，公司次之，老板（或者利润）为轻"呢？古代社会国家之间的竞争是"得民心者得天下"，以民为重就是要关心人民群众的衣食饱暖、国计民生；今天的社会企业之间的竞争是市场竞争，"得公众者得市场"，公共关系作为一种市场竞争的手段，也就是要从尊重公众出发，争夺公众的心。

孔子开创的儒家学说不仅提出了以"仁"为核心的价值理念，而且提供了仁学得以实现的具体方法——"忠恕之道"。在孔子的语境中，"仁"既是一个高不可攀的价值理念，又是一个可以落实于百姓日用常行的道德观念。那么如何调整这种"极高明"与"道中庸"之间的矛盾呢？孔子提出了一个切实可行的实践原则——"忠恕"。一次讲学的时候孔子问曾参："参乎！吾道一以贯之。"曾子曰："唯。"（《论语·里仁》）对于这样一个涉及孔学根本的大问题，当时只有曾参听懂了，其他门人依旧茫然："子出，门人问曰：'何谓也？'曾子曰：'夫子之道，忠恕而已矣。'"（《论语·里仁》）宋儒朱熹在注"忠恕"时指出"尽己之谓忠，推己之谓恕"[1]，基

---

① 朱熹：《四书集注》（第一卷），世界书局，1937年版，第15页。

本说出了忠恕之道的含义。"尽己"就是主观意志反省，要求人们在处理与他人的关系时，不要仅以个人主观意愿为出发点，而是以我希望别人也能如此待我的普遍原则作为行为出发点。即如子贡所说："我不欲人之加诸我也，吾亦欲无加诸人。"（《论语·公冶长》）"恕"则是以己推人。从积极的方面讲，"夫仁者，己欲立而立人，己欲达而达人。能近取譬，可谓仁之方也已"（《论语·雍也》）。从消极的方面讲，"己所不欲，勿施于人"（《论语·卫灵公》）。冯友兰先生指出："孔子一贯之道为忠恕，亦即孔子一贯之道为仁也。……惟仁亦为全德之名，故孔子常以之统摄诸德。"[①]

将"忠恕之道"应用到公共关系中，就是我们通常所说的"换位思考"。公众关系与企业营销、广告宣传的根本差异，就在于它不是一种简单的企业宣传行为，而是一种与公众之间互利互惠、利益共生的关系。公共关系被称为一种企业的"信誉投资"，必须用真金白银来换取公众的好感与支持。只有那些心里真正装着公众的企业，才能得到公众的青睐。

二、为政以德——树立正确的企业理念

现代企业公共关系工作中的一个重要的组成部分，就是树立正确的企业经营理念，并利用各种宣传手段加

---

① 冯友兰：《中国哲学史》（1930 年版上册），华东师范大学出版社，2000 年版，第 61—62 页。

以传播。如果一个企业没有正确的经营理念，在具体的经营活动中就难免"盲人骑瞎马""夜半临深池"，必然会发生倾覆的危险。古代儒家政治哲学中"为政以德"的理念，可以为我们现代企业提供必要的指导。

孔子生活的春秋战国时代，正是中国社会走出神权政治的时代。西周政权的瓦解导致古代宗教思想观念、基础信仰、组织队伍的全面动荡，从而使社会上出现了"礼崩乐坏"的局面。诸子百家群起争鸣，一个最重要的方面就是为新时代的政权寻找政治合法性的基础。儒家的"德治主义"、道家的"道治主义"、墨家的"新鬼治主义"、法家的"法治主义"纷纷登场。尽管秦始皇统一中国一度使"法治主义"成为国家政治意识形态，但是秦王朝的二世而亡说明其不可持续性。经过汉初黄老道家"与民休息"的实验，最后汉武帝还是选择了儒家学说成为国家意识形态。为什么只有儒家才能成为中国二千年传统社会的主导思想？从根本上说，就是儒家的德治主义树立了一个政权执政的正确理念，占领舆论的制高点，有利于争得民心。

《论语·子路》记载："子路曰：'卫君待子而为政，子将奚先？'子曰：'必也正名乎！……名不正，则言不顺；言不顺，则事不成；事不成，则礼乐不兴；礼乐不兴，则刑罚不中；刑罚不中，则民无所措手足。'"为什么为政必先正名？就是说要树立一个正确的执政理念。如果仅仅把是否有效当成执政的指导思想，把"法、术、势"

之类的操作手段当成执政理念，一个国家必将陷入"上下交相利"的争夺之中。企业也是如此，在现代社会办企业当然要挣钱，但是一个企业如果仅仅简单地把赚钱作为企业理念，不仅会走上为了利润不顾一切的经营路线，在市场上迷失方向，也会引起公众的反感。

孔子讲"正名"，那么什么才是政治之"正"呢？孔子提出了"为政以德，譬如北辰，居其所而众星共之"。道德本来意义是个人的修养问题，与治理国家、治理企业似乎无涉。但是我们知道，一个国家如果没有一个正确的价值导向，其运行就会发生混乱，官员、人民就不知道所从，这就是政治的指导思想问题。以德治国，就是要用合乎道德的观念指导国家运行，用道德观念选拔人才，用道德理念教育民众，一个社会才能走向国泰民安。孔子又说："道之以政，齐之以刑，民免而无耻。道之以德，齐之以礼，有耻且格。"（《论语·为政》）仅仅以刑罚来管理人民，也许人民暂时可能不敢触动法律，但是他们心中却没有正义是非的观念，不知道羞耻，一旦社会监督不到位，什么坏事都敢干。所以孔子主张用道德教化民众，用礼乐规范行为，这样人民不仅不会做违反规则的事，而且会把这种规范内化为一种自觉。

我们现在处在社会主义市场经济条件下，企业要追求经济效益，国家提倡依法治国，但是绝不是说仅仅有市场和法律就可以放任社会自主运行了。市场经济更需要道德的规范。西方古典经济学的创始人亚当·斯密写了一本《国富论》探讨市场运行的规则，但是他还有一本书叫作《道德情操论》，专门研究市场经济环境中人们应当遵守的道德。"为政以德"作为企业的经营理念，不仅仅是搞一次 CI 设计，写到宣传册上就达到目的的事情，而是要真正落实到管理的具体工作中去。中国"为政以德"的管理就表现为"以人为本"的道德管理。如果说西方管理学有 X 理论（科学管理）、Y 理论（人际关系管理），那么中国的道德管理是否可以叫作 D 理论？现代很多企业高高树起"以德经商"的旗帜，以历史上著名的儒商为楷模，都是建立正确企业理念的积极尝试。

孔子在谈到"正名"思想时说："故君子名之必可言也，言之必可行也。"（《论语·子路》）孔子又说："有德者必有言。"（《论语·子路》）树立了正确的指导思想，还要将其表达为正确的文字，对外进行传播。孔子十分重视对自己学说的传播，"有朋自远方来，不亦乐乎"，这不仅仅是一种会见朋友时愉悦心情的流露，也是广交朋友，共同实现恢复"周礼"事业。为了弘扬德治主义的政治主张，孔子周游列国，游说各国诸侯，困于陈，厄于蔡，历尽千辛万苦。儒家的亚圣孟子也同样重视仁政观念的传播，他说："仁言不如仁声之入人深也，善政不如善教之得民也。"（《孟子·尽心上》）仁言还要变成仁声，才能进入千家万户，善政必须经过教育才能使民众知晓。儒家的传播思想不仅重视言语的传播，更重视行为的传播。孔子说："其身正，不令而行；其身不正，虽令不从。"

（《论语·子路》）"子帅以正，孰敢不正？"（《论语·颜渊》）也就是说，领导者自身的表率作用十分重要，要以自身的道德实践影响其臣属、民众。

现在企业公共关系的基本职能之一，就是进行传播，使组织的方针、政策、行为被广大公众知晓，从而得到他们的支持。在 CI 导入程序中，对企业理念的总结和概括过程完成之后，还需要设计多种活动对其进行传播，以便为社会公众知晓。更根本的是，公共关系强调"少说多做"，用实际行动感化公众，以互利互惠的活动争取公众。儒家言传身教的论述，可以给我们很多启示。

三、中庸和谐——建立良好公众关系的方法

有了建立良好公共关系的美好愿望，还需要有建立良好关系的方法，在这方面，儒家思想也可以为我们提供许多重要的指导。公共关系的根本任务是处理组织与公众的相互关系，在现代社会，组织与公众的关系建立在利益的基础上，既有相互合作的方面，也有相互对立的一面。那么应当如何处理这种矛盾的利益关系呢？儒家的中庸之道正好为我们提供了正确的指导思想。

春秋时期儒家提出了一种处理社会矛盾的基本方法——中庸之道。孔子说："中庸之为德也，其至矣乎！民鲜久矣。"（《论语·雍也》）也就是说，中庸是一种最高的道德，在战乱的春秋时代，民众已经缺乏很久了。《中

庸》一书记载："仲尼曰：君子中庸。小人反中庸。"持中庸的态度与人、与事相处的是君子，反对中庸的则是小人。中庸的管理方法，就是要求我们在公关工作中不要追求极端，凡事留有一定的余量，这样就不至于因处事极端而走向反面。在西方资本主义发展史上，也曾有过追求利润最大化的时代，实践证明，企业家利润最大化造成的是社会的两极分化，社会购买力不足，反而造成了一次又一次的经济过剩危机。公共关系处理企业与公众的矛盾，就是要用中庸的方法，注意企业利益与公众利益的平衡。不要搞利润最大化，"竭泽而渔"式的掠夺式经营，而是要用还利于民的方法共同发展，才能实现企业的长期繁荣。

那么怎么做才是中庸的方法呢？儒家在这方面有很多论述。《论语·先进》记载：子贡问："师与商也孰贤？"子曰："师也过，商也不及。"曰："然则师愈与？"子曰："过犹不及。"子贡问颛孙师和卜商两名学生谁更好一点，孔子说，颛孙师干事太过，卜商干事经常达不到。子贡问，那么是否颛孙师比卜商要好一点呢？孔子明确回答，办事太过和达不到一样不好。中庸的处事方法，就是强调办理任何事物都要适中。如果换成西方哲学的术语，就是办事要注意质变的度。办任何事情，超过了限度，事情就会走向反面。在处理企业与公众矛盾时，要特别注意儒家"过犹不及"的教诲，防止关系走向极端，不可挽回。市场经济的自由发展就会出现一种"赢家通吃"

的倾向，也许这正是走向垄断的内在根据。但是 19 世纪末 20 世纪初的社会发展实践证明，垄断乃是市场经济发展的大敌，必然窒息市场经济的活力。当时西方采取了一系列的措施防止垄断，公共关系正是出现在这样的背景下，是西方企业调整自己与公众关系的重要手段之一。公共关系通过各种社会的、公益的方法，将企业的利润在一定程度上返还公众，起到了调整社会分配不公、贫富两极分化的目的。西方经济发展的实践表明，能够顺利成长的企业往往不是利润率最高的企业，而是公众关系最好的企业。这和儒家处理关系时反对极端倾向，正好是不谋而合的。

儒家管理哲学的最终目的，就是对于社会和谐的追求。《周易·象辞·乾卦》说："乾道变化，各正性命，保合大和，乃利贞。"乾道就是天道，儒家学者认为，天道的根本目的就是追求宇宙间最大的和谐，即所谓的"太和"。孔子发展了周易的思想，指出"礼之用，和为贵"（《论语·学而》），即儒家大力提倡的周礼，最根本的目标就是维持社会的和谐。孟子说"天时不如地利，地利不如人和"（《孟子·公孙丑下》），把组织内部人际关系的和谐看得比天时、地利更重要。荀子说："上不失天时，下不失地利，中得人和，而百事不废。"（《荀子·王霸》）在今天看，搞好公共关系，"天时"就是国际政治经济的大形势，国家的方针政策，"地利"就是企业与周边社区公众的良好关系，"人和"则是企业内部全体员工的精诚团结。古人说"家和万事兴"，一个企业只有充分开展内部的沟通和交流，增强企业内部的凝聚力和向心力，才能对外表现强大的竞争力。

当然儒家所说的"太和"并不是绝对没有矛盾的无差别境界，而是多种矛盾的有机统一体。西周史官史伯说："夫和实生物，同则不继。以他平他谓之和，故能丰长而物归之；若以同裨同，尽乃弃矣。"（《国语·郑语》）也就是说，在儒家文化的语境中，"和"与"同"是不一样的，"和"是两种不同事物的统一体，相互矛盾但又相互合作，所以才能产生新的动力。两种完全相同的事物相交，则不会有什么新鲜事物产生。现代市场经济存在着激烈的竞争，但正是由于有了竞争，才会激发人们的创造力，带来市场的繁荣。儒家"和实生物"的思想教会我们正确地对待竞争，要把竞争当成前进的动力，而不是同类相残的坟墓。古代的儒商常讲一句话"和气生财"，这是正确对待客户的正确方法，也是正确对待同业竞争者的正确方法。唯有如此，才能实现市场上的"双赢"。

孔子把对于"和""同"的看法，上升到人格的高度。他说："君子和而不同，小人同而不和。"那些搞无原则交易的人，只能是小人。儒家中庸和谐的思想用于当代公共关系，就是要求我们在开展公关工作时，既要注意搞好关系的根本目的，更要注意开展沟通工作时坚持正确的原则。孔子说："礼之用，和为贵。先王之道，斯为美，小大由之。有所不行，知和而和，不以礼节之，亦不可行也。"（《论语·学而》）"和为贵"有一个前提，就是要坚持"礼之用"，即以礼为原则，有些事情不能做，这样的和谐才是"知和而和"。反之，为求和谐而"不以礼节之"，就会走上建立庸俗关系错误的道路。当代社会关系中存在着行贿受贿、腐蚀拉拢的不正之风，有人认为这就是公共关系，把"金钱开道、美女架桥"当成市场公关的不二法门。其实这样的做法只能是破坏市场经济的秩序，败坏社会风气，迟早要受到国家法制的惩罚。

四、诚实守信——企业形象美誉度的基石

孔子在和弟子子贡议论国家政治的轻重缓急时，子曰："足食、足兵，民信之矣。"子贡曰："必不得已而去，于斯三者何先？"曰："去兵。"子贡曰："必不得已而去，于斯二者何先？"曰："去食。自古皆有死，民无信不立。"（《论语·颜渊》）"民无信不立"说到了国家政治形象的根本，即一个国家要取信于民，方能得到人民的支持，才有了存在的基础。企业形象也是如此，诚信是企业形象的根本、美誉度的基石。

诚信第一个字是"诚"字，诚则讲的是诚实、真诚，信讲的是信誉、信用。"诚"与"信"相比，诚更根本的是动机和出发点。《论语》中没有在诚信的意义上使用"诚"字，但是说到"言忠信，行笃敬""谨而信，敏于行"，已经有了"诚"的内涵。孟子则大力发展孔子关于

诚信的思想，他说："是故诚者，天之道也；思诚者，人之道也。"（《孟子·离娄上》）他把"诚"说成是"天之道"，即宇宙之间的普遍规律。天又把这种普遍的规律赋予了人心，成为人心中"仁义礼智信"先验的善良意识。战国时期另一个大儒荀子也说："夫诚者，君子之所守也，而政事之本也。"（《荀子·不苟》）也就是说诚乃君子的立身之道，办事之本。

古今中外，诚信故事比比皆是。凡成大事者，莫不以诚信为先。中国古代有"尾生抱柱""曾子杀猪"、商鞅"徙木立信"、季布"一诺千金"等故事。现代企业如"同仁堂"的古训："品物虽贵必不敢省物力，炮制虽烦必不敢减人工。"李嘉诚说："诚信是一张永恒的存折，是非常可观的无形资产。"世界饭店大王希尔顿说："信誉是我的生命，我绝对不能宣布破产。这样做意味着失去信誉，失去了希望。"古往今来的诚信故事，可以成为我们今天进行诚信建设的重要文化资源。

诚实守信首要的要求就是说真话，正如现代公共关系创始人艾维·李在1906年的《原则宣言》中所说，"公众必须被告知"，要"向公众说真话"，如实与公众进行沟通是公共关系的第一要义。特别是在发生了企业公关危机的时候，说真话更是得到公众谅解的基础。但是有些企业在伤害公众利益的行为被发现后，不是真诚地改正错误，弥补公众受到的损失，修复受到伤害的组织形象，而是千方百计地掩盖事实，希望通过谣言和欺骗蒙混过关。孔子认为君子"过则勿惮改""不迁怒，不贰过"，否则"过而不改，是谓过矣"，用掩盖过失的方法欺骗公众，只能导致更多的过错。正确的方法是："君子之过也，如日月之食焉。过也，人皆见之；更也，人皆仰之。"（《论语·子张》）

当前公关领域中，网络公关异军突起，成为引人瞩目的现象。由于网络传播自由性、广泛性、迅速性、互动性、匿名性等特点，网络公关中的诚信问题成为对企业诚信的最大考验。社会各界公众，对于网络世界可以说是既爱又恨。人们在日常生活中离不开网络，但又经常因网络上的虚伪宣传而受骗上当。因此网络世界的公关活动，讲诚信就成为第一要务。建立网络公关的诚信制度，一方面要靠网络管理者的负责监管，更重要的方面则是需要网络使用者的自律。正如孔子所说"道之以刑，齐之以政，民免而无耻"，必须加强全社会的道德教育。当前，在国民教育体系中恢复优秀传统文化教育的呼声日高，其中儒学普及工作占有很重要的地位。儒家文化中的诚信伦理资源，是构筑当代商业道德的重要组成部分。如果新一代的学生幼儿时就接受"凡出言，信为先，诈与妄奚可焉"的教育，那么他们长大成人以后面对市场经济利益和道德的关系，就会有更多的自信与成熟。

儒商的精神和理念：经济伦理和企业之道

王中江

北京大学哲学系教授、博士生导师、教育部长江学者特聘教授，兼任北京大学高等人文研究院执行院长、郑州大学哲学学院院长，中华孔子学会会长、老子学研究会会长等职。

主要致力于先秦哲学、儒家和道家哲学、出土文献和近现代中国哲学研究。新近著有《简帛文明与古代思想世界》《儒家的精神之道和社会角色》《道家学说的观念史研究》等。

　　儒商的精神和理念，具体来讲就是经济伦理和企业之道。这是支撑中国古代商业社会尤其是后期中国商业社会的精神支柱，对这一问题的探讨，有助于我们更深入地理解中国古代儒商的精神世界，为如今构建现代的经济伦理与企业文化提供参考。

　　在讨论这一核心问题的同时，如下这几个问题也是值得我们深思的，通过对于核心问题的讨论也有助于逐步地给这些问题作出解答：

　　第一，如果从事企业，从事经济活动，在什么情况下我们才会追求一种额外的利益，也就是经济上的特权的问题？

　　第二，有人提出："经济学不讲道德。"这句话我们应该如何去理解？要表达什么样的意义？

　　第三，在经济活动中，企业有没有不变的"常道"，或在经济活动中普遍适用的规律？

　　第四，我们接触过什么样的经济伦理的著作？

　　顺便可以再提出一些问题：儒家是不是一种宗教？儒家在历史上是中国文化的核心，它扮演了一个什么样的角色？儒学有没有宗教性？儒家和信仰、信念是什么关系？

一、引论：从一位日本近代的儒商及其精神说起

（一）弃政从商的涩泽荣一

我要从日本一位近代的儒商开始说起。这位日本近代的儒商叫涩泽荣一，在日本近代化的过程中作出了卓越的成就和贡献，被日本国民称为"日本的现代化之父""日本近代的实业界之父""日本金融之王"。

这样的地位是名副其实的。他在日本的实业遍布各行各业，有银行、保险、矿山、铁路、印刷、纺织、化工等，涉及非常多的部门，还创办了东京的证券交易所，创办了日本的第一国立银行，大概有500家企业。后来他又成立了"涩泽荣一的基金会"，到美国受到了罗斯福的接见，在中国也接受过蒋介石的接见，可他恰恰是一个弃政从商的人物。

涩泽荣一原来就职于日本大藏省，担任类似于财政部副部长的官职。当时的日本正在进行企业改革、财政改革，涩泽和井上清一起去做这样的改革。但是在日本军队的开支和经费问题上，他们与日本的内阁发生了尖锐的矛盾和冲突，最后井上清被迫辞职。涩泽荣一跟井上清共进退，也辞职了。但涩泽荣一辞职的原因更为复杂，他一直有一个想改变日本企业界状况的强烈愿望。此外，他还认为日本也有一种官本位观念，从事企业对他来讲

也是抵制或者反对日本的官本位。在中国历史上，包括中国当代，不同程度地也有一种很强的官本位的立场，具体来讲就是在政府里有官位、官职，有俸禄。日本的文化受到中国文化的强烈影响，特别是儒家文化的影响，也有一种强烈的官本位意识。涩泽荣一试图改变日本官本位的立场，自己从政界辞职，弃政从商。另外他想通过自己的行动，把日本的企业、商业、工业引导到一个真正长久发展的战略上去，改变日本企业界里面的"无商不奸""见利忘义""为富不仁"的现状。

基于这两种愿望和自己的目标，涩泽荣一选择了在日本价值观里面不被认可的弃政从商的道路，也因此受到了周围人的强烈批评和激烈反对，但是涩泽荣一的意志非常坚定。他认为日本的商业最为不振，商业不振就不能增进国家的富强，鄙视金钱国家就不能富强。官商、爵位并不是那么尊贵，人世间值得做的工作到处都是，并非只有为官才值得尊敬。

日本同时代还有一个人，就是日本著名的近代启蒙思想家、教育家，创办了日本庆应义塾大学的福泽谕吉。他一生从事教育，没有去从政，当时他在日本国民中的地位很高，被认为是可以做日本首相的，可是他坚持认为，日本的教育不发达，培养人才是最核心的一项事业。所以他坚持在教育上发展，去做启蒙工作，赢得了日本国民普遍的敬仰。

（二）近代中国的启蒙思想家严复与官本位

这里可以与中国的严复做一个对比。严复是中国近代的启蒙思想家，但是在价值观上，严复在某些方面还是非常传统的。他从英国留学回来以后，在天津到李鸿章创办的北洋水师学堂做教务长。那是一个发展中国教育、发展中国现代技术非常好的重要的时期。当时，中国的现代教育正在发展，需要培养大量的人才，严复受的不是科举教育，他也不是进士出身，他认为中国需要改变，中国需要富强，首先必须得进入政治领域，获得一个政治地位才有可能，所以他一心从政。但是到了四十岁还没有一个官职，还在北洋水师学堂当老师，他非常郁闷，对李鸿章也是耿耿于怀。

严复当然是伟大的启蒙思想家，可是他始终希望有一个政治上的地位，最后当了袁世凯的顾问。在中国近代的改革里面，这个道路非常不顺利。所以我们讲的这两个人都认为，在商业、企业、教育上，同样可以作出伟大贡献，不是说只有从事政治才可以。

（三）近代中日面临的西方挑战与共同的课题：东方文化与西方文化

日本的近代跟中国近代一样面临西方的挑战。国家要富强，要改革，要走向现代化，走向新的文明的问题，日本作出了应对，中国也在作出应对。中国洋务运动口号叫"中体西用"，中国传统的文化之道，加上西方的科学技术就可以走向富强。同样的思想在日本早有体现，早在日本的平安时代（中国的魏晋隋唐时期）就有人也提出"和魂汉才"的口号。当时日本的大量学生到中国来，叫"遣唐使""遣隋使"，他们学习中国的先进文化。"和魂"就是日本的一种精神，加上中国汉学才能发展。当时，他们把中国的学问都引进到日本去了，日语也是通过汉字造出来的，完全接受中国文化，把日本固有的精神和中国文化、文学等结合起来发展日本的传统。在近代日本发生转变的时候，这个口号改变成了"和魂洋才"。因为面对西方现代的文明，他们就说不能再用中国古代的文明了，所以现代日本面对西方的挑战，当然还是要坚持日本的精神，但是需要把西方的才艺、文化接受过来，提出"和魂洋才"。其实就是科学、技术、经济等。这非常类似于中国的"中体西用"主张。

涩泽荣一从事商业，他提出"士魂商才"。他认为发展企业、发展实业、发展商业这里面有一个根本的道路、根本的理念、根本的价值，他认为是"士魂"。这个"士魂"就是日本的武士道，在中国的文化里面就是士大夫或者说儒家之道。"士魂商才"大概意思是一个人要有士的操守、道德和理想，又要有从事商业的智谋、才干和务实的精神。

"士魂"在日本来讲是武士道，日本的武士道其实就是中国儒家文化和日本传统的一种结合。因为他们把儒家文化从先秦到宋明都翻译、引进到日本去了。日本的武士道、武士都是用汉文写作的。在古代，日本是全面地接受中国文化，他们认为当时中国文化是最先进的。所以他的武士道核心思想和基本理念都是本于儒家的一种精神。

涩泽荣一要改变日本的官本位，改变日本商业里面的混乱现象，因此提出了"士魂"，就是商人要有儒家士大夫的精神，这具体落实在用《论语》去指导自己的实业发展。他说《论语》是培养武士道精神的根基，商业财智也必须以道德为根本。这是涩泽荣一在《〈论语〉与算盘》里面讲的。之所以提倡"士魂商才"，是因为集正义、廉直、侠义、勇为、礼让美德为一体的武士精神虽然为人敬仰，为民族的骄傲，可是一些工商业者却认为，如果以此为宗旨去做生意就行不通。涩泽荣一认为这种态度乃是只趋眼前利益的表现，必须加以纠正，否则日本将因小失大，在世界上失去信誉。

涩泽荣一认为要把《论语》与算盘放在一起。二者表面上看起来好像风马牛不相及，但是他认为算盘要靠《论语》来拨动，同时《论语》也要靠算盘才能从事真正的致富活动。商应该以道德为本，欺诈、浮夸、轻佻之商是小聪明、小把戏，根本算不得真正的商才。商才必须建立在价值观、道德基础之上。

二、儒家对经济、财富和富裕的立场

涩泽荣一讲的"士魂商才"，是把儒家的精神和价值结合起来，我们现在回到中国传统里面，中国的儒家究竟是如何看待经济利益的？如何看待财富的？如何看待富裕的？

提出这个问题，是因为近代以来，对中国传统文化进行反思和认识的时候，人们普遍认为，传统的儒家是反对经济发展的，反对发家致富的，反对追求经济利益的，儒家和经济是不相融的。那么是不是真的这样？原来的儒家究竟如何看待经济和利益呢？

《史记》中有一篇《货殖列传》，从中可以看出司马迁对经济是非常开放的态度，可以说是当时的一种市场经济思想。《货殖列传》曾引儒家经典《逸周书》曰：

农不出则乏其食，工不出则乏其事，商不出则三宝绝，虞不出则财匮少。

农业生产既是我们生存的基础，同时也可以说是经济领域的内容。工，就是工业、工商、工艺、工匠，创造各种各样工具和人民生活中所需要的各种器皿工具；商当然就是流通；最后"虞"就是自然资源、山林、大海、河泽的自然资源，是需要一个阶层"虞"去开发的。

自然开发就是把自然资源充分利用起来。农业生产、工匠、工艺和山林、山泽自然资源的利用都要通过流通和商业让大家充分交换，如果没有商业的沟通，大家就不能充分使用这些东西。《逸周书》是儒家信奉的经典，它充分强调在社会生活的不同领域里面都是需要的。商业也是需要的，如果没有商业没有流通，大家怎么去运用不同的东西。

在《庄子·徐无鬼》的记载中，当时社会阶层除了"士"，其他阶层追求的价值都同我们的物质生活和利益结合在一起。曰：农夫无草莱之事则不比，商贾无市井之事则不比，庶人有旦暮之业则劝，百工有器械之巧则壮。

孔子对财富也持一种肯定的立场，孔子曰：富与贵，是人之所欲也；不以其道得之，不处也。贫与贱，是人之恶也；不以其道得之，不去也。君子去仁，恶乎成名？君子无终食之间违仁，造次必于是，颠沛必于是。（《论语·里仁》）

有财富，有社会地位，有富与贵，是人人希望追求的。贫与贱，是人人都不喜欢的。可以说孔子充分肯定人的基本追求和基本价值。追求经济利益，追求自己的财富，追求自己好的生活，或者说物质生活是人人的基本权利，也是人人的愿望。因此，儒家并非否定对于财富的追求。

又载：子适卫，冉有仆。子曰："庶矣哉！"冉有曰："既庶矣，又何加焉？"曰："富之。"曰："既富矣，又何加焉？"曰："教之。"（《论语·子路》）

孔子到卫国，学生冉有跟他一起，卫国人口很多，冉有就问孔子："既然人口这么多，我们还怎么再去发展呢？"孔子说："人口多，要让他们过上富裕的生活。"冉有又问："我们都过上富裕生活了，我们还有什么追求吗？我们还需要什么呢？"孔子说："教之"，就是学习文化，各种各样的文化，提升我们的精神生活，丰富我们的精神生活。既有物质生活，同时又要有精神生活，我们现在发展的目标同样是物质生活好，精神生活也要好。

子曰：富而可求也，虽执鞭之士，吾亦为之。如不可求，从吾所好。（《论语·泰伯》）

孔子又说"富而可求也"，如果富有财富可以追求，我哪怕是做别人驾车的，执鞭之士我也愿意去做。孔子是这种立场，他怎么会说反对财富，反对人富裕呢？

孟子同样也赞同对于财富的追求，《孟子》里讲一个社会的生活就是落实到每个人。什么叫好生活，什么叫好的物质生活？他设计了一个理想的图景：不违农时，谷不可胜食也。数罟不入洿池，鱼鳖不可胜食也。斧斤以时入山林，材木不可胜用也。谷与鱼鳖不可胜食，材木不可胜用，是使民养生丧死无憾也。养生丧死无憾，王道之始也。五亩之宅，树之以桑，五十者可以衣帛矣。鸡豚狗彘之畜，无失其时，七十者可以食肉矣。百亩之田，勿夺其时，数口之家可以无饥矣。谨庠序之教，申之以孝悌之义，颁白者不负戴于道路矣。七十者衣帛食肉，黎民不饥不寒，然而不王者，未之有也。"（《孟子·梁惠王上》）

农业生产、河泽鱼虾要保持一种良性循环。"数罟不入洿池"，打鱼的时候网眼不要太小，一下子竭泽而渔，要有一个休息期、生养期，才能良性循环。山里的树木不能一次把它伐尽，也要让它循环等等。孟子的话跟现在的生态文明结合起来，就是一种非常生态的理念，目的就是要可持续发展、长久发展、稳定发展。

又曰：周于利者，凶年不能杀；周于德者，邪世不能乱。（《孟子·尽心下》）

一定要让物质财富储备都很充分，即便遇到灾荒、自然灾害，我们仍然能够保持一种稳定的生活。历史上，自然灾害很严重的时候人民生活遇到很多困难，历史上的各种各样的原因造成的自然灾害让很多人饿死，是非常不幸的。所以，孟子讲一定要有充分的物质财富储备。

孟子又讲，易其田畴，薄其税敛，民可使富也。食之以时，用之以礼，财不可胜用也。民非水火不生活，昏暮叩人之门户求水火，无弗与者，至足矣。圣人治天下，使有菽粟如水火。菽粟如水火，而民焉有不仁者乎？（《孟子·尽心上》）

国家的治理，就是要薄其税敛，让老百姓富裕，国家的税收不要太高，"民可使富也"。国家的税太高，老百姓的钱就少，这是孟子的思想，就是老百姓要富起来。国家的发展目的也是让百姓过上好生活，这个思想是非常先进的。

荀子也说：足国之道，节用裕民，而善臧其余也。

节用以礼，裕民以政。彼裕民，故多余。裕民则民富，民富则田肥以易，田肥以易则出实百倍。（《荀子·富国》）

荀子认为，"足国之道"是让国家富强，就是要有财富，给老百姓带来各种各样的物质利益。

荀子有一个"礼"的思想。我们过去认为儒家的礼仪是名教，鲁迅说名教都是吃人的，害人的。可是我们现在看荀子怎么讲礼：

先王恶其乱也，故制礼义以分之，以养人之欲，给人之求。使欲必不穷于物，物必不屈于欲。两者相持而长，是礼之所起也。故礼者养也。刍豢稻粱，五味调香，所以养口也；椒兰芬苾，所以养鼻也；雕琢刻镂，黼黻文章，所以养目也；钟鼓管磬，琴瑟竽笙，所以养耳也；疏房檖貌，越席床笫几筵，所以养体也。故礼者养也。（《荀子·礼论》）

"礼"的本职是养，让每个人过上好生活。养，当然是养我们的物质生活，都是基本生活条件。他说："以养人之欲，给人之求。使欲必不穷于物，物必不屈于欲。"人民的物质需求和物质财富之间保持一种良好的循环，不是说礼就是控制人的物质生活的，养人之欲。他说礼是养也，让人都过上好的生活，社会分配不会完全一样。我们现在讲平等，也不会说让大家获得的生活条件和财富都一样。

儒家对经济财富和利益是高度肯定的。但是，儒家的一些论述好像感觉与之有矛盾，成为后世批评儒家的依据。例如：子曰：君子谋道不谋食。耕也，馁在其中矣；学也，禄在其中矣。君子忧道不忧贫。（《论语·卫灵公》）又曰：君子喻于义，小人喻于利。汉代大儒董仲舒也说：夫仁者，正其谊不谋其利，明其道不计其功。

近代以来我们批评儒家否定追求经济利益和价值，好像君子就是讲正义的，只有小人老想着去发财致富。如何理解这一"悖论"？其实可以从社会分工的角度进行理解。从严格意义上讲，创造财富最典型地反映在商业领域里，他们的天职就是去做这种工作。而从事科技、政治这些领域都不是发财的领域。可问题是，如果从事政治是为了用权力换取资本，在学界通过科研项目是为了发财，这就不符合社会分工。

因为儒家在古代社会是士阶层，何谓"士"？《周礼·冬官考工记》曰：

> 国有六职，百工与居一焉。或坐而论道；或作而行之；或审曲面势，以饬五材，以辨民器；或通四方之珍异以资之；或饬力以长地财；或治丝麻以成之。坐而论道，谓之王公；作而行之，谓之士大夫。

士阶层的本职不是去创造财富的，而是追求真理、价值、道德或者从政。可如果在这一领域要去发财，就出现了腐败。把权力变成获得资本的工具，完全失去了权力的意义和价值。

现代中国哲学家金岳霖讲："政治是沉淀追求权力的领域。"但是这个权力不是目的，权力是应用在社会的治理和改善上，不是获取资本的。"财政和工业是人们追求财富的领域"，追求财富的时候在财政里面，要在工业、商业、实业里面去追求。科学和艺术，文学和哲学有混杂的背后动机，但是我觉得再混杂不能把科学和技术、文学和哲学看成是发财的领域。如果这样的话，我认为他在这里面一定是不能做出贡献的。

三、儒商的精神："义利合一"

（一）辨义利

所谓"义"一般是指正当的、公正的、合理的，合乎伦理、道德规范的言行。所谓"利"，主要是经济上的、维持和满足人类的物质生活需求的各种东西和利益。不管是国家的经济和物质利益，还是个人经济和物质利益，儒家所说的"义利"关系，既包括伦理道德与经济物质利益的关系，包括物质生活与精神生活的关系，也包括个人利益与公共利益、公与私的关系。问题是，在追求利益的时候，为什么会跟道义发生冲突，会跟伦理发生冲突？

西方近代有一个学派叫功利主义学派，追求最大多数人的最大幸福，可以作为国家的公共决策。最大功利是什么呢？就是让人获得最大的快乐、最大的幸福。什么是人最大的快乐、最大的幸福？首先就是你的生活条件、物质条件，要充分地享有和使用。但是把它当成目的的时候，把它看成道德的时候，就会发生问题。因此，我们要弄清楚哪些功利是需要的？哪些功利是不需要的。

从前有一艘船出海航行，船上的人在海上迷失方向了，最后他们把船上的食物、饮用水全用光之后，他们仍然在大海上漂泊。这个时候，六七个人要活下来，不想在没有获救之前统统死去。为了让更多人活下来或者是为了获得最大功利，他们作出了一个决定：我们要吃一个人。功利，就是七个人里面我们为了六个人活下来，我们要用一个人的生命来获得我们生的机会。按照功利主义讲，功利最大化，六个人的生命最大化，失去一个人是可以这样做的。但是问题是，让哪个人失去他的生命，最后他们投票决定，杀害一个人，挽救六个人的生命。

功利主义哲学，好像这个是功利最大化的，是可以选择的，而且确实这样做了。因为这样一个行动，最后六个人活下来了，一个人被吃掉了。最后这个船被救助以后，一到岸边，这六个人就被逮捕。这是一个真实的故事。为什么要逮捕这六个人，因为我们有法律和道德，那个受害者，他有他的权利，他有他的生存权。现在你说功利最大化，把那个人吃了，第一是违法的，第二是不道德的。当然，大家会说，如果七个人都死，是不是这是不幸的，当然是不幸的。所以就发生一种矛盾，发生在道德上的困境,让儒家来选择的话,我们宁可都饿死,我们不能伤害一个人。这就是矛盾,这就是利和义之间矛盾的现实版。

在历史上,只要目的是正当的,就可以不择手段。这仍然把利益看成最高的,把道德和价值等其他东西都抛弃了。所谓"宁可错杀三千,不可放过一人",这样是为了目的不择手段。可是孟子讲,杀一个无辜者获得天下这种事情都不能做,这就是利益和正义之间的矛盾和冲突。这个冲突,人类自古以来都是存在的。那么如何维持平衡?怎么坚持道义和正义?

在经济领域里面,大部分情况下不会发生这种问题,是可以兼顾的。除开少数极端情形,在社会常态下,道义和利益是可以统一起来的。经济利益就是互利互惠,所以儒家讲:"爱人者,人恒爱之,敬人者,人恒敬之。"就是要互惠互利,人人相互尊重。《诗经·木瓜》:

投我以木瓜,报之以琼琚。匪报也,永以为好也。投我以木桃,报之以琼瑶。匪报也,永以为好也!投我以木李,报之以琼玖。匪报也,永以为好也!

经济领域都是要礼尚往来的,是互惠互利的。在这种情况下,你要片面地追求利益,要垄断以谋求经济中的特权,谋求特殊利益,当然会损害别人的利益,破坏了经济的互惠互利的原则。互惠互利的原则可以说是正义原则，也可以说是道义原则。经济领域最重要的是合作，合作如何才能构成？最基本的是满足互利、互惠。如果一方追求片面利益，一方如果有特权，甚至用社会的政治势力，这样都不是好的经济合作。

（二）义利不能兼顾时的选择

西方的现代思想家阿克塞尔罗德提出，在非专制下，人们为了利益进行自愿的合作。合作不是强迫，合作者彼此的善良保证了合作的持续，这是"一报还一报"；对一方的背叛进行惩罚，而不是过度的宽容和善良，这也能够占优，这同样是"一报还一报"。合作是彼此要善良，保证了合作的持续。按照儒家的原则就是礼尚往来，按照他的理论就是"一报还一报"，是正面的回报。另一个"一报还一报"叫惩罚。经济领域里面，如果失去道德，失去法律的话，"一报还一报"就是惩罚。

孟德斯鸠《论法的精神》中专门阐述了中国历史上"慎独"的道德思想。慎独就是在没有别人监视的情况下，自己如何约束自己。在《中华帝国志》中说："在没有人的地方，发现一件可以据为己有的宝物，在一个僻静的房屋内遇到一个美女，听到自己的敌人求救的呼声，如果不去救他，他就死掉。这三种情况是考验一个人道德最好的试金石。"

"不义之财""见利忘义"是掠夺、侵略和垄断的利益，它不是正当的、公正的利益，即便不违法，也是不道德的。当义利出现矛盾不能兼顾时，儒家才会选择在不符合义的情况下要放弃利。所以孔子说："饭疏食饮水，曲肱而枕之，乐亦在其中矣。不义而富且贵，于我如浮云。"（《论语·述而》）

又曰："富与贵，是人之所欲也；不以其道得之，不处也。贫与贱，是人之恶也；不以其道得之，不去也。君子去仁，恶乎成名？君子无终食之间违仁，造次必于是，颠沛必于是。"（《论语·里仁》）

荀子曰：义与利者，人之所两有也。虽尧舜不能去民之欲利；然而能使其欲利不克其好义也。虽桀纣不能去民之好义；然而能使其好义不胜其欲利也。（《荀子·大略》）

又曰：好利恶害，是君子小人之所同也，若其所以求之之道则异矣。（《荀子·荣辱》）

（三）经与权：特殊情况与伦理

伦理学里面还有一种境遇伦理学，认为人对利益的选择和正义的选择是根据利益的大小发生变化的。利益巨大的时候，正义的底线和道德的底线就容易被破坏，利益量的大小和正义、道德的价值就发生矛盾，甚至跟法律发生矛盾。

坚持原则好像没有利益，一旦灵活又容易没有边界、不择手段，这似乎是一种矛盾。儒家提出过"经"与"权"，在特殊情况下，可以灵活处理。"男女授受不亲"这是"经"、是原则，可是有女子落水了，救不救？如果按照原则，男女授受不亲，按照原则是不能拉她手的，不能去救的。在这种情况下，孟子说，你不去救是禽兽。在特殊情况下，虽然原则上不符合理，但是在特殊情况下我们可以救她的，因为人的生命价值是非常高的，我们应该救，不救就不是人。

还有一个故事说，一个老和尚和小和尚过河，在这个时候正好碰见一个女士要过河，水比较大，女士都不敢过，老和尚背着那个女人就过去了。过去之后，走路了，老和尚就不想了，小和尚老是在想：这个老和尚背着女人过河是不对的，不符合经，不符合男女之间的接触。那是特殊情况，是允许的。

但是在经济领域，什么叫特殊情况？什么情况下可以违背伦理道德？义和利在大部分情况下是可以兼顾的，而且利益是互惠互利的，是部分垄断的。

四、仁富合一

据《孟子》记载，阳虎曰：为富不仁矣，为仁不富矣。

认为仁和富是不能统一的。但是儒家的理念是仁富是可以统一的。《大学》曰：仁者以财发身，不仁者以身发财。

仁者是自爱的，成己、成人、成物。那么成己、成人思想在商业、在企业里就表现为"己欲立而立人，己欲达而达人"的共同互惠互利原则。

儒家里面还有一个重要思想就是仁可以富，富可以仁。企业家有社会责任，要回报、回馈，所以就出现慈善。体现儒家经济学的概念就是"经世济民"或者"博施济众"，所以伟大的企业家其实都是伟大的慈善家。大家都说来自于社会回馈于社会，这就是有境界的企业家，体现儒家精神的企业家。

五、商信合一

商信合一就是必须有信誉。市场经济就是诚信经济。可不幸的是市场经济也有欺骗、欺诈横行的时候，这样市场是不能运行的。儒家一直讲诚信，儒家思想就是"言必信，行必果"。但是孟子说："大人者言不必信，行不必果，惟义所在。"这不是矛盾吗？

类似于"经"和"权"的问题，一般认为在特殊情况下，言不必信，行不必果。一般情况下，我们要言必信，行必果，不要说谎。可是有时候为了人道考虑，尊重考虑，有时候要善意地不把事情说出来，这被认为也是有道德的。

老子曰"信言不美，美言不信"。在听到最动听的言辞的时候，我们就要小心了，口惠而实不至。可是为什么骗子大行其道呢？儒家强调"民无信不立""人而无信，不知其可"，一个人失去基本信用的时候，大家还怎么愿意跟他交往呢，不会的。

所以儒家讲"诚"，讲"信"。《中庸》有一句话：诚者，天之道也，诚之者，人之道也。

汉代把商业分成两种：一个是有诚信的、廉洁的、优良的企业、商人，另外一个就是奸商、奸贾、贪贾、佞商，这同样适用于现代社会。中国的现实我们亲身感受，欺骗、失信还是非常普遍。当然这有很多权势的因素在里面作用。谋取特权，通过一种特殊的权势谋取经济上的特权，所以构成不了长久的合作，也不符合经济的持续发展、社会的和谐和良好秩序。

六、儒商精神的实践者和早期典范

儒家有两个发财致富的典范，一个是子贡，一个是白圭。

子贡名曰端木赐，是孔子著名弟子之一。他对孔子也非常敬仰，而且跟老师讨论问题的时候，往往敢于提出不同意见。孔子去世后，孔子的弟子为孔子守孝三年，端木赐为孔子守丧六年。他在孔子弟子里面是通过经营商业获得财富的人，孔子也给他很高的评价，说他能够善于抓住机会，善于预测市场，所以获得了财富。司马迁也给他很高的评价，《货殖列传》曰：

子赣既学于仲尼，退而仕于卫，废著（停贮、

储存）鬻财于曹、鲁之间，七十子之徒，赐最为
饶益。原宪不厌糟糠，匿于穷巷。子贡结驷连骑，
束帛之币以聘享诸侯，所至，国君无不分庭与之
抗礼。

端木赐在魏国当过官员，后来也是弃政从商的，大
量储存做商业交换发财。他在孔子弟子里面是非常有财
富的人，在诸侯国家里面也是非常有地位的人，受到了
诸侯君主的赞扬。因此后世有"陶朱事业，端木生涯""经
商不让陶朱富，货殖当推子贡贤"等谚语。

子贡的商道是什么？子贡有一句话：我不欲人之加
诸我也，吾亦欲无加诸人。

就是"己所不欲，勿施于人"，在经济生活中也一样，
你要获得经济利益，别人也要获得，你不能去垄断、侵略、
掠夺，要利益共享，互惠互利。这个思想也是一种谦虚
的态度。

白圭是洛阳人，起初在魏国从事政治，后来他也弃
政从商。这个人也了不起，他在丰收的时候会购进大量
的粮食，在有自然灾害的时候卖出粮食，通过差价获得
财富。他能够运用自然科学的知识预测自然的运转，看
到木星的运转能够预测到今年是丰收还是歉收，然后经
营事业。据史载：夫岁孰取谷，予之丝漆；茧出取帛絮，
予之食。太阴在卯，穰；明岁衰恶。至午，旱；明岁美。
至酉，穰；明岁衰恶。至子，大旱；明岁美，有水。至卯，

积著率岁倍。

白圭的经商之道，第一是："人弃我取，人取我予。"人们都抛弃了，觉得看不到商机，我认为这就是商机，人们都去争的时候，我就退出。这个现在可能是剑走偏锋，在别人看不到商机的时候，他发现了特殊的商机。

第二是积累和等待时机。积累是创造条件，等待是看条件成熟。他说："世无可抵则深隐以待时。"就是说社会上有一种很大的力量，这个力量我没有办法改变的时候，我就等待，等待机会。这个答案运用在军事上、政治上都可以，但是他是运用在追求财富上。一旦有机会，"趋时若猛兽鸷鸟之发"，机会可能瞬间就失去了，机会来之不易，来的时候一定要抓住。他还有一个思想，"欲长钱，取下谷"，生活不要太奢侈。如果粮食收成好的话，种子一定要取好的。生活上，薄饮食，忍嗜欲，节衣服。生活要俭朴。

这种思想是在经济生活中一个最基本的经济伦理。他讲：吾治生产，犹伊尹、吕尚之谋，孙吴用兵，商鞅行法是也。是故其智不足与权变，勇不足以决断，仁不能以取予，强不能有所守，虽欲学吾术，终不告之。这就强调了仁爱的实践儒商精神。

七、结语

经济学不是真正讨论伦理学的，但是不能说经济学可以不按道德去行动，这是错误的。在任何职业里面都有职业道德，也有社会最普遍道德和伦理。没有这个社会不能和谐，不能长久，不能持续。

阿马蒂亚·森，诺贝尔奖获得者，写了《伦理学与经济学》，这里面有一个观点。提出要克服一个偏见，即假定人都是自私的，纯粹是为了自己利益的。这个假定是片面的，经济的结果是自利，也利了别人，实际上是互利的。没有任何一个纯粹为了自利而给别人带来利益的，不能给别人带来利益的纯粹的自利是没有的。社会要构成合作必须有正义和公平，如果垄断利益或者片面地侵略、占有利益的时候，社会大众不合作，那么个人的利益不能持续。合作是非常重要的，要保证合作的持续性，就是要公平和正义，这也是伦理和道德价值。

经济学中什么是不变的，什么是变的？有人说，经济世界里，金融世界里面有一个现象，最大的确定性就是不确定。但是亚马逊的 CEO 贝佐斯，别人问他未来十年怎样发展的时候，他对这一问题的回答是：我不看未来怎么变化，我看的是未来仍然有不变的东西在里面。不变比变更重要，不变的东西是什么呢？战略始终建立在不变的基础之上，消费者需要最低廉的产品，消费者需要更好的服务，消费者需要更多的选择，这是不变的。我们只要满足这些不变，以不变就可以应对万变。企业真正的长远发展之道就是这个不变之道，伦理的精神、道德的精神和价值世界观就是这种不变之道。中国文化里面有两大理性，一个讲道德，一个讲理性。中国古代从道家到儒家发展出来的讲道德讲理性，是两大价值，也是两大不变之道。

因此，遵循理性，遵循道德，是最高的绝技和法宝。在任何世界里面可能都是这样，在人的生活里面更是如此。

树秋风万叶飞林蹊苦徑步
朣后聲歷落咏歌去蹐
余飢甦著衣

沈周

《青绿山水图》（局部）明·沈周

《货殖列传》中的商道智慧

周建波

北京大学经济学院经济史学系主任，教授，博士生导师，兼任中国经济思想史学会副会长，中国商业史学会副会长等。

长期在北京大学为企业家特训班和MBA学员讲授《企业家学》《管理思想史》等，教学经验丰富，能够理论联系实际，深入浅出，受到企业界人士的欢迎。著有《营销管理：理论与实务》《企业文化》等。

　　《货殖列传》是《史记》当中专门记叙从事"货殖"活动的杰出人物的传记，也是反映司马迁精神思想的重要篇章。

一、《货殖列传》的含义及评价

　　关于货殖的含义有两种说法，一种说法叫货物的增殖，另一种叫货币的增殖，而货币也是社会财富的一种表现形式，归根到底还是货物的增殖。司马迁所指的货殖不仅包含着商业，还包含了各种手工业以及农、林、牧、副、渔、矿山、冶炼等行业的经营在内。司马迁之所以要写《货殖列传》是与他的理想有关的，"究天人之际，通古今之变，成一家之言"。而反映社会发展的规律包含着致富的规律。《太史公自序》曰：

　　　　布衣匹夫之人，不害于政，不妨百姓，取之于时而息财富，智者有采焉。作《货殖列传》。

　　意思是说，普通老百姓没有犯法，做的是不危害社会利益的事情。他们利用时间变化所引发的产品价格的变化来进行经营，使产品增殖。因此，应该把它记录下来。

致富要凭脑筋。司马迁在《史记·货殖列传》中研究了这个问题，曰："人弃我取，人取我予。"取是取得的意思，予是给予的意思。这句话的含义是：大家都干的我不干，因为大家都一样干，导致完全竞争。大家都不干的，未来有前途的，我来干，一旦干了，就是垄断，在垄断的情况下更加具有竞争力，更有实力获得利润。司马迁在《货殖列传》中列举了许多成功的经商人物，包括范蠡、子贡、白圭、猗顿、卓氏、程郑、孔氏、师史、任氏等，都是这样致富的。因此，一个成功的经营者、企业家有超前的眼光，大家没看到的他看到了，大家没做的他做了，这就是经营致富的"道"。很多人致富并不是靠假冒伪劣，并不是靠偷税漏税，而真正靠的是他对市场和未来变化的预测的眼光。

史学家翦伯赞曾高度评价司马迁以人类的眼光注视着社会经济的方方面面，而写成有名的《货殖列传》。钱钟书在评论司马迁《货殖列传》的时候讲："当世法国史家深非史之为'大事记'体者。专载朝政军事，而忽诸民生日用；马迁传《游侠》已属破格，然尚以传人为主，此篇（指《货殖列传》）则全非'大事记''人物志'，于新史学不啻乎辟鸿蒙矣。"意思是说，传统的史学都是记录军国大事，没有记录老百姓的。新兴的国际史学则特别注意老百姓的生活，而在记录老百姓生活方面，司马迁的《货殖列传》很早就开了先河。所以他说"于新史学不啻乎辟鸿蒙矣"，即开辟先河。

潘吟阁先生说："读中国书而未读《史记》，可算未曾读书；读《史记》而未读《货殖列传》，可算未读《史记》。美哉《货殖列传》！"李景星先生也说："举生财之法，图利之人，无贵无贱，无大无小，无远无近，无男无女，都纳之一篇之中，使上下数百年之贩夫竖子，伧父财奴，皆赖以传，几令人莫名其用意所在。……盖财货者，天地之精华，生民之命脉，困迫豪杰，颠倒众生，胥是物也。"

《货殖列传》还讲到靠不正当的途径赚来的财富，要靠正当的途径来保持。是谓以武打天下，但以文治天下。

司马迁为什么能写出这么高水平的著作呢？

（一）客观条件

1. 中国商业发展的自身规律

从中国的商业发展史来讲，我们的商业发展呈现为一种马鞍形，或叫抛物线形。在先秦、秦汉的时候，中国的商业曾发展到一个非常高的境地，在那六七百年的历史中，中国的商业高度发展，而司马迁的《货殖列传》就是在这个时间写成的。但是到汉武帝以后，中国的商业发展开始走下坡路，倒不是汉武帝把商业搞垮了，而是商业的发展自身要毁灭商业。

究其原因，商业特别讲竞争，而自由竞争的结果一定会走向垄断，走向大规模的组织，个体农民优胜劣汰的竞争结果就是走向大地主制度，这不就相当于现在的以经营土地为主的大企业吗？大企业内部讲计划，能做到有效的分工；大企业之间讲计划，马克思讲的共产主义就是这么来的，计划经济也是这么来的。大企业内部能做到相当的计划性，大企业之间能做到相当的合作，大企业在满足自身需要的同时，也利用过剩产品为周围的民众服务。

这样到了东汉，统一的全国市场被各个地区局部的区域市场所替代了。到了南北朝，中国的很多地方都不需要货币，物物交换即可。所以东汉以后，中国就进入了豪强地主阶段。中国的商业是到了唐中叶之后，随着大地主庄园经济瓦解、民间商品经济才又发展起来，这才进一步迎来了宋元明清商业大发展的时代。

1840 年以后，面对西方更有效率的机器大生产，中国的传统工商业无法与西方竞争，而后来通过学习西方的经验，中国的工商业又大踏步发展起来。司马迁敏锐地捕捉到中国商业发展的客观规律，写出了《货殖列传》，而其所揭示的规律则奠定了后来商业发展的技术基础，这是后话。

2. 文人下海经商

文人下海经商的现象从春秋战国起，一直持续到今天。举例来说，为什么明清崛起了十大商帮？因为这一时期有大量的举人、秀才下海，导致商人队伍的素质提高。明清中国的人口翻了好几番，原来基本上五六千万，到鸦片战争爆发时达到四个亿，而人口翻番一定会对经济发展、文化发展产生影响。但是下海文人水平最高的时期是在春秋战国。白圭是魏国的宰相，属于宰相下海；孔子的大弟子子贡，相当于现在的院士下海；吕不韦，那是先做商人后来又去做官。知识分子一旦下海，明白了商业的实践，就能用系统的语言把商业的实践要点表达出来，从而形成一种理论。一般人尽管天天从事某项工作，心里蛮明白，但说不出来，而大知识分子则能系统、简练地表达出来。

所以，司马迁的总结实际上是别人已经在干的事情和别人已经说过的话，尽管这是他对当时的社会经营活动的总结，很多都出自别人而非他本人，但他将其以系统的文字的形式表达出来了。

就这样，一直影响着我们现在经商的最关键的七八句话，当时都提炼出来了。如："贵上极则反贱，贱下极则反贵""贱取如珠玉，贵弃如粪土""人弃我取，人取我予"等。尽管说中国当代企业管理的办法受西方的影响很大，但从商业经营的技巧来讲，几千年间没有变化，不过是遵循低价采购、高价出售。这样来做，你一定赚钱，反之你一定赔钱。所以赚钱是有道理的，经营是有规律的，就是低价采购、高价出售。经商的人要按这个规律办事，因为价格的变化也是有规律的，即盛极而衰，否极泰来。因此，同样要遵循价格的变化规律办事，这是后话。

3. 全国范围市场的形成

《货殖列传》中描述了全国各地的物产，而司马迁能明白不同地方出产什么东西，这一定是在商业很发达、东西南北广泛地交流的情况下才能实现的。商品经济的大发达和全国物流的大发达，意味着全国商品经济的大发达。商品经济的发达一定有条件。比如，古代经商很大的成本是物流，换言之，物流成本是经商最大的成本。秦始皇统一全国后，就颁布了标准化的货币、车轨、度量衡，由此为降低物流成本创造了条件。因此，到秦汉时期，由于有了这些统一的条件，商品经济更为发达；而没有这个条件，司马迁是写不出《货殖列传》的。

4. 商业的固有的弱点充分暴露，国家开始着手对商业进行管理

中国自古以来就有"奸商"之说。由于商人的经营生活流动性强，而流动性强的生活会导致犯错误率高，因此在经商活动中就出现了坑蒙拐骗等不诚信的行为。另外，低价收购、高价出售，囤积居奇，操纵价格，这些也是商业在市场竞争中固有的缺陷。所以后来，当这些缺陷发展得影响了社会经济健康发展时，在社会上就形成了反对的声潮。例如，孔子主张"器不雕伪"，即反对虚假包装，并禁止商人擅自提高价格，破坏市场。此

419

外，孔子还主张打击商业中的不诚信、奢侈浪费、腐败等行为，"初，鲁之贩羊有沈犹氏者，常朝饮其羊以诈"。意思是说，在杀羊前，给羊灌一肚子水以增加体重。"市人有公慎氏者，妻淫不制。"对此孔子也要管，因为当时的家庭相当于今天的企业，既是消费单位，更是生产单位，男女耕织结合，男耕女织。这等于家庭腐败，等于公司腐败。所以，孔子要管。"有慎溃氏，奢侈踰法"，意即过分的奢侈，过分的铺张，对此孔子也要管。"鲁之鬻六畜者，饰之以储价"，鬻就是贩卖的意思，"饰之以储价"就是物价一天一涨。因此，孔子上台之后，就着手整顿这些事情。所以，当商业发展产生的危害出现后，国家就需要对商业的发展进行管理。这意味着，在司马迁生活的年代，国家干预的副作用显现，司马迁既看到了商业带来的正作用，同时也注意到了国家干预的必要性和副作用，进行了反思，从而写出了高水平的《货殖列传》。

（二）主观条件

司马迁生活的时代正是"百家争鸣"行将结束、与"罢黜百家、独尊儒术"交替的过程中，儒家思想一统天下的局面还没有完成，各家各派的思想都还有着不小的影响力，这就使得司马迁的学术基础很是广泛，具有多样性。《汉书·司马迁传》中记载司马迁跟着唐都学天文学，跟着杨何学《易经》，跟着黄生学《道德经》，跟着董仲舒学《春秋》。在春秋战国时期，由于各地区的封闭性还比较强，山东地区可能更多地学孔子。而在山西、河南一带，则或者学法家，或者学道家。而大一统社会出现之后，文化流通加快，所以，司马迁能够接受更全面的教育；反过来，文化流通进一步地加快，也会推动全国走向更进一步的统一。

二、《货殖列传》的经商智慧

（一）价值规律

经营商业首先要明白产品价格的形成及其变化的规律。

第一，价格的上下波动是商品经济的运行规律。什么叫商品经济？就是民间自发起作用的经济体系。只要是民间自发起作用的经济体系，价格一定是波动的。价格的波动是由供求的变化决定的。而反过来，价格不仅影响到供给，还影响到需求。

《货殖列传》认为，在当时的商人看来，当时决定价格的主要是供给。农业社会生产力的不发达，造成供给不够。若供不应求，就会价高；若供过于求，就会价低。那么，供应的变动是由什么决定的？气候。若风调雨顺，就会丰收，结果价格降低。若风不调雨不顺，就会歉收，结果价格提高。因此，要预测价格的变化，关键是预测气候的变化。而预测气候变化则需要观天象。

古代最发达的学问是天文学，因为天文决定着农业的命运。"知斗则修备"，意即明白要打仗了，就赶紧做准备。"时用则知物"，意即时间的变化导致了产品用途的变化。这是因为随着时间的变化，人们对产品的需求发生了变化，从而决定了产品的价值。"故岁在金，穰；水，毁；木，饥；火，旱。……六岁穰，六岁旱，十二岁一大饥。"最后得出结论，六年一个小灾荒，十二年一个大灾荒。这就是一个周期。商人是对未来进行投资的，虽然未来具有不确定性，但不确定中也有相对的确定性，明白了其中的规律就行了。

关于价格的变化，《货殖列传》说："论其有余不足，则知贵贱。"根据供应量的多和少，就明白了价格的高低。价格一旦形成，就会变化，"贵上极则反贱，贱下极则反贵"，即价格高到极点向低转化，低到极点向高转化。价格的变化规律仍然是盛极而衰、否极泰来、物极必反的大自然规律的体现。产品数量的运动规律也是如此，万事万物都是如此。

"勿敢居贵"，意即不要定高价，不要贪婪。而要抓住机遇，"贱取如珠玉，贵弃如粪土"，意即价格低了要赶紧买进，像购买珠宝一样，价格高了要赶紧抛售，像抛售粪土一样。"若猛兽鸷鸟之发""与时逐"，即根据时间的变化、价格的变化进行购买和抛售。所以说中国人自古以来就强调做廉贾，而不要做贪贾。贪婪的商人能有三倍的利润，廉洁的商人能有五倍的利润。什么叫廉？

就是不贪婪。你不要总觉得价格会不会再降，会不会再高，实际上差不多就行了，因为相比过去已经赚钱了。如果想有所提高，就要进一步总结经验，成功的商人要有这样的心态。所以说中国文化特别强调时间的重要性。

"旱则资舟，水则资车。"这句话有多种解释，一种解释是在干旱天的时候，要购买与涝有关的产品，因为有旱必有涝。因为当干旱发生时，大家都来购买与旱有关的产品，这样与旱有关的产品价格就变得高昂。而与涝有关的产品，因为大家都不买，只有我来买，这样价格就很低。一旦涝发生了，别人都没有与涝相关的产品，只有我有，这样与涝有关的产品价格就高了。一个成功的商人，在没有事的时候他明白有事，这就叫预见未来。"乐观时变"，意即时间的变化会导致价格的变化。

关于"薄利"与追求大利的关系，则蕴含于"欲长钱，取下谷"中。做买卖强调产品的组合、产业的组合。产业组合的意思是说，既有挣大钱的奢侈品，还要有不挣钱、挣小钱的日用品。在经济高潮的时期，但凡有钱的人家，都要买奢侈品。而有高潮必有低潮，一旦低潮来了，谁还买珠宝？但是经济再怎么低潮，吃饭穿衣是必需的。因此，如果你同时办个饭店，或办个超市，这样就可以旺季赚大钱，淡季赚小钱，起码让员工一年四季都有活干，这就叫产业组合。

"财币欲其行如流水""无息币"，意思是加速资金流转，让货币流转起来，别停下来。如果资金周转一次赚到 10% 的利润，那么试想周转两次和周转四次结果是否一样呢？当然，这个话有前提条件，若经济形势好，就多周转几次，若经济形势不好，就要把钱存起来，保证资金流的流转，别断了资金链。

保证产品质量，"务完物""腐败而食之货勿留"。很多人说，保证产品质量要着眼于提高竞争优势。为什么呢？举例来说，农产品的季节性很强，你花一般的价格，买个一般的产品，保质期 20 天。我花高价格，买了一个保质期 30 天的产品，当保质期 20 天的那个一般的产品卖完了，就只剩下这个产品了。这是不是就形成了垄断？商人的基本素质就在这里提出来了，即四个标准：智、勇、仁、强。

战国时期有位著名商人叫白圭，白圭也带学生，他按这四个标准招学生，并按这四个标准培养学生。什么叫智？用现在的话讲，就是聪明。聪明表现在哪里？在于能预见价格和趋势。如果一个人经济学学了半天，也不能预见大的产品价格的波动，那么经济学功夫就没有完全学到。

什么叫勇？勇敢地决策，不要过分纠结价格会不会再高，会不会再低。价格的变动在其情况下是迅速的，高价转眼就变低了，低价转眼就变高了。

什么叫仁？对人要好，爱顾客，爱员工，爱合作伙伴，爱社会一切人，而爱的表现就是让利。为什么强调要爱？这是因为商机转瞬即逝，商人一旦忙起来就不管白天黑夜。你若平时不对人好，那么关键时刻谁给你帮助？对别人好，叫作施恩，施恩换来别人的报恩，是谓知恩图报。你若平时不施恩，关键时刻谁来报恩？

什么叫强？坚韧不拔的毅力。今天做商人的条件比过去强多了。比如，今天有很多女企业家，过去哪里有女商人？不是古人歧视妇女，而是因为她们做不了。为什么做不了？如前所述，古代经商的最大成本就是物流成本，而当时哪有什么高铁，哪有什么航空？物流靠的就是背着、挑着、扛着等。手推车在新中国成立以后才配了橡胶轮子，在以前都是木轮子。所以，经商的最大成本是物流成本，而女人没有这个体力，这是第一个原因。第二个原因，古代经商的风险很大。风餐露宿，野外睡觉，野外吃饭，强盗、野兽伺机而动，俗语所谓"此树由我栽，此路由我开，要想过此路，留下买路钱"，讲的就是交通中的风险。因此，过去女人即使有经商的，也是无奈之举：丈夫死了，她不得不干。即使有经商的，也是女扮男装，把自己打扮得丑一些，否则风险大。相较而言，现在经商的风险小多了，可以住宾馆，吃饭店，天下太平，所以女商人、女企业家越来越多。

范蠡说"年衰老而听子孙，子孙修业而息之，遂至巨万"。这句话的要点有两个地方：一个是听。这个听是全听吗？听是接收信息。范蠡一定是这样听的：刚开始孩子没有经验，需要扶持，因此通过让孩子"早请示晚汇报"方式既做到了休息又提高了孩子的能力。慢慢地，随着孩子的能力增长以及自身体力的更趋下降，孩子用不着事前请示了，事后汇报即可。再到后来，孩子一年前来汇报一次就行了。另一个要点是听的态度，关键是会听。哪个能听？哪个不能听？怎么个听法？"子孙修业而息之。"随着孩子的成长，他要休息。那么，怎么个休息法？完全休息行不行？还是扶上马，再送一程？所以说，中国文化的要点在我看来就是两个字，仁和义。仁是个态度，义是个程度。爱到什么程度？爱多了叫溺爱；怎么个爱法？你要会爱。

这是读古文的难点，若是读得不好，还不如不读。所以说读书也有它的弱点，叫邯郸学步，东施效颦，教条主义，不学反而会走，学了反而不会走了。

其他原则：

1. 处理好与社会方方面面的关系，树立良好的社会形象

"十九年之中三致千金，再分散与贫交疏昆弟。"大家可能觉得这叫作社会慈善事业。然而，我的老师跟我讲，在商言商，商人做社会慈善事业也要着眼于竞争优势的提高。第一，做广告。古代的广告是口头广告，你不花钱，谁说你好？第二，安全。你这么大的家产，谁不盯着？因此不要只看到富人的优点，还要看到富人的弱点。人富了不安全，绑票都绑富人，你见过绑穷人的吗？再想想暴发户这个词是怎么来的？虽得到了美好，但保不住美好。因为他只明白美好的优点，却不明白美好的弱点。这么大的家产，谁不盯着？你可能说，我要雇个保

安。但是，保安受到的诱惑更大，他找个绑票的，内外一勾结，你没命了。而你若把钱给别人花呢，大家都很高兴。但高兴不能白高兴，他们也会拥护你，让你高兴，这就是知恩图报。所以，范蠡尽管富，但是活得很安全，因为他生活在人民当中，得人心者得天下嘛！

2. 选择经营地点的重要性

"陶，天下之中，诸侯四通，货物所交易也"，"为生可以致富矣"。山东，尤其是黄河下游的中西部地区是当时经济最发达的地方。当然不包括烟台，不包括长岛。这时候经商选择山东半岛不行，而是选择靠近大中原的地方，因为中原靠着黄河这一交通干道，交流方便，物流、资金流，各方面的流动都很发达。所以，选择经营地点很重要。

3. 选择产业的重要性

"百里不贩樵，千里不贩籴。"这就是讲物流成本（古代经商最大的成本是物流成本）对于产业选择的重要性。樵代表柴火，籴代表粮食。现在，粮食是国际大宗贸易的产品，这归功于现代物流技术的发展。但过去国际贸易做的都是奢侈品，比如珠宝，因为体质很轻，而价格很高。一言以蔽之，提高竞争优势，就在你选择的产业。

（二）经营规律

商业经营规律，具体表现为"人弃我取，人取我予"，要根据价格的波动做文章，明白价格的形成与变化。"论其有余不足，则知贵贱"，这是讲价格的形成。"贵上极则反贱，贱下极则反贵"，这是讲价格的变动；"贱取如珠玉，贵弃如粪土"，这是讲顺应价格的变动规律，取得竞争优势。

《货殖列传》这篇文章篇幅不算长，只有五六千字，但是内容相当丰富。在经商，尤其是在经商的技术方面，司马迁还做了以下总结：

首先，要根据资本量的多少确定经营的方向和经营的方式。《货殖列传》曰："夫以贫求富，农不如工，工不如商，刺绣文不如倚市门。"这句话的大意是说刺绣文是手工，倚市门是做贸易。种地不如做手工，做手工不如经商，这就是"以贫求富，农不如工，工不如商"。农民自古以来是最为辛苦的，而且农业的风险最大，"靠天吃饭"。工商业则没有这个风险，工商业，尤其手工业的专业化强，比如从事钳工、刀工等，而且标准化程度高，可以做到劳动时间、工具的标准化。

"无财作力，少有斗智，既饶争时。"穷有穷道，富有富道，人人都有各自的办法。人穷了就凭借自己的力气，发挥力气的竞争优势比如替人打工。打工挣稳定的工资，由老板承担风险。有点钱了，有了一定的积累，如果觉得有把握就自己干，如果觉得没把握还是当工人跟着老板干，由老板承担风险。一旦自己经营，就要承担风险。承担什么风险呢？判断价格的波动，判断得准不准，有没有这个判断能力？有的人这方面的天赋就高，有的人则没有这方面的天赋。如果有这种天赋，就要争取最大限度地发挥出来。"既饶争时"中的饶就是富裕，意即有了大量财富就要根据社会需求的变化不断开发社会需要的产品。

其次，是根据经营实力的大小确定处理社会关系的方式。司马迁把富裕分为三种：本富、末富、奸富。什么叫奸富？通过偷鸡摸狗的方式获取财富，这是司马迁所反对的，但是生活中确实存在奸富。有阳必有阴，有光明必有黑暗，万事万物都有正反两个方面。什么叫末富？通过工商业致富。什么叫本富？从事农业、矿业即第一产业致富。司马迁说："以末致产，用本守之，以武一切，用文持之。"这里讲的还是顺应变化的规律，做到与时俱进。本末，在中国的文化中指的就是阴阳，阴阳就是事物对立的两方面的力量。阴阳讲的就是好坏、上下、高低等，指一个事物的两个方面。这是说，通过第二、第三产业赚来的钱要通过投资第一产业来保护，为什么要这样呢？工商业一旦发展起来了，一定会对原材料与能源提出巨大需求，短期内供给无法满足时，价格一定暴涨。如何把价格降下来？如何保证源源不断的供给？"兵马未动，粮草先行"，因此就不能不进入到矿业、农业等领域中来。

以过去的地主为例，地主的土地分两部分。一部分分给佃户，现在在企业中这叫作外包。地主还有一部分土地留给自己生产，雇佣的都是长工，这属于地主的自营。为什么要这么做？保证安全啊，避免形成佃户的垄断，做到兼顾效率和安全。用生活中的话来表达，就叫两手都要硬，两手都要抓。总之，通过正当或不正当的途径赚来的钱，要通过正当的途径进行保护，这就叫经营方法的转变。这是因为创业免不了坑蒙拐骗、假冒伪劣。马克思说资本来到世间的第一滴血是很肮脏的，尽管肮脏，但是孕育着无限的发展趋势。刚开始创业，力量最弱，最需要社会的支持。但是恰恰因为力量弱小，不能通过正常的途径得到社会的支持，只能通过非正常的途径得到社会的支持，比如假冒伪劣、坑蒙拐骗这种非正常的途径得到社会资源的支持。

成为大商人的条件是"用奇"。《货殖列传》曰："夫纤啬筋力，治生之正道也，而富者必用奇胜。"勤劳只能算是实现一般温饱的方式，要发财、要致富则要"用奇"。古人讲"奇正"，正是常规，奇是非常规。"奇"在哪里？就在我们讲的创新里。"人无我有，人有我优，人优我新，人新我走"，现在常说的就是这种话。

司马迁在《货殖列传》里讲了好多例子。比如卓文君的祖上，原本是邯郸人，但是秦始皇统一江山以后，地方豪杰不能在自己老家待了，因为朝廷害怕形成地方割据力量，必须把地方豪杰迁到边远地方或者迁到京都。一般的人都留恋家乡，会贿赂官员使自己迁移的地方离家近一点，而卓氏则一直走到了四川临邛这个地方。为什么呢？因为卓氏是炼铁的，懂炼铁的法门、有技术，到了临邛这个地方一看山的颜色，就知道山下面有铁矿，因此又在这里起家，这就是卓文君的祖上。"奇"的背后是什么呢？应当有专业技术的支持，没有专业的技术支持，个人的认识能力不会高。

但是司马迁也发现，通过"诚壹"也能过一个不错的日子，什么叫"诚壹"？用今天的话讲就是专业化。比如务农是一个很笨的行业，但是秦扬这个人靠此发展起来。掘冢盗墓，这是不好的行当，但是田叔靠这个发家。博戏（赌博）也是邪业，但也有人靠这个发家。行贾是小商小贩，人们瞧不上，而雍乐成（也有一说是雍地的乐成）却靠行贩致富。贩脂卖膏为耻辱之业，而雍伯以之获利千金。卖水鬻浆本为小本经营，而张氏以之赚钱千万。磨刀砺剑本为雕虫小技，而郅氏以之列鼎而食。售羊胃肉脯乃微不足道之事，而浊氏以之车马成行。为马治病乃低浅医术，而张里以之击钟佐食。彼等皆由于专心笃志而致富也。由此可见，"富无经业，则货无常主，能者辐凑，不肖者瓦解"。

像卓氏、任氏等大商人靠"用奇"，把握好市场机会成功，这些人则靠专业化成功。即使没有专业化的才能，从事一项工作久了也能掌握这个行业的诀窍，从而形成竞争优势，最终发展起来。但这需要有个条件，即天下的形势比较稳定。天下一旦大乱，做小买卖的就没有了客源。这就是司马迁的总结。这方面的内容文字不多，但是内容很丰富。

同样，《货殖列传》也阐述了国家通过价值规律管理宏观经济的道理。作为汉武帝的同时代人，司马迁既看到了民间工商业的贱买贵卖对社会生产造成了破坏，更感受到了国有工商业"不便于民"，甚至"与民争利"、阻碍社会生产发展的种种弱点。因此他主张用政府弥补民间经济的不足，但又主张将政府干预经济的副作用降到最低点。他提出来的第一个方法是："善者因之，其次利导之，其次教诲之，其次整齐之，最下者与之争。"

"善者因之"就是顺应民间对于财富的追求。"其次利导之"是说一旦顺应老百姓对财富的追求，那么大家都会从事利益好的产业，利益不好的产业大家都不从事，结果产业就会失衡。而大家不从事的产业，国民经济依旧需要，显然这会影响到国民经济其他部门的发展，那么就由财政进行补贴、免税，通过这个方法让大家感到有钱可赚，从而从事原本不愿意干的行业。"其次教诲之"是指当经济再发展到一定点时，竞争就变得激烈。随着竞争的激烈化，不正当竞争就出现了，"教诲之"让人们明白怎么做是最有利的，这就是儒家的礼乐教化所从事的内容。它告诉我们，爱别人的目的都是为了爱自己，要想自己好，先得别人好。但是让别人好也不容易，一个人得会让别人好，这需要有认识能力，有文化素质。不然，好心不得好报。"其次整齐之"，是指用刑罚等强制手段管理。"最下者与之争"，即国家亲自干，这是没办法的办法。国家亲自干的优点是国家开了源，有了收入，但弱点是国家的规模很大，虽然打击了民间的垄断，但也形成了更大的垄断，产生了服务态度不好、产品种类单一等弱点。

司马迁之所以能提出这样的观点，与他对整个社会经济的认识是分不开的。第一，他认为社会经济的发展有内在动力，会促使社会经济自动地、不停地运转，这个内在动力就是人们的求富欲望。所以他说神农以前的事情我不知道，但是有文字记载以来，人们都想吃好的、喝好的、住好的，这种天性抑制不了，只能顺应。

第二，司马迁认为组成国民经济的各部门是自然形成的，缺一不可，并没有国家规定，不赞成人为地压抑和干预。

第三，司马迁认为社会经济发展具有内部调节的机制，可以自发调节。他说："物贱之征贵，贵之征贱。""征"是向某个方面转变的趋势，供应量增加了，价格就会下降；反之亦然。所以，国民经济有一个自动调节的机制。

当然，司马迁也提到，如果社会经济的运行由于外在的原因造成严重破坏，也可以采取某些干预措施，包括采取严厉的干预手段。但是干预的目的在于使得经济恢复到正常状态，一旦恢复到正常状态就得退出干预。

司马迁的国民经济管理的目标是富国、富家，上则富国，下则富家。另外，司马迁认为贫富分化是正常的、自然的、合理的，不主张国家管理以调整贫富为目标，《货殖列传》曰："贫富之道，莫之夺予""巧者有余，拙者不足"。

三、《货殖列传》的缺陷与不足

首先，《货殖列传》的议论存在偏颇之处。班固在《汉书》中这样评价司马迁："论大道而先黄老而后六经，序游侠则退处士而进奸雄，述货殖则崇势利而羞贱贫。"这是说司马迁更强调道家的道法自然，要求尊重、顺应自然规律。注重自然规律固然不错，但是尊重自然规律的目的是运用规律走向社会和谐，而要走向社会和谐，一定要解决两极分化的问题。司马迁曰："礼生于有而废于无。故君子富，好行其德；小人富，以适其力。渊深而鱼生之，山深而兽往之，人富而仁义附焉。"所谓"仓廪实而知礼节，衣食足而知荣辱"。这固然有一定的道理，但是为富不仁、仗势欺人也是富裕之后带来的社会问题。富裕是道德的基础，但富裕不会自动引发道德的实现，还要配合以人文道德教育。这就是司马迁议论的偏颇之处。

第二，司马迁重视商业技术的探讨，对商业伦理的探讨不够，但这也是受到了他所处时代的局限。司马迁所处的时代整个社会蒸蒸日上，充满了勃勃生机，其弱点是"自强不息"有余，"厚德载物"不足；纵向来看就是进取有余，关心别人不够。"自强不息"是指自己的进取心与上进心。"厚德载物"是指关心别人，爱护他人。厚德载物的优点是关心人，而太过于关心和包容他人，就容易过于追求和谐而丧失进取心。而自强不息则太过有进取心，眼里容不下杂质，往往过于苛责他人，宽容心不够。所以《周易》中主张将二者结合方能长期可持续发展，故曰："天行健，君子以自强不息；地势坤，君子以厚德载物。"这就是两手都要硬，两手都要抓，不走极端，既要仰望星空，还要脚踏实地。但《货殖列传》中很少谈及商业伦理，而商业活动在促进社会福利发展的同时本身就蕴藏着危害社会的潜质，没有商业伦理指导，一味地追求富贵对社会的危害程度更高。中国的商业伦理是在佛教传到中国以后到宋元明清才逐渐形成的。佛教强调普度众生、三世轮回、积德行善。这套价值观能让借钱的人愿意还钱，让贷款的人觉得借贷人实在难以偿还而减免债务，这样才能保证社会的和谐与长期可持续性。在佛教的影响下，本土的儒家、道教发展了起来，由此形成儒释道三教合一的价值观。没有这样的价值观，宋元明清时期商业经济的大发展、"十大商帮"的出现是不可能的。因此司马迁总结出来了经商的基本的技术，但是商业的伦理则是宋元明清儒释道三教合一的价值观影响下的结果。

再一个局限性是司马迁对国家如何干预经济的方法

探讨不多，更多地批评其副作用。针对产业的不均衡，范蠡认为"夫粜，二十病农，九十病末。末病则财不出，农病则草不辟矣。上不过八十，下不减三十，则农末俱利"，意思是说，当粮食价格到达每石90（钱）时，城市的市民活不下来，而价格到达每石20钱时，农民又会不愿意种地。只有价格处于每石90（钱）和20（钱）的区间时，才能做到市民、农民俱利，一旦越出这区间，国家就要干预。那么国家怎么干预？首先是在价格低时采购粮食，把粮价抬起来，保护农民利益。一旦价格过高，就把采购的粮食散发出去，这样价格就降下来，保护了市民的利益，这样一来国有经济就产生了。至于谁来收购？多少人来收购？收购粮食后放在哪里？怎么保存？怎么管理？范蠡对这些问题语焉不详，但他的基本设想提出了国家干预经济的思路、方法，指导了后来李悝变法、桑弘羊改革等一系列大规模实践，最终产生了在中国历史上影响深远的常平仓制度。当然，司马迁通过汉武帝大规模的盐铁国营的实践也看到了国营经济的弱点，如与民争利，压抑民间经济生机。"商贾中家以上大抵破，民偷甘食好衣，不事畜臧之业，而县官以盐铁缗钱之故，用少饶矣。"再如服务态度不好，产品种类单一，强迫民众购买等。"郡国多不便县官作盐铁，铁器苦恶，贾贵，或强令民卖买之。"但如何搞好国营经济呢，司马迁探讨不多，更多地指出其副作用，这可能也是时代的局限性吧！

四、结语

综上所述，《史记·货殖列传》的核心思想是价格波动的规律。如何运用价格的波动，为个人谋致富，为国家谋富强，引导社会的各个经济部门走向均衡。明白了价格的形成及其变化，才能顺应价格的形成及其变化来运作市场、创造财富。

中国商帮文化及徽商兴衰

梁小民

北京工商大学教授，著名经济学家；1992年被评为国务院政府特殊津贴专家；1996年被评为国家级有突出贡献中青年专家。

出版著作、译著七十余种，多次荣获国家级奖项，著有《经济学原理》（译著）《走马看商帮》《游山西，话晋商》等；在清华大学等20余所重点高校担任EMBA特聘教授。

这些年来，我一直在许多高校和企业讲中国商帮文化。讲商帮文化有两个原因：一是如今国学热正在兴起，许多人对国学兴趣越来越浓，各种讲国学的班如雨后春笋。国学就是传统中国文化，学习中国文化是一件好事。传统文化不仅体现在"四书五经"这些文化典籍中，而且也体现在我们中国人生活的各个方面。中国商帮同样体现了中国文化，学习商帮文化就是通过商业活动来认识中国文化。二是商帮文化是中国人经商办企业经验的总结。

这些年我一直在许多高校讲管理经济学，管理经济学是西方人办企业经验的理论总结。在讲授和与学员的交流中深感，管理经济学的许多内容反映了企业的共同规律，对我们是适用的，但我们有自己的国情与历史，有些也不适用。中国人有悠久的经商历史，也有丰富的经商办企业经验，这些体现了中国文化的经商经验，符合中国国情，更值得我们学习与借鉴。把这些经验总结出来，有助于中国企业的发展，也有助于中国的繁荣昌盛。

一、中国商帮概论

　　我们首先了解一下中国商帮的总体概况。

　　商帮是明清两代以地域为纽带的商业联盟。理解这个定义时要注意以下四点：

　　第一，商帮出现在明清两代。从明代初年开始形成，到清亡之后就基本结束了。特别应该指出，中国人经商的历史很长，但有经商、有商人不等于有商帮。商帮是在商业发展到一定程度，在一定历史条件下出现的，它是一个历史现象，所以商帮史并不是商业史，它只是商业史的一部分。

　　第二，商帮是以地域为中心结成的，不是由血缘、宗族联系在一起的，它体现了中国文化中的"乡党情"。当然，地域的大小并不一样，有的以省为纽带，如晋商，有的以地区为纽带，如徽商，有的以县为纽带，如龙游商，有的以镇为纽带，如洞庭商。中国人重视"乡情"，同一地方的人就以乡情为纽带结为商帮。

　　第三，以从事商业活动为主，很少从事加工、制造业。这与当时的自然经济为主体，商业资本处于支配地位相关。这就是说在前资本主义社会，自然经济中商业处于中心地位，它支配了为其服务的加工制造业和农业中商品经济的部分。

　　第四，"帮"就是一种联盟，即商人组成的一个团体，维护本身的利益。它与国外的行会有相同的一面，又有不同的一面，主要任务是排斥外部竞争，维护内部秩序。它有自己的正式组织，像现在的 NGO，即非政府组织。

根据这个定义，大家公认，中国历史上共有 10 个商帮。我们对这 10 个商帮做一个简单介绍。

第一个商帮是晋商。国内外都认为，晋商为天下第一商帮。这是因为，第一，它经商的时间最长，也最成功，最富有。据日本历史学家宫崎市定的研究，中国最早的商业是盐业，从事这种贸易最早的正是山西人。作为一个商帮，它形成于明初，在漫长的经商历史中，他们对中国商业和经济的发展作出了巨大贡献，也积累了大量财富。只要看看山西各地的大院，就知道他们多么富有了。在 19 世纪时，晋商作为整体，是世界上最富有的，可谓"富甲天下"。第二，晋商在经商过程中创造了一套非常成功的企业制度，这套制度在当时是最先进的，许多现在也不过时。比如，西方国家普遍采用股份制是 19 世纪五六十年代，但早在清朝嘉庆道光年间（1820 年左右），晋商企业就普遍采用了股份制的形式。他们在激励机制、人才培养、企业管理等方面都建立了相当完善的制度。第三，晋商以中国文化为基础，创造了适合中国的商业伦理理念。这套商业伦理以中国文化的核心理念为本，指导晋商获得成功，如诚信、勤奋、关心社会等。

第二大商帮是徽商。我们下文要全面介绍徽商，这里就先不讲了。

第三大商帮是粤商，即广东商人。粤商以对外贸易为中心，核心是广东十三行。他们是特殊意义上的官商，即一方面他们经商，另一方面亦作为外国人与政府的中介，承担部分外交事务。这是由于当时政府的闭关锁国造成的。同时，他们与西方人做买卖，思想开放，是中国最早"睁开眼睛看世界"的人。当年洋务运动办的许多企业都由广东人主持。

第四大商帮是闽商，即福建商人。闽商最根本的特点是"亦盗亦商"。在明清闭关锁国的政策下，他们为了经商，不得不与政府对抗，这就成了"盗"，但他们为盗还是为了经商。闽商就是以郑芝龙、郑成功父子为首的海盗集团，亦可称为海商集团。

第五、第六个都是浙江的商帮，其中重要的是宁波商帮。宁波商人经商相当早，但形成商帮较晚，在明清乾隆年间。不过在十大商帮中只有他们成功完成了从传统商人向现代企业家的转型，在中国近代史中起了举足轻重的作用。龙游商帮是以浙江衢州市龙游县为中心的商帮，这是一个小商帮，而且与宁波商帮也没有什么关系。

第七个商帮是洞庭商。洞庭商是由苏州市吴中区东山镇和西山镇两个镇组成的一个商帮。这两个镇面积仅178平方公里，但在历史上相当重要。它们原来以粮、布大宗商品为主，但鸦片战争后进入上海，以为外国银行当买办为主业。东山的席正甫为英商汇丰银行的买办。开始席正甫与洋人大班不和，冲突激烈。席正甫认为自己得罪了洋人大班，难以待下去，故辞职。当汇丰银行董事会通盘考虑之后认为，洋人大班可有可无，但席正甫不可缺，于是开除了洋人大班，请回席正甫。席正甫三代人任汇丰银行买办达 64 年之久。此外通过席正甫的关系，其亲属 26 人在其他外国银行当买办，如俄国的道胜银行、日本正金银行、美国花旗银行等，控制了外国银行在中国的业务。洞庭商也是以后苏商的来源，由宁波和洞庭商人结合而成的江浙财团，当时对上海及全国经济影响相当大。

另外三个小商帮在历史上影响小一些，分别是江西的商帮江右商、山东的商帮鲁商和陕西的商帮陕商。

在民国之前，这十大商帮垄断着中国商业，在近代这些商帮中只有宁波商和洞庭商以及由此而来的苏商，仍存在并相当重要。

二、徽商的特色

徽商并不是安徽的商帮，而是徽州的商帮。明清时的徽州包括歙县、黟县、休宁、祁门、绩溪、婺源六个县。现在的行政区划中，婺源已划归江西省，绩溪划归安徽省宣城市，其余 4 个县改名为黄山市。

徽商和其他商帮最大的不同之处在于徽州的宗族文化。离了宗族文化就无法理解徽商。因此我们对徽商的介绍从徽州的宗族文化讲起。

徽商的宗族文化亦称家族文化，是世界上地域性文化的代表。美国、日本等国专家极为重视对徽州宗族文化的研究。近年来我国学者对徽州文化的研究也取得了可喜的结果。徽州宗族文化的重要，我们可以从国家图书馆的家谱收藏中看出，国家图书馆有家谱书 1000 多部，其中 400 部属于善本书家谱，这 400 部中有 200 部是徽商各大家族的家谱，这可以看出徽州人对宗族文化的重视。

徽州的原住民是越人的一支山越人，汉人是以后迁入的。根据现有的记载，最早迁到徽州的是西汉末年的方玄，他是西汉王莽时代的政府官员。他觉得王莽的改革甚为荒唐，引起社会混乱，因此带族人迁到了徽州。以后有三个移民高潮时期。第一个是东汉末年到魏晋南北朝时期，天下大乱，许多家族为避难而迁到徽州。第二个时期是唐代安史之乱到五代十国时期，北方战乱，许多家族迁移过来。第三个时期是北宋灭亡，南北宋交替时期，元朝占领了北方，北方的大宗族也随北宋南迁来到徽州。他们迁来后山越人逐渐退出，汉人成为徽州居民的主体。

徽州的大家族有四个特点。第一是聚族而居，就是一个家族的人基本住在一个村，这个村很少有外族的人。这种聚族而居有利于他们的团结，也有利于整个家族克服各种困难共同生存与发展，这也使家族可以一代代延续下去。第二是尊祖敬宗，就是尊重自己的先人以及家族传统。这体现在他们有自己的祖庙、祠堂以及家谱和墓地，那时对一个人最大的惩罚就是死后不能进入祖墓安葬，名字也不能进入家谱。这就是家族成员遵守族规、家规，维持一个家族生存和发展所需要的规则与秩序，使每个家族成员都有整个家族利益至上的理念。第三是宗族睦邻，就是一个家族的人要互相帮助、互敬互爱，也有家法管理整个家族，规范每个家族成员的行为。在经济上，每个家族还有公地，所收获的粮食用于整个家族的活动，如建祖庙、修家谱及日常事务管理费用。同时也资助家族中生活困难或遭不幸的家庭。第四是讲究门第，这些家族非常重视自己家族的身份与地位，比如不能与比自己门户低的人结婚。

这些有名望的大家族一般称为"名门望族"。名门望族与贵族不同,贵族的传承是靠血统。托尔斯泰的小说《战争与和平》中许多贵族实际上已经破落了，但贵族的身份仍在，也还要摆贵族家的谱，以显示自己的身份与地位。所以贵族无论如何破落，如何穷，贵族的身份仍在。但名门望族不能靠血缘和遗传，要靠自己的奋斗。成为名门望族靠三个条件：一是有财富，这是经济基础，名门望族必须大富才能大贵。如果穷了,就不称为名门望族了。二是要有社会地位。在中国传统社会，这就是家族要有人中过进士，当过官。如果仅仅是富，也只能称有钱人，而谈不上名门望族。三是整个家族要有文化。中国古人讲"诗书传家""耕读之家"，其中强调的就是文化。成为名门望族，这三个条件缺一不可。名门望族有钱、有地位、有文化，就是一个社会的"精英阶层"。一旦失去这些，名门望族也就不存在了。

当年中原的名门望族迁到了徽州之后首先是生存问题，然后就是恢复自己往日的辉煌，保持名门望族的地位。他们在中原时都是大地主，靠农耕维持自己家族的经济地位，但徽州是山区，耕地极少，当地有个说法是"七山一水一分田，一分道路和庄园"，可耕地面积只占总土地面积的 11.4%，且条件还不如中原地区。要利用这样少的土地，靠农业缔造一个名门望族的经济基础，几乎是不可能的。所以，尽管这些大家族都信奉儒家的重农轻商，甚至以商为贱，也不得不经商了。徽商是被逼无奈走上经商之路的。他们本质上还是耕读传家的士人，这一点对徽商的发展极为重要。他们与一心经商、学而优则商的晋商不同，他们仍然信奉"学而优则仕"，经商是一种无奈之举。所以如果说"晋商是纯粹的商人"，徽商则是"一心想仕的商人"。

徽州也具有商业经营的有利条件。首先是山区有丰富的可贸易资源，比如茶叶，徽州的茶叶在隋唐时已非常有名，如屯溪绿茶和松萝茶。今天徽州的黄山毛峰、祁门红茶、六安瓜片、屯绿仍闻名全国。此外，还有丰富的木材，以及制造瓷器的高岭土，景德镇的不少瓷器就是用徽州的高岭土。此外还有药材等资源，这些都是当时贸易量相当大的商品。

其次交通相当便利。当时的交通主要靠水路，从徽州经新安江可以到杭州，杭州本身就是一个各种商品需求量大的市场，由杭州又可经运河到各地。

最后，移民整体上文化素质高。各大家族的文化传统带到了徽州，文化使他们头脑灵活，有心机。生存的压力迫使他们从经商上寻求出路，而文化及所带来的智慧使他们在商场成功。担任过盐商总商的鲍志道年轻时去一个商号求职。老板请应聘者每人吃一碗馄饨，别人没在意，但鲍志道觉得老板请吃馄饨肯定有用意。第二天，老板问他们昨天吃的馄饨一共有几种馅，每种有几个，其他人根本没答上，而鲍志道由于吃馄饨时留了意回答出来了。他由此起步，最后当上了扬州盐商的总商，成为徽商中的佼佼者。徽商中许多故事、传统都证明徽商的文化与智慧。

从历史记载看，徽州人最早在东晋时开始经商，这个传统以后就没有断，但徽商作为一个商帮的形成是在明代中期，到清代中期作为一个商帮衰落，其间 300 年，因此有"辉煌 300 年的徽商"之说。

明代初年，退居北部的蒙古人经常入侵，朱元璋为了保护边疆的安全，建立了"九边"，即九个军分区，驻兵 80 多万人，战马 30 多万匹，军需供给成了一个严重的问题。当时明朝刚刚建立，经过长期战乱，百姓一贫如洗，如从内地征调军需物资，必然加重百姓负担，甚至会使社会动乱。这时朱元璋的一个朋友给他出了一个主意，当时国家拥有盐业专卖权，可以用这个权力来换取军需物资。具体做法是让商人把军需物资运送到北部边疆，然后按物资的数量发布盐引，商人可以用盐引到盐坊换盐，然后到指定地区销售。这就是明代的开中制。盐业贸易当时是最赚钱的，正是在开中制实施的过程中，处于有利地理位置的山西商人和陕西商人进入盐业贸易，形成了晋商和陕商。这时徽商尚未进入盐业贸易。

徽商的机会是在明代中期。明弘治五年（1492），户部大臣叶琪进行盐业改革。由于实施开中制，边疆的军需问题已经解决，但政府财政急需钱，所以叶琪把盐业的开中制改为折色制，这就是商人不用把军需物资运到北方边疆换取盐引，而是在内地可以直接用银子买盐引。这种用银子买盐引就是折色制。徽商已在经商中积累了大量银子，这时就进入盐业贸易，并形成了作为一个商帮的徽商。

徽商的真正做大是在明万历四十五年（1617）以后，这一年明政府的盐业政策又进行了一个重大改革，开始实行纲盐制。在折色制时，什么人都可以用银子买盐引，盐业是一个极为赚钱的行业，许多人涌入这一行业，政府为了增加收入又无节制地卖盐引，这使盐引的量远远超过生产盐的能力，许多买了盐引的商人相当长时间领不到盐。于是政府实行"纲盐制"，政府把天下盐商分为十纲，每年一个纲的商人买盐引，每个纲都有一个"纲本"，也称为"窝本"，只有名字在这个纲本上的商人才能买盐引，这就是"纲盐制"。这样政府就把盐业贸易变成一个垄断行业。徽商拥有了这种垄断权力，大富就是必然结果。

徽商之所以能进入纲本，垄断盐业贸易是因为：第一，从折色制开始，他们已大量进入盐业贸易，形成了自己的组织盐业总商会，在这一行业中具有相当大的控制力。第二，谁能进入纲本，关键还在政府官员，他们一向与政府官员关系好，建立了牢不可破的官商勾结。能得到政府支持，当然比其他商人更容易进入纲本。徽商进入盐业之后，他们贸易的主业就以盐业为主，同时有木材、茶叶和典当，所以历史上称盐、木、茶、典为徽商的四大主业。

当时盐业以两淮盐坊为主，贸易的中心在扬州，盐商也生活在这里。当时重要的盐商有 80 个，其中晋商和陕商各 10 人，剩下的 60 人都是徽商，占 75%，可见徽商在盐业中势力之大。据粗略统计，徽商在盐业里的资本达 6000 万两银子，每年的利润大体上在 2000 万白银左右。

到了清道光十二年（1832），把"纲盐制"改为"票盐制"，即取消了纲本，任何人只要花钱就可以买盐引，从事盐业贸易，从而打破了徽商对盐业的垄断。从此以后，徽商作为一个商帮就衰亡了，从明中期到清中期就是徽商辉煌的三百年。

徽商的衰亡，盐业制度的改革是关键，但还有一个原因也不可忽视，这就是徽商在大富起来之后极度奢侈、腐败。徽商的吃住都极为讲究，这才有了著名的淮扬菜系，他们建的住宅至今仍富丽堂皇。有人甚至无聊到买了金箔，折成小船，放入河中漂流下去。还有一位徽商喜欢惠山泥人，就买了许多放到河中，把河都堵塞了。各类笔记小说记载了许多这类徽商荒唐的故事。

但要注意的是，徽商的衰落与晋商不同。晋商是清亡以后断崖式衰亡，一下全完了。徽商在清中期作为一个以盐业为主的商帮衰落了，但在其他商业贸易中仍有发展。徽商的四大产业盐、木、茶、典中盐衰落了，其他贸易仍然持续并有所发展。

关于徽州宗族文化的特色，徽商与其他商帮的不同之处正在于以家族经营为其经商的本质性特色。

这首先在于筹集资本的方式是以家族为主的。日本历史学家藤井宏总结出徽商筹资的七种方式。第一种是劳动资本，就是靠自己白手起家，用勤劳奋斗所攒起来的钱作为资本从事商业经营。在成功的徽州商人中不少人是走这条路，如鲍志道等。第二种是遗产资本，即把祖上留下来的钱作为资本去经商。第三种是官僚资本，即把当官赚的钱，包括薪酬，也包括贪污受贿所得的钱，恐怕还是后者为主。在当官或不当官后，由本人或家人用这些为官所得的或白或黑的钱从事商业活动。第四种是委托资本，即一个家族的人把各自的钱交给一个人去经商，共享收益，共担风险。第五种是共同资本，即一个家族的人大家共同出钱，共同经商，有点类似今天的合伙制，不过它是以家族关系为基础的。这两种资本都是借助家族的资本经商，区别在于委托资本，出钱的人并不参与经营，类似贷款。共同资本，出钱的人也参与经营，类似合伙。第六种是援助资本，这是以一个人的资本为主，家族中其他人资助，有点类似股份制了。第七种是婚姻资本，丈夫用女方陪嫁的钱经商。徽州程家最初用的就是这种资本。

在这七种筹资方式中，遗产资本、共同资本、委托资本、婚姻资本和援助资本都属于家族资本，是靠家族的资产经商并成功的，这些筹资形式在其他商帮中并不重要，而在徽商中极为重要，正在于徽商的家族文化。正因为这些资本以家族内的血缘关系和家法为基础，因此就没有像晋商那样采用股份制的形式。徽商的企业就是以家族文化为基础的家族企业。

其次，在企业内部管理上以家族宗法家规为主，而不像晋商一样靠规章制度。家族文化一个重要的理念就是家族的整体利益至高无上，家法和家规用制度保证这一点的实施。同时徽商企业用人是只用本家族的人。企业上下层人员和员工之间都有疏近不同的血缘关系，员工遵守的就是家法，而不是企业规章。企业并没什么激励机制，也没有内部管理制度，只靠祖上留下来的家法家规和浓淡不同的血缘关系。

最后就是依靠家族关系进行商业竞争。在徽商的时代，信息不发达，但信息在竞争中极为重要，徽商就借助于家族网收集、传递信息，取得先机。徽商修的家谱不仅是维护家族传统的条件，也是商业上互相联络、沟通信息、互相帮助的联络图。家族关系为经商中的运输、仓储、采购、销售提供了便利。这就是徽商常说的"花花轿子人抬人"的含义。家族关系为这种商业中的合作提供了可靠的基础。徽商正是靠这种家族关系获得成功，甚至建立自己的垄断地位。

徽商能在盐业贸易中处于垄断地位关键一点是实现了官商勾结，得到政府官员的支持。徽商的官商勾结是通过家族的关系，行贿和交友来实现的。通过家族内关系的官商勾结就是一个家族中既有当官的，也有经商的，以家族为纽带，他们的勾结就方便了。徽商各大家族中当官的人甚多，这就为家族人去经商创造了条件。如歙县曹家是大家，这一家族中曹文埴、曹振镛父子先后在乾隆、嘉庆、道光年间担任过尚书、军机大臣、大学士等高官，他们家族也是重要的盐商。官商一体使曹家成为徽商中的大家，至今曹代宗庙仍是一个旅游胜地。而且一个家族为了实现官商结合，还在家族中找到聪明的孩子，由整个家族资助他考上进士当官，并通过家族关系与金钱让他当上更大的官。整个孩子由家族资助成功，当大官后当然要为本家族的经商服务。徽州不同大家族又通过婚姻及各种关系联为一体，在官场有势力，在商场也同样成功。

徽商另一种官商勾结的方式就是行贿。当年乾隆六下江南都是由徽商接待的，为了讨皇帝欢心，不惜巨资。

据记载，有一次乾隆皇帝在瘦西湖散步，说这个地方很像北京的北海，如果有一个白塔就更好了。皇帝随口一说，徽商知道后，当天晚上就用盐仓堆了一个白塔。第二天乾隆看到白塔甚为高兴，以后这里就建了一个白塔，今天仍在。接待乾隆下江南当然耗资巨大，但是皇帝是最大的官，把他拿下了，许多事就好办了。乾隆给了徽商许多优惠，如提前使用盐引配额，把应交的引息（提前获得盐引应交的钱）推迟交付。对其他官员徽商亦不惜下血本行贿，主管盐业的盐政等官员成为天下第一肥缺。

当然仅仅是钱色行贿不一定适用于所有官员，毕竟不是每个官员都吃这一套。徽商就通过交朋友结识这些官员。官员都是文人雅士，有各种文化爱好，徽商就投其所好，用文化结交官员。比如组织一个"书画社"，每月十五在某花园聚会一次，欣赏画作或大家吟诗作画。因此，不少徽商也有相当高的文化修养，以便结交官员，从文化上建立了这种友谊关系，再进一步勾结就容易了。

尽管徽商成功靠了家族文化与官商结合，但作为有文化、深受儒家传统熏陶的徽商也有一套以中国文化为基础的商业伦理，这也是他们成功的保证。他们的经商伦理可以用四句话概括。一是"以诚待人，以信服人"。"以诚待人"就是以诚实的态度对待客户与贸易伙伴，以诚相待，才有客户与贸易伙伴的支持，才能成功。"以信服人"就是以自己守承诺来让别人信服，这都是诚信的具体化。二是在经营上"薄利竞争，甘当廉商"。徽商中的盐商没做到这一点，但其他三个行业木、茶、典还是贯彻这个精神的。休宁人做典当收获的利益并不高，木和茶中也没有暴利。三是"宁可失利，不可失义"，这就是中国传统文化中的"义利观"。君子喻于义，小人喻于利，宁可在利润上有损失，也不可失去义，守义成为经商的一条道德底线。四是"注重质量，提高信誉"，这就是徽商创造了不少名牌产品的原因。黄山毛峰、祁门红茶、屯绿、六安瓜片等至今是名茶证明了这一点。

徽商对中国的贡献固然有经商上的、商业伦理上的，但徽商与其他商帮相比，更大的贡献是在文化上。

我们说过，徽商以家族为基础经商，他们经商的最终目的不是赚钱，而是使自己的家族成为名门望族。钱固然是名门望族的基础，但仅仅有钱是绝成不了名门望族的，还必须有地位，有文化。正因为经商赚钱不是目的，所以在他们的观念中经商是不得不为之，但经商成功并不值得骄傲，这与其他商帮的商人不同，比如一个晋商的爷爷，会骄傲地给孙子讲他当年经商历尽苦难成功的经历。但一个徽商的爷爷耻于向孙子讲经商的经历，仍然不忘以祖上读书当官的成功教育孙子。

徽商尽管人在商场，但念念不忘的是"学而优则仕"，因此经商成功后极为重视教育。自宋代以来，徽商的教育就十分发达，官办、私办的各级学校甚多。在宋、元、明、清四代共有各种书院260多所，平均每个县有40多所。创办最早的是绩溪的桂枝书院，影响最大的是被誉为天下四大书院之一的歙县紫阳书院。在明代徽州有影响的书院达 22 所，仅休宁县就 8 所。每一个家族都有自己的若干私塾，府、县还有官办的学府。徽州教育水平之高在全国名列前茅。

如此重视教育，当然科举考试中人才辈出。在宋、明、清三代共有进士 1242 人，其中宋代 624 人，明代 392 人，清代 226 人。仅在清代，徽州就有状元 17 人，占全国的 14.9%，仅次于苏州，名列全国第二，休宁县仅从康熙三十年（1691）到道光二年（1822）这 131 年间就出过 13 个状元，因此被称为"状元县"。一些徽州人在外地寄籍考试中举者还不包括在内。明清两代在政府当官的徽州人不少，徽州商人的整体文化素质也远高于其他商帮。

三、商帮的启示

我们介绍中国历史上的商帮，不仅为了让大家了解中国历史及历史上中国商人的成功，更重要的是从商帮的历史中获得一些有益的启迪。无论是成功的经验，还是失败的教训，对我们今天都是有意义的。这就是"以史为鉴"的含义吧。

第一，重视中国文化在企业建设中的重要作用。中国文化博大精深，它渗透进我们每个中国人的灵魂中，也是我们中国走向繁荣富强的基础，而且中国文化也是我们企业成功的基础。历史上的十大商帮借助中国文化实现了成功，今天我们的企业也离不了中国文化。

首先中国文化中的许多理念应该成为我们经营企业的指导思想，其中对企业来说最重要的是"义利观"。中国文化中有"君子喻于义，小人喻于利"的观念，表面上看是把"义"与"利"对立起来了，其实这是一种误解。"义利观"实际上强调了两点关系。一是要以符合"义"的方式得到"利"，二是当利和义矛盾时要取义而舍利。

其次是诚信的精神，中国文化的核心理念之一正是"诚信"，这就是孔子说的"民无信而不立"。中国的十大商帮，无论是大的晋商、徽商，小的洞庭商、鲁商，都把这一点作为自己经商的伦理道德。

最后中国文化是一套为人处世的哲学，这种哲学到现在也不过时。中国人做人的原则是"穷则独善其身，达则兼济天下"。其实这也是每一个成功商人的做人准则。

第二，如何看待官商勾结。商帮所处的明清是中央专制的时代，一切资源归皇家，任何一个官员都可以用权力没收个人的财产甚至生命，没有任何法律可以保护公众。在这种局势下，官商勾结成为经商成功的条件，所以晋商、徽商、粤商都走了官商结合这样的成功之路。

如果把官商勾结看成一个市场，商人是需求者，他们经商成功要靠权力所给的资源和特权，官员是供给者，他们要把手中的权力换成真金白银。当价格合适时，这种交易就成功了。专制体制下，这个市场是兴旺发达的，尽管有许多失败者，但前赴后继者仍大有人在。

我们还要注意到三点。一是经商成功固然靠政府的权力，但仅有权力还是不够的，重要的还要靠自己。二是靠权力者，当权力消失时，他们也不存在了。晋商在清亡后土崩瓦解，徽商在纲盐制变为票盐制后衰亡，粤商在鸦片战争后迁到上海另起炉灶，正说明了靠权力经商，"兴也官，败也官"。三是不靠官、不靠权力也能闯出一条路。宁波商帮在历史上被称为"草根商人"，没有官商勾结，他们才在鸦片战争后实现了华丽转身，从传统社会的商人变为现代企业家。

历史上商帮的官商勾结向我们提出一个严肃的问题：如何处理企业与政府的关系？可以说在任何社会中，无论是专制社会还是民主社会中，企业和政府都不可能分开，要有各种形式的合作。在一些社会中这种合作是钱权交易，这就是官商勾结。如果是双方为着社会利益互相帮助，这就是官商合作，这两者的性质及对社会经济的影响完全不同。

但企业应该记住，不能仅靠政府支持来发展企业，关键还是靠自己，政府为企业创造一个公平的竞争环境，也给企业必要的支持，但一个企业要成功，还要靠自己进行创新，抓住市场机遇，没有自己的努力，靠政府是无用的。

第三，成功的企业家要做一个好人。这就是说，企业家要做一个有理想、有道德、有文化的人。中国商帮中成功的商人做人的标准是"穷则独善其身，达则兼济天下"，前一句是对个人道德的要求，后一句是要关心社会公益。各个商帮中这类商人都很多，历史上也不乏记载。我们今天的企业家所处的时代与过去不同，要求也不同，但中国传统文化中关于如何做人的教导还是要铭记在心的。

要达到这个目的，我们就要读书，做一个有文化的企业家。读书增加智慧和才智，不仅有利于商业经营，而且可以提高个人道德与文化修养。一个家族，财产和官位不可能永在，但文化传统是永恒的。这就是"诗书传家"吧！

回顾历史上的商帮，我们可以继承他们优秀的品德，在今天再创辉煌！这就是我们学习商帮的意义。

儒商典范的义利合一之道——《论语与算盘》的当代解读

乔清举

中共中央党校督学、教授、博士生导师，文化名家暨『四个一批』人才、国家『万人计划』哲学社会科学领军人才、教育部『新世纪人才』、国家社科基金重大项目首席专家、中央党校国家高端智库项目专家，中国现代哲学学会会长、冯友兰研究会副会长兼秘书长、中国哲学史学会常务理事。

一、日本近代化进程中的其人其书

涩泽荣一（渋沢栄一，しぶさわえいいち）（1840—1931），日本著名近代[①]企业家，享有"日本企业之父""儒家资本主义的代表""日本银行业之父"[②]等美誉，是日本现代企业制度——股份公司（株式会社）[③]的创始人，一生创办五百多家企业，不少至今仍然在运行之中，所著《论语与算盘》影响颇大，被称为"商业圣经"。

欲了解涩泽荣一的生平，须先简要述及日本历史。提及日本史，首先令人想到"徐福东渡"的传说。相传，秦始皇为寻长生不老药，派徐福前往蓬莱仙岛采药，徐福携童男童女各五百名至日本，一去不返。这一传说虽也广为日本学者与社会人士知晓，但都并未将此作为严肃的说法加以对待。不过，近代以前的日本长期受中国文化的影响，却是不可否认的。因此说日本有不少中国

---

① 此近代也指现代，英语均为 Modern。因此所谓"现代企业制度"，其实也是近代企业制度，也就是近代以来从西方开始的企业制度。就东亚来说，日本率先进入现代化。现代化的基础性的内容即是现代工商业。一个社会，如果没有现代工商业的充分发展，则很难说实现了现代化。

② "银行"一词便是涩泽荣一所发明。

③ 股份公司在日本叫作"株式会社"，"株式"是股份，"会社"是公司。

去的人，也并非没有可能。①

　　以上谈到的"近代"，是以西方历史为背景的阶段划分法。我们知道，欧洲历史一般分为古典时期（古希腊罗马时期）、中世纪和近代三个大的阶段：从公元前700年古希腊文字再现开始至公元476年西罗马帝国灭亡为古典时期，从5世纪西罗马帝国灭亡至1453年东罗马帝国灭亡为中世纪（the Middle Ages/Medieval）。15世纪以来，随着地理大发现、文艺复兴运动、宗教改革、民族国家的形成，欧洲便进入了近代（Modern）。近代之前，日本实行的是"幕藩体制"。在这一体制中，居住在京都的天皇拥有名义上的国家最高权力，但并无实权。掌握国内权力的则是幕府，居住在江户，即今之东京。幕府首领称为"将军"，幕府之下为藩，藩的首领为"大名"，各藩类似于诸侯国。藩国的大名实际上拥有很大的独立性，在其领地上拥有行政、司法、军事和税收等权力。不难发现，这一体制实际上是中国西周、东周时期的分封制度。

　　幕藩体制下的名人丰臣秀吉（とよとみひでよし）广为人知。此人生于1537年，死于1598年，即明世宗嘉靖十六年至明神宗万历二十六年。丰臣秀吉统一日本后，为了平息国内矛盾，妄图征服朝鲜、中国、印度，建立横跨亚洲的大帝国。公元1592年，丰臣秀吉亲率

---

①此外，日本皇室的家族纹章"家纹"是菊花，而菊花的发音是中国语，可见日本本土原来没有菊花。

二十万大军侵略朝鲜，兵员以西日本诸大名为主。（朝鲜称"壬辰卫国战争"，中国称"万历朝鲜战争"）彼时中国明朝派大将李如松等大败侵略日军，丰臣秀吉旋即病死。丰臣秀吉死后，日本进入德川幕府时代，亦称"江户时代"，时1603年，江户即今东京，德川幕府的第一代将军便是德川家康（とくがわいえやす）。

时间推至1853年，美国海军准将佩里率四艘军舰开至东京，要求日本开放，史称"黑船事件"。因此前的1840年已经发生了英国侵略中国的鸦片战争，日本自知无法抵御西方列强，幕府次年即与美国在横滨签订了《日美亲善条约》，这是日本与西方列强签订的第一个不平等条约。此后，英法都迫使日本签订了不平等条约。不平等条约签订后，日本发生了"倒幕运动"，此时距离明治维新（1868）还有15年，这15年，正是日本岛内倒幕运动风起云涌的时代。倒幕派的口号是"尊王攘夷"，王即天皇，夷是幕府政权，倒幕派要求推翻幕府，还政于天皇，建立统一的近代化国家。自德川幕府1603年建立，至1867年德川幕府的末代将军德川庆喜被迫宣布还政天皇（史称"大政奉还"），幕府统治历十五代二百六十余年而终结。这也意味着日本结束封建时代，进入近代。

本文的主人公涩泽荣一，即是"倒幕派"的一员。1863年，涩泽与几位志士计划发动暴力运动，但因不慎走漏风声而告败，于是远走他乡避难。此后，涩泽经人介绍成为一桥庆喜家的家臣，取得了武士的身份。一桥庆喜便是后来的德川幕府的德川庆喜，涩泽也从倒幕派摇身一变成为幕府的一员。在幕府，涩泽深受德川庆喜器重。1867年初，德川庆喜派他作为日本使节团成员参加巴黎举办的"万国博览会"（即今"世博会"之前身），后他又在欧洲游历了将近两年，学习法语，并深入了解彼时的资本主义制度，如银行、铁路、股票交易、公债等，尤其是股份公司制度。及其返回日本时，幕府业已倒台，但涩泽并未因此受到牵连，反而因为了解西方资本主义经济制度，被明治新政府聘任为大藏大臣大隈重信（おおくましげのぶ，早稻田大学的创立人）的辅官，直接参与了货币制度改革、废藩置县、发行公债等新政。

1873年，涩泽因与大藏大臣政见不合而辞职，结束了其政治生涯，步入商界。辞职后，他创立了日本第一家股份制银行——第一银行，此后又相继创办大阪纺织公司，进入铁路、轮船、渔业、印刷、钢铁、煤气、电气、炼油和采矿等重要经济部门，创立了500多家企业。同时，涩泽还致力于教育，在他的呼吁下，东京商法讲习所被改建为国立东京商业学校（即今一桥大学），不久又创立东京女学馆，并在此基础上建立了日本女子大学。1916年退休后的涩泽荣一致力于社会福利事业，直到92岁去世。

《论语与算盘》是涩泽荣一70岁时开始撰写的，这本书反映了他一生的工商经历。据传，《论语》最早是三国时代朝鲜人王仁传到日本的，德川时代日本信奉的是儒家哲学，因而南宋朱熹编订的《四书章句集注》十分流行，《论语》也是日本士人的必读书目。明治维新前，日本社会士农工商等级分别严重，工商不是上等人之事，读书问学也并非下等人所习。明治维新以后工商业的迅猛发展，引发了对于工商业重新认识和对有道德、有担当、高素质的工商业人士的需求，《论语与算盘》即在此背景之下写就。

《论语与算盘》所倡导的工商伦理，尤其是其中的义利合一的价值原则，时至今日仍对处于现代化过程中的我们具有借鉴意义。一方面，工商业如不能立足长远，仅仅着眼于钻营投机，或为了高人一等而一味炫富，是无法长远发展的；另一方面，如果全社会对工商业者持有"下九流"的贬低看法，或由羡慕嫉妒甚至仇视之，社会也无法健康发展。因此，《论语与算盘》所彰显的儒商精神值得我们加以重视。

二、工商的古今观念与"士魂商才"

中国古人历来重"儒"，有儒将、儒医等说法。那么为何都冠以"儒"字呢？儒本指孔子开创的学问传统，儒学对几千年来维持中华民族的生存和发展起到了重要的支撑作用，儒代表的是"有学问，有修养、有道德、有担当"。

　　"儒"和"商"的结合是对商的地位的提高，对商的社会作用的肯定，更是对商的行为的期许。这里的商不只是商业，还包括工业。儒商的概念即是对历史上诸如为富不仁、无商不奸一类说法的纠正。儒商这一概念也不是现在才出现的，20世纪40年代，著名哲学家贺麟就曾经提出了"儒商"的概念。他批评当时的上海工商业味道太浓，从事工商业的人缺乏素质，造成大家对于工商业的鄙夷和抵制，不利于工商业和社会的发展。他提出："在此趋向工业化的社会中，所最需要者尤为具有儒者气象的'儒工''儒商'和有儒者风度的技术人员。若无多数重忠孝仁爱信义和平的道德修养的儒工儒商出，以树立工商的新人格风范，商者凭借其经济地位以剥削人，工者凭借其优越技能以欺凌人、傲慢人，则社会秩序将无法安定，而中国亦殊难走上健康的工业化的途径。"（《儒家思想的新开展》《文化与人生》）改革开放后相当一段时间，一些富裕起来的人显富、炫富、斗富，都是不健康的心理，酿成社会上对于这些人的侧目而视。这一现象现在已经得到极大改善。

　　相比近代以来的儒商观念，我们也需要辩证地、历史地对待古人对工商业者的轻视。为富不仁、为仁不富、无商不奸、无奸不商等对于利益的鄙视，在古代农业时代也并非全无道理。

　　首先，农业时代生产力低下，社会生产以农业为主，手工业仅仅是补充，财富也非常有限，商业则主要在分配领域的互通有无。财富的分配在农业时代基本上是"零和游戏"。你拿多了，他就少；都是你的，别人就没有了。如果贫富分化十分严重，则会造成社会的矛盾甚至暴动。儒家经典《大学》讲："生财有大道，生之者众，食之者寡；为之者疾，用之者舒，则财恒足矣。"此处的生产显然是指农业生产，与近代以来所鄙夷的工业生产不同。近代以来的生产方式是批量生产、大众消费，而《大学》"生财有大道"的前提恰恰是"生之者寡，用之者众"。试想，如果现在某个产品"生之者众，食之者寡"，那就没有效益，更没有市场，难以存活。所以，今天的"生之者寡，用之者众"和古代的"生之者众，食之者寡"，在本质上是一致的。

其次，古代伦理比较反对求利，这主要是对统治者说的，希望统治者减少对百姓的盘剥。作为一种治国理念，则是反对与百姓争利。孔子讲"苛政猛于虎"（《礼记·檀弓下》），所谓苛政，其实就是盘剥百姓。《论语》记载，当时的贵族季氏比周天子更为富裕，而冉求还继续"为之聚敛而附益之"，孔子极力反对，并称"非吾徒也。小子鸣鼓而攻之可也"（《论语·先进》）。可见孔子也反对统治者与民争利。《孟子》开篇即道："王，何必曰利？亦有仁义而已矣。"（《孟子·梁惠王上》）一个"王"字，就说明孟子明确反对统治者将利益摆在仁义之先。其实这是古今中外的通行法则，政府官员不得经商。

最后，轻利的观念也是对士人的道德要求。士在古代是统治者的后备人选，因而注重道德修养，不过分追求个人利益是培养士君子的道德要求，这在当时和现在同样是有合理性的。《论语》讲"士志于道"（《论语·里仁》）、"子罕言利"（《论语·子罕》）、"君子喻于义，小人喻于利"（《论语·里仁》）等，均是将道德准则放在个人利益之先，认为"富与贵，是人之所欲也；不以其道得之，不处也。贫与贱，是人之所恶也；不以其道得之，不去也"（《论语·里仁》）。即便在今天，对于官员有更高的职业操守和道德修养，也并非过分。

近代以来，机器大工业的发展引发了生产方式的迅速变革，社会也随之进入了批量生产与大量消费的时代，财富的生产呈现出一种持续快速增长的趋势。因此近代以来的财富分配已不再是零和游戏，而是生产与消费同步增加的"正和游戏"。财富的增加不再是靠节约，而是靠增加生产，是向生产力水平的提高，向效率、市场要效益，是共赢。共赢是克服无商不奸的观念的良方。同样，今天的财富分配，也应当是基于增量的共赢。

诺贝尔经济学奖得主科斯（Coase,R.H.,1937）提出过一个交易成本理论，所谓交易成本（Transaction Costs），就是处于一定社会关系中的人们在自愿交往、达成交易时所支付的成本，也即人与人的关系成本。它与一般的生产成本（人——自然界关系成本）是对应的概念。交易过程中体力耗费、精神耗费，都是交易成本，均可折合为资金成本。现代交易主要是陌生人之间的交易，"天下熙熙，皆为利来，天下攘攘，皆为利往"（《史记·货殖列传》），这本无可厚非。但陌生人之间的交易需要相互了解，摸清对方为人的底线，这些底线是交易成本的基本构成。如果一个人博学多识，为人厚道，乐于设身处地为他人着想，"己所不欲，勿施于人"（《论语·颜渊》），那么，这些综合素质便构成了这个人的为人底线，当对方了解了这一底线后，就会放心，双方交易成功的可能性就会很大。

前些年一家重工公司收购德国工程机械巨头普茨迈斯特就是很好的例证。据这家公司的董事长说，在跟普茨迈斯特的老总见面时，他心中比较忐忑，对于事情成功与否并无把握。可是，普茨迈斯特的老总和他并没有谈及收购之事，反而探讨《论语》《老子》等中国经典，这让他很吃惊。其实，中国的经典在德国还是很有影响力的，《论语》的一个翻译版本在德国的出版量相当于千人一册。由于这位董事长对孔、老都有一些了解，两人相谈甚欢，所以收购的事便定了下来。这个例子中，双方的交谈实际上是德国人从文化修养的角度看这位老总的为人，摸他的底线。这就是交易成本，文化修养在不知不觉中承担了无形的交易成本。这启发我们，多读书、勤修养和学好为人处世的本领是工商业的一项基本修炼，恪守道义，才会被人信任。

涩泽荣一在《论语与算盘》中提出了著名的"士魂

商才"之说，这也是涩泽一生立身处世的宗旨。"士魂"的士是指武士。在涩泽看来，日本的武士具有"正义、廉直、侠义"的精神。涩泽认为"只有《论语》才是培养士魂的根基"。进一步而言，什么是士？《论语》讲"士志于道"。道便是承担社会责任，具有家国天下情怀。曾子说："士不可不弘毅，任重而道远。仁以为己任，不亦重乎？死而后已，不亦远乎？"（《论语·泰伯》）在农业经济时代，士的责任是担当家国天下的道义。同时，涩泽荣一也认为，"商才也要通过《论语》来充分培养"。就士魂商才二者关系而言，"为人处世时，应该以武士精神为本，但是，如果偏于士魂而没有商才，经济上也就会招致自灭。因此，有士魂，还必须有商才"。

近代日本随着生产方式的变革，社会由之平面化，不复是"劳心者治人，劳力者治于人"（《孟子·滕文公上》）的时代了，世袭的身份制也消失了。士农工商的身份制变成了在市场面前一律平等的公民，人人都需自己安身立命、处世择业，到市场上、社会上去通过自己的职业劳动养活自己和家庭，并进一步奉献社会。在此过程中，通过具体的工作磨炼性情、砥砺人格、提高境界，最终成就"德业双馨"。

改革开放以来，随着经济成分的多样化，中国社会也呈现出"近代性"的特点，自谋生路、自主创业成为社会的主流。现在我们提倡大众创业，万众创新，到市场上谋生，追求自己的利益，已经不是问题了。问题转而成为，做企业、经商缺乏社会责任，有才而乏德，缺乏士魂。但从长远来看，无德也就无才，更没有财。《大学》中就说"货悖而入者，亦悖而出"。通过不正当的手段获得的财富，也会以想不到的方式丧失。涩泽指出："真正的生财之道要是不以仁义为道德基础的话，那是决不会长久的。"

当前中国的企业也同样面临这一问题。世界前 100 强中，中国企业还不够多①，中国企业的问题是不好做大，尤其是做久，这里面有一个体制的问题，也有管理理念的瓶颈。中国家族企业不能突破其特殊性，增强公共性，就不能长久发展。而突破这个瓶颈，归根结底是一个理念问题。家族企业应当将自己的企业置身于社会中，站在更高的层次上用长远目光去战略思考。提升层次的关键在于取之于民用之于民，分享财富。我们须认识到，大家都是从市场中获得报酬的，只有让更多人在这个市场中发挥价值，普遍获益，企业才能从自身的特殊性过渡到普遍性。这也是真正的守财聚财之道，孔子说："知及之，仁不能守之；虽得之，必失之。"（《论语·卫灵公》）如果才智可以获得财富，那么德性才能保有财富。这与老子"金玉满堂，莫之能守。富贵而骄，自遗其咎"和《大学》"财聚则民散，财散则民聚"的深刻洞察是十分吻合的。散财与聚财，财富的获得和分配就涉及义利二者的

---

① 这是前几年的讲稿，截至 2021 年 5 月，前 100 强有中国（含中国台湾、香港地区）21 家企业，但大陆主要是银行，企业种类较为单一。

关系问题。

三、义利合一与企业的经营管理

　　冯友兰先生在《新世论》中曾说："不管社会如何变化，道德仁义还是不能变化。"对于一个社会组织而言，道德伦理是必须且固有的，这意味着，仁义是我们的社会底线、社会共识和生存之本。仁义可因时代的发展而有所损益改进，但是，作为基本原则却不能丢失。仁义之说虽发端于轴心时代，但在今天仍不过时。在商业中也是如此。涩泽荣一认为："以仁义道德为本，推动经济的进步，务必确立义利合一的观念。"现代工商业以及工商业制度是我们应该学习西方的，但是，组织社会的道德是我们本有的。吸收传统文化的精华，结合当代世界潮流，我们所应建立的商业精神就是义利合一，承认并促进每个人谋利的正当性，同时用道德对工商业进行规范指导，使其符合社会伦理。

　　建立义利合一的商业伦理，一方面企业需要承担相应的社会责任。企业的社会责任，同样也是士的责任的体现。个人财富的获得是社会力量支持的结果，个人应将自己的责任与企业的社会责任统一起来。涩泽对此讲道："即使个人财富是经过千辛万苦积累而来，但仅把这些财富当作一个人所专有，那就大错特错了。因为，如果仅凭一个人的力量是积累不了这些财富的。要是没有国家、社会的帮助，你如何能获利，如何能生存，更别说积累财富了。因而，一个人的财富越多，也就意味着他受国家的恩惠越多，为了报答社会，扶贫救济这样的工作也就成了理所当然了。"在这方面，我们可以发现，著名的企业家洛克菲勒、沃伦·巴菲特、比尔·盖茨也都是慈善家。比尔·盖茨2000年1月成立的"比尔及梅林达·盖茨基金会"，就旨在促进全球卫生和教育领域的平等；巴菲特则承诺将捐出自己一生的积蓄。他们将自己的财富奉献给社会的同时，社会就越多地回报给他们，也就是说，你越是把钱运用于社会，社会就越愿意让你挣钱。

另一方面，社会的发展和义利合一的商业伦理的建设，不光是企业和企业家的事情，更关乎社会的每个人。目前，我们国家在发展市场经济的道路上走的时间还不长，国家宏观、微观政策以及对于企业的各种管理方面尚有提高的余地。因此社会应当多加包容和帮助，不可单方面地批评企业的社会责任不够，全社会需要共同努力来建构义利合一的企业伦理。初创企业特别是实业发展举步维艰经营辛苦，不少企业家英年早逝等等，都是非常可惜的。我们要创造一个有利于企业发展壮大的社会氛围。社会是全体社会成员共同的社会，每一种行业、每一种职业、每一个人对于一个健康和谐的社会的发展都可以有贡献，也应该有贡献。

从传统义利观中吸取智慧，对于建设当代的义利合一的商业精神无疑具有启发意义。这也是涩泽荣一《论语与算盘》一书的现代意义所在。在古人的义利观中，求利的目的在于安民，因而古人肯定百姓之利；对于理想的统治者而言，百姓之利，理应成为自己最大的利；处于普通百姓和统治者之间的士人也是可以求利的，但不能假仁求利，而应当见利思义，具有较高的道德要求；最后，义利二者是可以相互转化的，也是统一的。涩泽荣一义利合一的商业思想即反映了古代士人的义利观。

首先，在儒家思想中，求利的目的首先应当在于利民，因而应该肯定百姓之利。《论语》记载孔子到了卫国，冉有为他驾车，孔子感叹卫国人口之多，冉有遂问道："人口已经很多了，那接着该做什么呢？"孔子回答说，让他们富裕起来！冉有又问，富裕之后呢？孔子回答"教之"。（《论语·子路》）可见，孔子肯定民众百姓的利益，并且认为富然后再思教化。当子贡问及"有博施于民而能济众"的人如何时，孔子果断回答，"何事于仁，必也圣乎！"（《论语·雍也》）也就是说，能够博施济众，使百姓得利的人，在孔子眼里是具有很高的地位的。孟子"制民之产"的思想也与此一脉相承。孟子认为平民百姓只有有了"恒产"才会有"恒心"，所以将制民之产放在重要的位置。

其次，进一步而言，这种肯定百姓之利的义利观，实质就是以百姓之利为利，而非为一己之私利。《周易》

乾卦的《文言传》称："利者，义之和也。"意思是说，要得到利益，就要讲求与道义的统一。那么什么是求利的道义呢？就是使每一个该获得的人都获得自己的合理利益，就是合宜，也就是"义之和"了。谋求一己私利，便不是义之和，也就谈不上真正的利。《文言传》还说："君子体仁足以长人，嘉会足以合礼，利物足以合义，贞固足以干事。"所谓利物足以合义，也正是上面说的意思。以百姓之利为利，在古代是对统治者的要求；而在当今社会，"义之和"的利则是全社会的要求，是国家的政策导向；好的政策，能够让相关的每个人都受益。这对国家也是最大的利益。

再次，古代的士是可以求利的。我们知道，孔子的弟子子贡（端木赐）很会做生意，其诚信经营的事迹被后世称作"端木遗风"。孔子周游列国，也是受到了子贡的资助。对于自己弟子经商，孔子评价子贡说"回也其庶乎，屡空。赐不受命，而货殖焉，亿则屡中"。（《论语·先进》）孔子非常喜爱的弟子颜回，道德高尚但却穷得叮当响；而子贡去做生意，往往能猜中商机。显然孔子并没有批评子贡的求利行为。当然，孔子是非常注重士的道德操守的，例如他认为在国家富足安定的时候，自己贫贱，是一件羞耻的事；而在国家昏乱的时候，大发横财致富，也是一件羞耻的事情。明清以后，随着教育水平的提高，社会能够提供的行政职位却有限，所以从事戏曲、商业活动的士人大为增加，晋商、徽商就是其代表，正所谓"经商不损陶朱义，货殖何妨子贡贤"。

但是，士的求利行为受到更高的道德要求，士应当见利思义，不可假仁求利。孔子讲："不义而富且贵，于我如浮云。"（《论语·述而》）在利益面前，首先当思考利益的正当性，如不符合道义的要求，那便是浮云过眼。《论语·宪问》中也说："见利思义，见危授命，久要不忘平生之言，亦可以为成人矣。"意思是，见到财便应想到义的要求，遇到危险能够舍生取义献出生命，长久处于穷困还不忘平日的诺言，这样也可以成为完美的人，"不仁者不可以久处约，不可以长处乐。仁者安仁，知者利仁"（《论语·里仁》）。孔子对弟子颜回安贫乐道的品格大加赞赏，认为"贤哉，回也！一箪食，一瓢饮，在陋巷，人不堪其忧，回也不改其乐"（《论语·雍也》）。宋代的理学家程颐解释说颜回是志在乐道，而非乐于贫贱，这是正确的。反观当下假借仁义之名谋取私利的现象，则对社会造成了巨大的伤害。

最后，义利能够相互转化，并且可以统一。长远来看，行义是取利的最佳方法，行义的过程自然能够带来利益。但这不意味着以行义为手段，以获利为目的；恰恰相反，人应当以道德修养、贡献社会为目的，行正当之事，获利只是自然而然水到渠成的结果。如果行义尚未得利，那么就是时机未到，不必急躁。我们不能把自己的商业模式建立在不合道义的欺诈的基础上，而只能建立在可以行之久远的仁义的基础上。在当代社会，在正和游戏和互利共赢的局面中，个人的利和社会全体的利应是一致的，前者是私利，后者是公利，公共利益就是义。每个人都是社会的人，个人利益增进也是社会利益的增进，所以从逻辑上讲，大家在不妨碍他人利益的情况下都增进个人利益，相互促进他人利益的实现，这就是在实现个人私利的同时能够促进社会公利的实现，也就是社会的正义状态。

义利合一的商业伦理观念，对于现代企业的经营管理同样具有一定的启示意义。义利合一的商业行为过程，是符合他人利益之和的过程，因此在这一过程中，他者必然会源源不断地供给利益给企业，所以企业因此便能够活起来。"商业"在以前叫作"做生意"，"生意"就是生生不息之意，《易传》里面讲"生生之谓易"，正是由于生意红火不息，所以才能招徕四方买卖，财富便有了源头活水。义利合一的商业伦理也要求经营管理者认真学习和提高修养，修炼如何在商业行为中不丧失仁义礼智的道德底线。涩泽对此说："为了真正能够致富，必须制定一个大家共同认同的规则，就是我所提倡的仁义道德。仁义道德与物质财富是没有冲突的，明白了这个道理，我们就要好好研究如何才能保持仁义道德。假如我们能够依照这些道理行事，于国于民，都是能再增进财富的。"此外，管理的本质是人与人的关系的调整，管理的目标是更为有效地实现一个组织的目的，从而降低成本提高效率。企业应当思考，如何在成就自身的过程之中成就他人，这也就是《中庸》所讲的"尽己之性，尽人之性"和《论语·雍也》讲的"己欲立而立人，己欲达而达人"。做到此，何愁企业做不大，做不久？

后记

　　国际儒学联合会致力于弘扬儒学文化和一切优秀传统文化的思想精华，推动儒学文化、亚洲文明与世界其他不同文化文明的互学互鉴，为促进世界和平和各国共同发展服务，为促进人类文明进步服务。儒学与企业管理委员会是国际儒联的常设机构之一，致力于推进以儒学为主干的中华优秀传统文化在企业界的传播与应用，将传统文化核心理论切实运用到企业管理中，解决企业自身的精神动力问题，使企业迈向"义利统一、德福一致"的良性发展轨道，从而更好地践行国际儒联的宗旨。

　　企业作为我国重要的经济单位，解决了大多数人的就业与工作问题，其规模大、组织性强、现代化程度高等特点，决定了其最有条件成为在全社会传播与弘扬优秀传统文化和伦理道德的重要载体，从而在全社会起到引导和示范作用。

　　在经济全球化、文化多元化的当代社会，企业管理者所面临的问题，与传统社会的工商业者相比，最大的区别就是现代企业在组织、管理、经营、领导等方面都发生了变化，而要解决这些问题，既需要技术上的手段，更需要文化上的智慧。国际儒联儒学与企业管理委员会深明其中道理，充分利用国际儒联的特殊优势和丰富资源——在国际儒学界、世界汉学界团结和联系了一大批学有所成、研有所长的饱学之士，在学者与受众之间架起一道桥梁，让企业管理者有机会更多地接触到中华优秀传统文化，让学者的研究成果更多地为企业管理者所理解和接受。企业委于 2015 年开设了"大道知行"系列讲座，陆续邀请一些知名学者，为企业管理者授课，内容涉及人文精神、哲学思想、道德理念、治理智慧等中华优秀传统文化的核心领域。

系列讲座取名"大道知行"，是有所考虑的。"大道之行也，天下为公"，这是古代儒家天下理想的表达，古今同理，意义重大。然而，再大的道理也要践行，也要深入生活。所以，"知行"问题自然就突显出来。知，如果是指学习和思考的话，那么，行就是实践和应用。知行合一，是中华优秀传统文化的重要理念之一，强调的正是理论与实践的结合问题。今天，我们传承弘扬中华优秀传统文化，既是认识理解层面的命题，更是实践运用层面的命题。从特定意义上说，中华优秀传统文化就是"大道"，我们当下的重要任务就是"知行"，因此，"大道知行"，就是知"大道"、行"大道"。而这也是系列讲座的初衷所在。

讲座自开办以来已经进行了 50 多讲，受到了企业界和其他社会各界的普遍关注和好评。为了让更多的读者有机会了解这些讲座的精彩内容，"大道知行"特别成立编委会，把讲稿整理辑纳出版。这次出版的是第一辑，未来还会出版后续的讲座文稿。如果读者能够读之有味、读之有获，则善莫大焉。

本书编委会
2022 年 3 月